卫生职业教育"双高"专业群"十四五"规划
新形态一体化特色教材

中药制剂检测技术

（活页式教材）

主　编　穆春旭
副主编　卓　菊　孙　倩　冯　雪
编　者　（以姓氏笔画为序）
　　　　于　婷（蕴能（大连）生物科技有限公司）
　　　　冯　雪（石药集团远大（大连）制药有限公司）
　　　　刘桓宇（辽宁医药职业学院）
　　　　孙　倩（辽宁医药职业学院）
　　　　陈　晨（辽宁医药职业学院）
　　　　卓　菊（广东食品药品职业学院）
　　　　徐国锋（辽宁医药职业学院）
　　　　穆春旭（辽宁医药职业学院）

华中科技大学出版社
中国·武汉

内容简介

本教材是卫生职业教育"双高"专业群"十四五"规划新形态一体化特色教材。

本教材分为两大工作领域,包括中药制剂检测的依据、中药制剂检测的程序。每个工作领域下设有若干工作任务。工作任务中包含核心概念、学习目标、基本知识、能力训练、课后作业模块。

本教材可供全国高等职业教育药学、中药学、中药制药、中药材生产与加工、药品质量与安全等专业使用,亦可作为药品生产企业职工培训教材和参考用书。

图书在版编目(CIP)数据

中药制剂检测技术:活页式教材/穆春旭主编. —武汉:华中科技大学出版社,2024.5(2025.8 重印)
ISBN 978-7-5772-0297-6

Ⅰ.①中… Ⅱ.①穆… Ⅲ.①中药制剂学-检验-高等职业教育-教材 Ⅳ.①R283

中国国家版本馆 CIP 数据核字(2024)第 100750 号

中药制剂检测技术(活页式教材)
Zhongyao Zhiji Jiance Jishu(Huoyeshi Jiaocai)

穆春旭　主编

策划编辑:史燕丽
责任编辑:张　琴
封面设计:清格印象
责任校对:朱　霞
责任监印:周治超
出版发行:华中科技大学出版社(中国•武汉)　电话:(027)81321913
　　　　　武汉市东湖新技术开发区华工科技园　邮编:430223
录　　排:华中科技大学惠友文印中心
印　　刷:武汉科源印刷设计有限公司
开　　本:787mm×1092mm　1/16
印　　张:14.25
字　　数:368 千字
版　　次:2025 年 8 月第 1 版第 2 次印刷
定　　价:49.90 元

本书若有印装质量问题,请向出版社营销中心调换
全国免费服务热线:400-6679-118　竭诚为您服务
版权所有　侵权必究

前言

中药制剂检测技术是以中医药理论为指导,运用各种分析技术,研究中药制剂质量的一门应用性学科。本教材紧密围绕中药制剂质量标准的检验项目设计教材内容,教材中检验技术和应用实例取材于《中华人民共和国药典》(2020年版)。本教材为活页式教材,按中药检测岗位工作内容,共分为9个工作任务,包括药品标准和中药制剂的取样、预处理、鉴别、常规检查、杂质检查、含量测定等内容。在工作任务中设核心概念、学习目标、基本知识、能力训练、课后作业模块,突出中药制剂检测各项技术操作的规范性,同时使教材具有灵活性和实用性。

本教材内容突出高等职业教育特点,强调理论与实践融合,可供全国高等职业教育药学、中药学、中药制药、中药材生产与加工、药品质量与安全等专业使用,亦可作为药品生产企业职工培训教材和参考用书。

参加教材编写的人员有辽宁医药职业学院穆春旭(负责全书统稿及工作任务一、二)、蕴能(大连)生物科技有限公司于婷(工作任务三)、广东食品药品职业学院卓菊(工作任务四)、辽宁医药职业学院刘桓宇(工作任务五)、辽宁医药职业学院陈晨(工作任务六)、辽宁医药职业学院徐国锋(工作任务七)、辽宁医药职业学院孙倩(工作任务八)、石药集团远大(大连)制药有限公司冯雪(工作任务九)。

本教材的编写得到各参编院校和企业的大力支持,在此表示衷心的感谢!由于编者水平所限,书中难免存在不足之处,敬请读者予以指正,以便修订完善。

编 者

目录

概述 /1

工作领域一 中药制剂检测的依据

工作任务一 《中国药典》 /7
核心能力一 能正确查阅《中国药典》 /7
核心能力二 能执行《中国药典》凡例的基本要求 /10

工作任务二 其他药品标准 /15
核心能力 能正确查阅其他药品标准 /15

工作领域二 中药制剂检测的程序

工作任务三 中药制剂的取样 /19
核心能力 能正确完成中药制剂的取样操作 /19

工作任务四 中药制剂的预处理 /22
核心能力一 能正确完成中药制剂的粉碎操作 /22
核心能力二 能正确完成中药制剂的提取操作 /23
核心能力三 能正确完成中药制剂的分离操作 /27

工作任务五 中药制剂的鉴别 /30
核心能力一 能正确完成中药制剂的性状鉴别 /30
核心能力二 能正确完成中药制剂的显微鉴别 /32
核心能力三 能运用化学鉴别法进行中药制剂的鉴别 /37
核心能力四 能运用升华法进行中药制剂的鉴别 /41
核心能力五 能运用荧光法进行中药制剂的鉴别 /43
核心能力六 能运用薄层色谱法进行中药制剂的鉴别 /44
核心能力七 能运用高效液相色谱法进行中药制剂的鉴别 /51
核心能力八 能运用气相色谱法进行中药制剂的鉴别 /53

工作任务六 中药制剂的常规检查 /57
核心能力一 能正确完成中药制剂中水分的测定 /57

核心能力二　能正确完成中药制剂崩解时限测定　　/64
　　核心能力三　能正确完成片剂的重量差异检查　　/68
　　核心能力四　能正确完成丸剂的重（装）量差异检查　　/70
　　核心能力五　能正确完成其他剂型的装量差异检查　　/72
　　核心能力六　能正确应用比重瓶法测定相对密度　　/75
　　核心能力七　能正确应用韦氏比重秤法测定相对密度　　/79
　　核心能力八　能正确完成中药制剂pH值的测定　　/81
　　核心能力九　能正确完成中药制剂乙醇量的测定　　/84
　　核心能力十　能正确完成中药制剂甲醇量的测定　　/87
　　核心能力十一　能正确完成中药注射剂有关物质的检查　　/89
　　核心能力十二　能正确完成中药制剂微生物检查　　/92

工作任务七　中药制剂的杂质检查　　/103
　　核心能力一　能了解杂质检查的意义和方法　　/103
　　核心能力二　能正确完成中药制剂炽灼残渣的检查　　/105
　　核心能力三　能正确完成中药制剂灰分测定　　/108
　　核心能力四　能正确完成中药制剂氯化物检查　　/111
　　核心能力五　能正确应用硫代乙酰胺法进行重金属检查　　/114
　　核心能力六　能正确应用炽灼残渣法进行重金属检查　　/117
　　核心能力七　能正确应用硫化钠法进行重金属检查　　/119
　　核心能力八　能正确应用古蔡氏法进行砷盐检查　　/121
　　核心能力九　能正确应用二乙基二硫代氨基甲酸银法进行砷盐检查　　/125
　　核心能力十　能正确完成中药制剂农药残留量测定　　/127
　　核心能力十一　能正确完成中药制剂二氧化硫残留量测定　　/132
　　核心能力十二　能正确完成中药制剂黄曲霉毒素测定　　/137
　　核心能力十三　能正确完成中药制剂特殊杂质检查　　/141

工作任务八　中药制剂的含量测定　　/143
　　核心能力一　能正确运用紫外-可见分光光度法进行含量测定　　/143
　　核心能力二　能正确运用薄层扫描法进行含量测定　　/152
　　核心能力三　能正确运用高效液相色谱法进行含量测定　　/158
　　核心能力四　能正确运用气相色谱法进行含量测定　　/169
　　核心能力五　能正确运用容量分析法进行含量测定　　/175
　　核心能力六　能正确完成水溶性浸出物的测定　　/178
　　核心能力七　能正确完成醇溶性浸出物的测定　　/180
　　核心能力八　能正确完成挥发性醚浸出物的测定　　/183
　　核心能力九　能正确完成中药制剂中挥发油的测定　　/185
　　核心能力十　能正确完成中药制剂中氮的测定　　/187

工作任务九　检查报告　/190
核心能力一　能正确书写检验原始记录　/190
核心能力二　能正确书写检验报告书　/190
附录A　实验室常用检验报告　/192
附录B　实验室常用数据　/202
附录C　常用网站　/217
参考文献　/218

概述

中药制剂检测技术是以中医药理论为指导,以国家药品标准为依据,应用现代分析的理论和方法,全面检验和控制中药制剂质量的一门综合性应用技术。

药品质量指药品的物理学、化学、生物学、药理学等指标符合药品标准的程度,包括安全性、有效性、均一性、稳定性等方面。为保证药品质量,国家成立了国家药品监督管理局,设立各级药品检验机构。国家颁布实施了一系列药品质量管理法律、法规,将药品质量管理纳入法制化轨道,如《中华人民共和国药品管理法》《药品生产质量管理规范》(GMP)《中药材生产质量管理规范》《药品临床试验质量管理规范》(GCP)《药品非临床研究质量管理规范》《医疗机构制剂配制质量管理规范》《药品经营和使用质量监督管理办法》。

一、中药制剂检验的分类

中药制剂检验分为药品监督检验、药品生产检验与药品验收检验三类。

检 验	分 类	概 述
药品监督检验	抽查性检验（抽验）	由各级药品检验机构对从药品生产、经营、使用单位抽出的样品进行的检验。抽查性检验属于药品监督管理部门的日常监督
	注册检验	审批新药和仿制已有国家标准药品品种时进行的检验,以及审批进口药品所进行的检验
	国家检验（批检）	国家药品监督管理局规定某些药品在销售前必须经过指定的政府药品检验机构检验,合格者才准予销售,属于强制性检验
	委托检验	包括两类:一是行政、司法部门对涉案样品的送检;二是药品生产、经营和使用单位因不具备检验技术和条件而委托药品检验机构进行的检验
	进口检验	由口岸药检所对进口药品进行的检验
	复验	被抽检者对药品检验机构的检验结果有异议时,应在规定时限内,向原药品检验机构或者上一级药品监督管理部门设置或确定的药品检验机构申请复验。复验是为了保证药品检验结果的真实准确,保护当事人的合法权益

续表

检　验	概　　述
药品生产检验	由制药企业承担,亦即第一方检验。药品生产检验主要是对药品进行检验,包括进厂原辅料、包装材料、工艺用水、成品的质量检验及质量稳定性考察等。 (1)质量保证(QA):又称质量监督,指以产品质量为对象,对生产的各环节全面监控并贯彻始终,从而确保产品质量。 (2)质量控制(QC):又称质量检验,指对物料、中间产品、成品等进行取样和检验等业务活动,确保放行前物料或产品质量符合要求
药品验收检验	由药品经营企业承担,亦即第二方检验,首次经营品种应进行药品内在质量的检验

中药制剂检验常见流程如下。

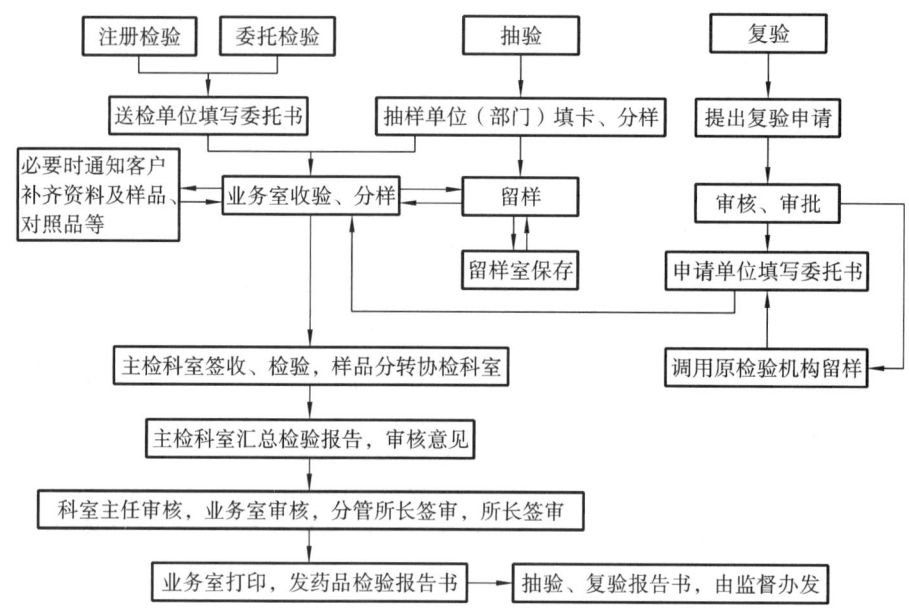

二、中药制剂检验的特点

中药制剂具有剂型多样、成分复杂、含量较低、未知成分多、杂质多、干扰因素多、检测难度大等特点。

中药成方制剂是在中医理论指导下,按君、臣、佐、使的原则组成,具有多组分、多靶点、相互协同作用的特点。在难以对处方所有中药进行分析的情况下,应首选君药、臣药进行分析。

中药制剂通常由几味甚至几十味药组成,所含成分非常复杂,成分含量较低,仅占制剂总固体含量的百分之几、千分之几,甚至更低,并且中药制剂的化学成分易相互作用,发生增溶、助溶、吸附等物理变化,或形成络合物、复合物,或生成新的物质,使成分发生较大变化,影响测定结果的准确性。因此,常需对样品进行必要的预处理,尽可能除去非被检成分或干扰性成分,富集被检成分。检测需使用高灵敏度、高分辨率的仪器分析技术,以提高检测的专属性和准确性。

因剂型和制备工艺不同,中药制剂所用辅料多种多样,对测定结果有多种影响,检测前需除去辅料的干扰。中药制剂在原料处理、生产过程、贮运过程中均可带入杂质,应强化杂质检查,确保用药安全。

三、影响中药制剂质量的因素

影响中药制剂质量的因素见下图。

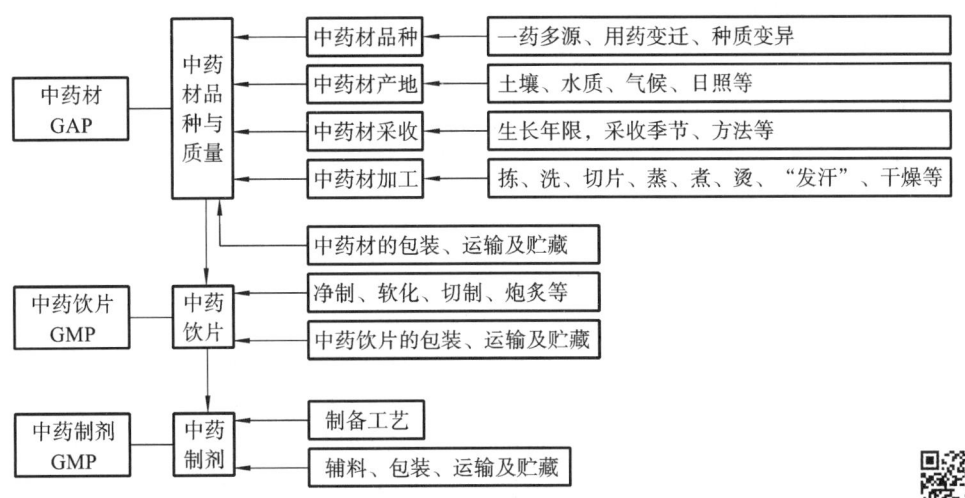

扫码看课件

四、中药制剂检测的基本程序

中药制剂检测的基本程序见下图。

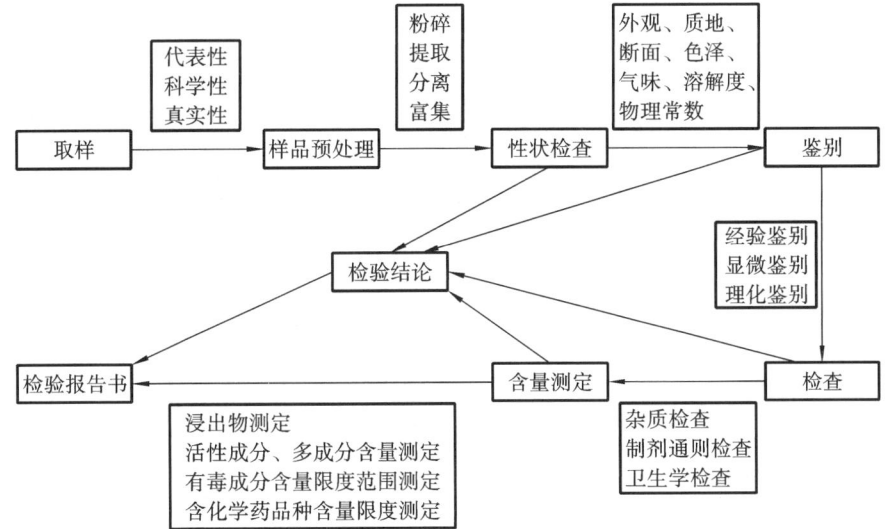

工作领域一

中药制剂检测的依据

工作任务一

《中国药典》

核心能力一　能正确查阅《中国药典》

一、核心概念

1. 药品标准　是国家对药品质量规格及检验方法所做出的技术规定,是药品生产、供应、使用、检验和管理部门共同遵循的法定依据。

2.《中华人民共和国药典》(图 1-1)　简称《中国药典》,是药品生产和管理的法典,英文名称为 Pharmacopoeia of The People's Republic of China；英文简称为 Chinese Pharmacopoeia,英文缩写为 Ch. P.。

扫码看课件

图 1-1　《中华人民共和国药典》

二、学习目标

(1)能熟练应用《中国药典》查找相关药品标准。

(2)能按照《中国药典》和标准操作规程,正确选用仪器、试药并能按相关规定正确配制试液。

三、基本知识

《中国药典》依据《中华人民共和国药品管理法》,由国家食品药品监督管理局药典委员会组织制定,并由国家食品药品监督管理局颁布实施。《中国药典》一经颁布实施,其同品种的上版标准或其原国家标准即同时废止(表 1-1)。

表 1-1 《中国药典》(2020年版)一部结构

凡例	凡例是正确使用《中国药典》进行药品质量检定的基本原则,是对《中国药典》正文、通则及与质量检定有关的共性问题的统一规定,避免在全书中重复说明。凡例中的有关规定具有法定的约束力
品名目次	品名目次列有药材和饮片、植物油脂和提取物、成方制剂和单味制剂三部分
正文品种	品种项下收载的内容统称为正文,正文是根据药物自身的理化与生物学特性,按照批准的来源、处方、制法和运输、贮藏等条件所制定的,用以检测药品质量是否达到用药要求并衡量其质量是否稳定均一的技术规定。正文部分为《中国药典》的主体,收载的是各品种的药品标准。 正文项下根据品种和剂型的不同,按顺序可分别列有:品名、来源、处方、制法、性状、鉴别、检查、浸出物、特征图谱和指纹图谱、含量测定、炮制、性味与归经、功能与主治、用法与用量、注意、规格、贮藏、制剂、附注等。其中品名、来源、处方、制法、性状、鉴别、检查、浸出物、特征图谱和指纹图谱、含量测定、规格等项内容是控制药品质量和全面评价药品质量的依据,具有严格的法定约束力。用法与用量、注意、贮藏和制剂等项内容为指导性条文
索引	包括中文索引、汉语拼音索引、拉丁名索引、拉丁学名索引,其中中文索引按汉语拼音顺序排列,可快速查询各有关药物品种的质量标准

《中国药典》(2020年版)四部的结构包括凡例、通用技术要求、原子量表、成方制剂中本版药典未收载的药材和饮片、药用辅料、索引几部分。

四、能力训练

(一)操作准备

《中国药典》(2020年版)电子版。

(二)注意事项

(1)了解《中国药典》(2020年版)的特点。

(2)注意《中国药典》(2020年版)的时效性。

(三)操作内容

(1)请按要求查阅《中国药典》(2020年版),并记录查阅结果。

序 号	查 阅 内 容	查 阅 位 置	查 阅 结 果
1	溶解		
2	阴凉处		
3	细粉		
4	含片		
5	蜜制		
6	钙盐的鉴别试验		

续表

序 号	查 阅 内 容	查阅位置	查 阅 结 果
7	颗粒剂的常规检查项目		
8	乙醇的性状		
9	稀盐酸的制备		
10	穿心莲片的药品标准		

(2)请查阅《中国药典》(2020年版)中三七片的药品标准,按要求完成下列内容。

检测项目	查 阅 内 容
[性状]	剂型:
[鉴别]	仪器: 试药: 试液: 对照品:
[检查]	应检查项目:
[含量测定]	仪器: 试药: 试液: 对照品:

(四)常见问题与解答

问题情境一

某药厂生产中药制剂六味地黄丸,检测人员只查看《中国药典》(2020年版)中六味地黄丸的药品标准,是否可行?

解答:不可行。生产前需对每味原料药、辅料进行逐一检测;需对半成品进行检测;生产后需对成品进行检测;还需按照片剂制剂通则进行常规检测。

问题情境二

某药厂对2020年9月1日生产的牛黄解毒片进行复核检验,检验人员查阅《中国药典》(2020年版)进行检测,是否可行?

解答:不可行。《中国药典》(2020年版)的实施日期为2020年12月1日。在此之前的药品检测应遵循《中国药典》(2015年版)药品标准。

(五)学习结果评价

序 号	考核内容	技能要求	分 值	得 分
1	实训前准备	准备好《中国药典》(2020年版)电子版	10	

续表

序 号	考核内容	技 能 要 求	分 值	得 分
2	实训操作	请按要求查阅《中国药典》(2020 年版),并记录查阅结果	30	
		请查阅《中国药典》(2020 年版)中三七片的药品标准	60	
合 计			100	

五、课后作业

(1)《中国药典》(2020 年版)和《中国药典》(2015 年版)相比,增减了哪些中药材?

(2)简述药厂为生产六味地黄丸需查阅《中国药典》(2020 年版)(后文简称《中国药典》)中哪些内容?

核心能力二 能执行《中国药典》凡例的基本要求

一、核心概念

凡例 正确使用《中国药典》进行药品重量检定的基本原则,是对《中国药典》正文、通则及与重量检定有关的共性问题的统一规定,避免在全书中重复说明。凡例中的有关规定具有法定的约束力。

二、学习目标

能熟练应用《中国药典》凡例进行标准操作,正确选用仪器、试药并能按相关规定正确配制试液。

三、基本知识

1. 溶解度 药品在溶剂中的溶解能力。除另有规定外,称取研成细粉的供试品或量取液体供试品,置于 25 ℃±2 ℃一定容量的溶剂中,每隔 5 分钟强力振摇 30 秒;观察 30 分钟内的溶解情况,如无目视可见的溶质颗粒或液滴,即视为完全溶解。药品在溶剂中溶解能力的表述如下。

表 述	药品在溶剂中溶解能力
极易溶解	溶质 1 g(ml)能在溶剂不到 1 ml 中溶解
易溶	溶质 1 g(ml)能在溶剂 1~不到 10 ml 中溶解
溶解	溶质 1 g(ml)能在溶剂 10~不到 30 ml 中溶解
略溶	溶质 1 g(ml)能在溶剂 30~不到 100 ml 中溶解
微溶	溶质 1 g(ml)能在溶剂 100~不到 1000 ml 中溶解
极微溶解	溶质 1 g(ml)能在溶剂 1000~不到 10000 ml 中溶解
几乎不溶或不溶	溶质 1 g(ml)在溶剂 10000 ml 中不能完全溶解

2. 计量 温度、百分比、溶液、滴定液或试液等项目的计量方法如下。

计量项目	符号或术语	含 义
温度	水浴温度	除另有规定外,均指 98~100 ℃
	热水	70~80 ℃
	微温或温水	40~50 ℃
	室温(常温)	10~30 ℃
	冷水	2~10 ℃
	冰浴	约 0 ℃
	放冷	放冷至室温
百分比	%	重量的百分比
	溶液的百分比	除另有规定外,指溶液 100 ml 中含有溶质若干克
	乙醇的百分比	在 20 ℃时容量的比例
	%(g/g)	表示溶液 100 g 中含有溶质若干克
	%(ml/ml)	表示溶液 100 ml 中含有溶质若干毫升
	%(ml/g)	表示溶液 100 g 中含有溶质若干毫升
	%(g/ml)	表示溶液 100 ml 中含有溶质若干克
溶液、滴定液或试液	溶液的滴	在 20 ℃时,以 1.0 ml 水为 20 滴进行换算
	溶液后标示的(1→10)符号	固体溶质 1.0 g 或液体溶质 1.0 ml 加溶剂使成 10 ml 的溶液;未指明用何种溶剂时,均系指水溶液
	两种或两种以上液体的混合物	名称间用半字线"-"隔开,其后括号内所示的":"符号指各液体混合时的体积(重量)比例。如三氯甲烷-甲醛-水(63:35:10),指三氯甲烷 63 份、甲醛 35 份与水 10 份的混合液
	乙醇未指明浓度	95%(ml/ml)的乙醇
	XXX 滴定液(YYY mol/L)	要求需精确标定滴定液浓度时,滴定液名称在前,而其物质的量浓度写在名称后的括号内,如硝酸银滴定液(0.1 mol/L)
	YYY mol/L XXX 溶液	对于不需精密标定的其他试液,若使用物质的量浓度则用若干 mol/L 某溶液表示,即浓度大小及单位在前,溶液名称在后,以示与滴定液之区别,如 0.2 mol/L 硝酸银滴定液

3. 取样量的准确度 实验中供试品与试药等"称重"或"量取"的量,均以阿拉伯数码表示,其精确度可根据数值的有效数位来确定。

取用量或术语		准确度要求
取用量	0.1 g	称取重量可为 0.06~0.14 g
	2 g	称取重量可为 1.5~2.5 g
	2.0 g	称取重量可为 1.95~2.05 g
	2.00 g	称取重量可为 1.995~2.005 g
	"约"若干	取用量不得超过规定量的±10%。如取约 2.5 g,指取用量在 2.75~2.25 g 之间

取用量或术语		准确度要求
术语	精密称定	称取重量应准确至所取重量的千分之一。如精密称定2.5 g，称重的准确度为 2.5 g×1/1000＝0.0025 g
	称定	称取重量应准确至所取重量的百分之一。如称定2.5 g，称重的准确度为 2.5 g×1/100＝0.025 g
	精密量取	量取体积的准确度应符合国家标准中对该体积移液管的精密度要求。例如"精密量取续滤液2 ml"，指用符合国家标准的2 ml移液管准确量取2.00 ml续滤液
	量取	可用量筒或按照量取体积的有效数位选用量具

4. 实验精密度 包括对恒重、按干燥品（或无水物，或无溶剂）计算、空白试验和试验时的温度的规定，见下表。

术 语	精密度要求（另有规定除外）
恒重	除另有规定外，指供试品连续两次干燥或炽灼后的重量差异在0.3 mg以下的重量；干燥至恒重的第二次及以后各次称重均应在规定条件下继续干燥1小时后进行；炽灼至恒重的第二次称重应在继续炽灼30分钟后进行
按干燥品（或无水物，或无溶剂）计算	除另有规定外，应取未经干燥（或未去水，或未去溶剂）的供试品进行实验，并将计算中的取用量按［检查］项下测得的干燥失重（或水分，或溶剂）扣除
空白试验	在不加供试品或以等量溶剂替代供试液的情况下，按同法操作所得的结果
并将滴定的结果用空白试验校正	按供试品所耗滴定液的量（ml）与空白试验中所耗滴定液的量（ml）之差进行计算
实验时的温度	未注明者，指在室温下进行；温度高低对实验结果有显著影响者，除另有规定外，应以25 ℃±2 ℃为准

5. 贮藏条件 药品贮存与保管的常用术语及其含义如下表。

术 语	含 义
遮光	用不透光的容器包装，例如棕色容器或黑色包装材料包裹的无色透明、半透明容器
避光	避免日光照射
密闭	将容器密闭，以防止尘土及异物进入
密封	将容器密封，以防止风化、吸潮、挥发或异物进入
熔封或严封	将容器熔封或用适宜的材料严封，以防止空气与水分的侵入并防止污染
阴凉处	不超过20 ℃
凉暗处	避光并不超过20 ℃
冷处	2～10 ℃
常温	10～30 ℃
其他	除另有规定外，［贮藏］项未规定贮存温度的一般指常温

6. 药筛及粉末分等

药筛分等

筛　　号	筛孔内径（平均值）	目　　号
一号筛	2000 $\mu m \pm 70$ μm	10目
二号筛	850 $\mu m \pm 29$ μm	24目
三号筛	355 $\mu m \pm 13$ μm	50目
四号筛	250 $\mu m \pm 9.9$ μm	65目
五号筛	180 $\mu m \pm 7.6$ μm	80目
六号筛	150 $\mu m \pm 6.6$ μm	100目
七号筛	125 $\mu m \pm 5.8$ μm	120目
八号筛	90 $\mu m \pm 4.6$ μm	150目
九号筛	75 $\mu m \pm 4.1$ μm	200目

粉末分等

粉末等级	细度要求
最粗粉	指能全部通过一号筛，但混有能通过三号筛不超过20%的粉末
粗粉	指能全部通过二号筛，但混有能通过四号筛不超过40%的粉末
中粉	指能全部通过四号筛，但混有能通过五号筛不超过60%的粉末
细粉	指能全部通过五号筛，并含能通过六号筛不少于95%的粉末
最细粉	指能全部通过六号筛，并含能通过七号筛不少于95%的粉末
极细粉	指能全部通过八号筛，并含能通过九号筛不少于95%的粉末

7. 干燥方法　药材产地加工及炮制规定的干燥方法如下。

(1)烘干、晒干、阴干均可的，用"干燥"。

(2)不宜用较高温度烘干的，则用"晒干"或"低温干燥"（一般不超过60 ℃）。

(3)烘干、晒干均不适宜的，用"阴干"或"晾干"。

(4)少数药材需要短时间干燥，则用"暴晒"或"及时干燥"。

制剂中的干燥方法一般用"干燥"或"低温干燥"，采用特殊干燥方法的，在具体品种项下注明。

8. 单剂量包装　按规定一次服用的包装剂量。各品种[用法与用量]项下规定服用范围者，不超过一次服用最高剂量包装者也应按"单剂量包装"检查。

9. 对照品、对照药材、对照提取物、标准品　用于鉴别、检查、含量测定的标准物质。对照品应按其使用说明书上规定的方法处理后按标示含量使用。对照品与标准品的建立或变更批号，应与国际对照品、国际标准品或原批号对照品、标准品进行对比，并经过一定的工作程序进行标定和技术审定。对照品、对照药材、对照提取物和标准品均应附有使用说明书、标明批号、用途、使用期限、贮存条件和装量等。

10. 试药、试液、指示剂　实验用的试药，除另有规定外，均应根据通则试药项下的规定，选用不同等级并符合国家标准或国务院有关行政主管部门规定的试剂标准。试液、缓冲液、指示剂与指示液、滴定液等,均应符合通则的规定或按照通则的规定制备。实验用水,除另有规定外,均指纯化水。酸碱度检查所用的水,均指新沸并放冷至室温的水。酸碱性实验时,如未指明用何种指示剂,均指石蕊试纸。

四、能力训练

(一)操作准备

《中国药典》电子版。

(二)注意事项

正确执行《中国药典》凡例的基本要求。

(三)操作内容

(1)请按要求查阅《中国药典》。

序 号	查 阅 内 容	查 阅 位 置	查 阅 结 果
1	溶解		
2	阴凉处		
3	细粉		
4	NaOH(1→10)		
5	约取 1.0 g 称量		
6	精密称定		
7	热水		

(2)请查阅《中国药典》中九分散的药品标准,按要求完成下列操作。

《中国药典》对九分散含量测定用供试品溶液的制备方法:取装量差异项下的本品,混匀,取约 2 g,精密称定,置具塞锥形瓶中,精密加三氯甲烷 20 ml 与浓氨试液 1 ml,轻轻摇匀,称重,于室温放置 24 小时,再称重,用三氯甲烷补足减失的重量,充分振摇,过滤,精密量取续滤液 10 ml,用硫酸溶液(3→100)分次提取至生物碱提尽,合并硫酸液,加浓氨试液使呈碱性,用三氯甲烷分次提取,合并三氯甲烷液,蒸干,精密加三氯甲烷 5 ml 使残渣溶解,即得。

讨论:①取装量差异项下的本品,混匀,取约 2 g,精密称定,其称量范围是多少?称量准确度为多少?应选用何种规格(感量)的天平称量?②精密加三氯甲烷 20 ml 与浓氨试液 1 ml,应选用何种量具?③室温放置 24 小时,再称重,补足三氯甲烷减失的重量,应选用何种规格(感量)的天平称重?

五、课后作业

溶液的配制:用乙醇溶液配制 50% 乙醇 100 ml。

工作任务二

其他药品标准

核心能力　能正确查阅其他药品标准

一、核心概念

1. 局颁药品标准　未列入《中国药典》而由国家药品监督管理局颁布的药品标准,以及与药品质量指标、生产工艺和检验方法相关的技术指导原则和规范。局颁药品标准不列凡例和附录,有关规定均按《中国药典》的凡例和通则执行。

2. 药品注册标准　由国家药品监督管理局批准给申请人特定药品的标准,生产该药品的生产企业必须执行该注册标准。药品注册标准不得低于《中国药典》的规定。

3. 地方药品标准　各省、自治区和直辖市药品监督管理部门颁布的药品标准。新修订的《中华人民共和国药品管理法》取消了地方药品标准,只保留中药材、中药饮片标准,作为国家药品标准体系的重要补充。国家药品标准一经颁布实施,地方药品标准收载的相同品种标准同时废止。地方药品标准应报国家药品监督管理局备案。

4. 企业药品标准　根据药品质量管理的有关规定,制药企业必须制定其产品的企业药品标准(内控标准)。内控标准包括原辅料、包装材料、中间产品和成品等一系列相关标准。企业还应制定相应的药品检验标准操作规程(SOP),以便规范检验操作。

二、学习目标
(1)能正确查阅局颁药品标准、药品注册标准。
(2)能初步制定企业药品标准。
(3)能正确查阅国外药品标准。

三、基本知识
1. 我国药品标准体系

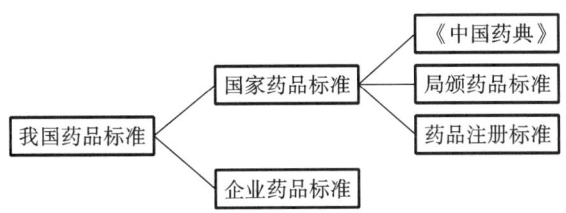

2. 常用的国外药品标准

类　　别	缩　　称
《美国药典》	USP-NF
《英国药典》	BP
《日本药局方》	JP
《欧洲药典》	EuP

四、能力训练

(一)操作准备

局颁药品标准、药品注册标准、地方药品标准。

(二)注意事项

注意局颁药品标准、药品注册标准、地方药品标准的应用范围。

(三)操作内容

(1)查阅局颁标准。

(2)查阅药品注册标准。

(四)常见问题与解答

问题情境

某药厂要对购买的原料药黑果枸杞进行检测，该药材在《中国药典》中并未收载，是否可以依据《甘肃省中药材标准》？

解答：可以。在《中国药典》中没有收载的中药材，可以依据地方药品标准。

五、课后作业

在《美国药典》中查阅阿司匹林药品标准，是否与《中国药典》检测方法相同？

工作领域二

中药制剂检测的程序

工作任务三

中药制剂的取样

核心能力　能正确完成中药制剂的取样操作

一、核心概念

取样　指从一批产品(进厂原料、中间体及成品)中,按取样规则抽取一定数量具有代表性的样品。

二、学习目标

能熟练进行中药制剂的取样操作。

三、基本知识

中药制剂检测的基本程序:取样—预处理—性状检验—鉴别—检查—含量测定—检验记录及检验报告书。

1. 取样操作

步　骤	操 作 要 求	注 意 事 项
取样前检查	取样前应检查药品的品名、厂家、批号、规格及包装式样等是否一致,检查包装的完整性、清洁程度以及有无污染、水迹或霉变等情况,检查药品贮存条件是否符合要求,药品包装是否按规定印有或贴有标签并附有说明书,字样是否清晰	取样时应核实被抽取药品的库存量。凡从外观看出长螨、发霉、虫蛀及变质的物料、成品及中间产品,可直接判为不合格
取样操作	直接接触药品的取样工具和盛样器具,应不与药品发生化学反应,使用前应洗净并干燥。使用后应及时洗净。 粉末状固体原料药和半固体原料药一般使用一侧开槽、前端尖锐的不锈钢抽样棒取样,某些情况下也可使用瓷质或者不锈钢质药匙取样;低黏度液体原料药使用吸管、烧杯、勺子、漏斗等取样;腐蚀性或毒性液体原料药取样时需配用吸管辅助器;高黏度液体原料药可用玻璃棒蘸取;原料药使用可密封的玻瓶等适宜器具盛样;制剂使用纸袋(盒、箱)等适宜器具盛样	无菌样品或者需做微生物检查的样品的取样工具和盛样器具,须经灭菌处理

续表

步　骤	操作要求	注意事项
取样数目	(1)药材和饮片:总数不足5件的,逐件取样; 　5～99件,随机抽5件取样; 　100～1000件,按5%比例取样; 　超过1000件的,超过部分按1%比例取样。 (2)贵重药材和饮片:均逐件取样。 (3)成品、中间产品:按批抽取。设总件数为n,则 　$n \leqslant 3$,逐件取样; 　$3 < n \leqslant 300$,取样数为$\sqrt{n}+1$,随机取样; 　$n > 300$,取样数为$\frac{\sqrt{n}}{2}+1$,随机取样	取样量一般为最少可供3次全检用量。 1/3供检验用; 1/3供复核用; 1/3供留样保存,保存至产品失效后一年
取样方法	若混合袋样超出平均样品数倍时,可采用"四分法"获得平均样品。方法:用适当的方法将总样品堆积成正圆锥形,再将正圆锥的上部压平,然后从圆锥上部被压平的平面以十字状垂直向下切开,分成4等份,取用对角2份,混匀,再如此反复操作,直至剩余的量达到平均样品量为止	
取样结束	取样人员应用"药品封签"将所抽样品签封,据实填写"药品抽样记录及凭证"。"药品封签"和"药品抽样记录及凭证"应由抽样人员和被抽样单位有关人员签字,并加盖抽样单位和被抽样单位公章;被抽样对象为个人的,由该个人签字、盖章	

2. 不同剂型的取样数量与方法

剂　型	取样数量	取样方法
散剂、颗粒剂	100 g	可在包装的上、中、下三层及间隔相等的部位取样若干,将所取样品充分混匀后,按"四分法"从中取出所需供试量
片剂	200片或100 g	成品取样200片;未成片前可取已制成的颗粒100 g
大蜜丸	10丸	随机抽样
水蜜丸、水丸等	检验量的10～20倍	粉碎,混匀,再按"四分法"从中取出所需供试量
胶囊剂	≥20个胶囊	倾出其内容物,混匀,称重;一般胶囊内药物的取样量为100 g
液体制剂	200 ml	应在摇匀后取样
注射剂	200 ml或200支	取样两次。第一次在配液过滤后、灌注前,取样200 ml;第二次在消毒灭菌后,取样200支

四、能力训练

(一)操作用物

抽样棒、吸管、玻璃棒等。

(二)注意事项

(1)取样前检查包装的完整性、清洁程度以及有无污染、水迹或霉变等情况,并填写取样记录单。

(2)取样工具应干净、干燥,不与药品发生化学反应。

(三)操作内容

序 号	操作要点	序 号	操作要点
1	取样前检查	5	取样数量
2	填写取样单	6	取样后签封
3	取样工具的选择	7	仪器清洁
4	取样操作		

(四)常见问题与解答

问题情境一

板蓝根颗粒取样时,从包装内一个点取样,是否可行?

解答:不可行。可在包装的上、中、下三层及间隔相等的部位取样若干,将所取样品充分混匀后,按"四分法"从中取出所需供试量。

问题情境二

急支糖浆液体制剂取样时,直接倒出,是否可行?

解答:不可行。液体制剂取样前应摇匀,用吸管吸取样品。

(五)学习结果评价

序 号	考核内容	技 能 要 求	分 值	得 分
1	实训前准备	取样前进行检查	10	
		正确填写取样单	20	
		取样工具的选择正确、齐全	10	
2	实训操作	取样操作标准	20	
		取样数量准确	20	
		取样后签封操作无误	10	
3	清洁、整理	仪器清洗干净,实验台整洁	10	
		合　　计	100	

五、课后作业

填写取样记录单。

工作任务四

中药制剂的预处理

核心能力一 能正确完成中药制剂的粉碎操作

一、核心概念

中药制剂的预处理 亦称供试品溶液的制备,指采用一定的方法将样品中的辅料和非被检成分等干扰物质除去,获得被检物质(供检验用)的过程。一般供理化检验的供试品溶液的制备包括粉碎(或分散)、提取、分离和富集等操作。

二、学习目标

能熟练进行中药制剂的粉碎操作。

三、基本知识

应用于临床的中药制剂多为固体,一般应进行粉碎,粉碎后表面积增大,有利于待测成分的提取;粉碎的粒度应合适,可根据检验目的选择合适的粉碎器械;粉碎后如需过筛,则过筛时不能通过筛孔的颗粒必须反复粉碎或碾磨,使其全部通过筛网,保证样品具有代表性。部分固体制剂的粉碎(或分散)方法见下表。

剂 型		预处理方法
丸剂	蜜丸	剪碎或切碎,加硅藻土研磨分散
	水蜜丸	直接粉碎或研碎
	水丸	直接粉碎或研碎
	糊丸	直接粉碎或研细
	蜡丸	切碎,置烧杯中,加水 50 ml 煮沸后,保持微沸 10 分钟,置冰浴中 30 分钟,取出,除去蜡层
	浓缩丸	直接粉碎、切碎或研细
片剂		研细;若包衣有干扰,则除去包衣后,研细
锭剂		研细或研碎
滴丸剂		研碎
胶囊剂		少数需研细
栓剂		剪碎、研碎或切碎
颗粒剂		一般不需粉碎,可直接提取
散剂		一般不需粉碎,可直接提取

四、能力训练

(一)操作用物

研钵等。

(二)注意事项

(1)样品粉碎不宜过细,否则难以过滤。

(2)粉碎设备应保持干净、干燥。

(3)粉碎时应防止粉尘飞散,防止挥发性成分损失。

(三)操作内容

序 号	操 作 要 点
1	粉碎设备选择
2	粉碎操作
3	清洁、整理

(四)常见问题与解决方法

问题情境

在粉碎黄氏响声丸时,薄荷油易损失,如何解决?

解决方法:粉碎时间不宜过长。

(五)学习结果评价

序 号	考核内容	技 能 要 求	分 值	得 分
1	实训前准备	粉碎设备选择无误,仪器干净、干燥	30	
2	实训操作	粉碎操作无误,药物无损失,颗粒大小适宜	50	
3	清洁、整理	粉碎设备整洁、干净	20	
		合　计	100	

核心能力二　能正确完成中药制剂的提取操作

一、核心概念

1.中药制剂的提取　通常是根据待测成分的性质,选择适当的方法,将待测成分尽可能提出。常用的提取方法有溶剂提取法、水蒸气蒸馏法和升华法等。

2.溶剂提取法　是根据中药制剂中各类成分的溶解性能,选择合适的溶剂将待测成分提出的方法。提取溶剂的选择遵循"相似相溶"原则。

3.升华　固体物质遇热直接气化,遇冷后又直接凝结成固体的过程。

扫码看课件

二、学习目标
(1)能熟练进行中药制剂的提取操作。
(2)了解各提取方法的特点及应用。

三、基本知识

(一)溶剂提取法

提取溶剂的选择遵循"相似相溶"原则,即应选择对待测成分溶解度大,对非待测成分溶解度小,不与待测成分发生副反应、低碳、安全、环保的溶剂。常用溶剂及其溶出成分见下表。

溶剂类型	溶剂特点	溶出成分
水	强极性溶剂,溶解水溶性成分	盐类、糖类、氨基酸、鞣质、苷类等,生物碱(酸水),有机酸、黄酮、蒽醌、香豆素等(碱水)
甲醇、乙醇、丙酮等	极性大,能与水混溶,穿透力强,溶解范围广泛	(除蛋白质、黏液质)多数亲水性成分及极性大的亲脂性成分
乙酸乙酯、三氯甲烷、乙醚、石油醚等	与水不相溶,选择性强,溶解脂溶性成分	挥发油、香豆素、游离态成分(生物碱、黄酮、蒽醌)、树脂、油脂、叶绿素

溶剂提取法主要包括浸渍法、回流提取法、连续回流提取法和超声波提取法等。

提取方法	操作方法	提取方法图片	特点
浸渍法	取适量的样品置具塞容器中,加入一定量的溶剂,摇匀,密塞,在一定温度下放置浸泡提取,浸泡期间经常振摇。溶剂用量为样品重量的6~20倍,浸泡时间从几分钟至48小时不等		本法适合提取对热不稳定的被检成分,但耗时较长,提取效率较低
回流提取法	取一定量的样品置圆底烧瓶中,加入一定量的有机溶剂(溶剂需浸没过药品),连接回流冷凝器,加热回流提取,放冷,过滤得到提取溶液	—	本法操作简单、提取效率高,但提取杂质较多,适用于对热稳定的待测成分的提取

续表

提取方法	操作方法	提取方法图片	特　点
连续回流提取法	取一定量的样品置索氏提取器中,加入一定量的有机溶剂,连接回流冷凝器,加热连续回流至提取完全	冷凝器／提取器／蒸汽导管／虹吸管／蒸馏瓶	本法操作简单、提取效率高,不需过滤且提取杂质少,适用于对热稳定的待测成分的提取
超声波提取法	取一定量的样品置具塞锥形瓶中,加入一定量的溶剂后,置超声波振荡器中进行提取,提取时间一般在30分钟内		本法操作简单、时间短、提取效率高

（二）水蒸气蒸馏法

本法(图 4-1)适用于能随水蒸气蒸馏而不被破坏、与水不发生反应、难溶或不溶于水的挥发性成分的提取,包括挥发油、某些小分子的生物碱(如麻黄碱、烟碱、槟榔碱等)和酚类物质(如丹皮酚等)。

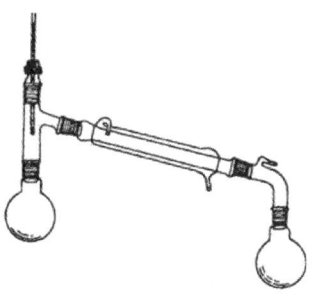

图 4-1　水蒸气蒸馏法装置

（三）升华法

固体物质遇热直接气化的过程,称为升华。中药制剂中某些成分具有升华性,如冰片、樟脑、咖啡碱、游离蒽醌类等。具有升华性的物质可用升华法提取。

四、能力训练

（一）操作用物

锥形瓶、回流装置、索氏提取器、超声提取器等。

（二）注意事项

(1)进行含量测定时,提取过程中应注意定量操作。

①浸渍法和回流提取法需要精密称定样品,精密量取提取溶剂,加入容器后,称定重量。提取完成后,再称重(回流提取须放凉后再称重),用提取溶剂补足减失的重量,再过滤。

②连续回流提取法则不需精密量取加入提取溶剂。此法经连续多次提取,将被测成分完全提取至提取液中,然后定量移至量瓶中(必要时稍加浓缩再转移),用提取溶剂稀释到刻度,摇匀,即可得到一定浓度的提取溶液。

(2)浸渍法和回流提取法滤取提取液时,应弃去初滤液,收集续滤液。因为初滤液中的一些成分可被滤纸或滤器吸附,其浓度发生改变。而续滤液由于滤纸滤器吸附已饱和,其浓度不再发生变化,不会给分析工作带来误差。

(三)操作内容

大山楂丸的提取:取 120 ℃干燥 2 小时的大山楂丸粗粉 6.5 g,置索氏提取器中,用 95% 乙醇回流提取 1.5 小时,将提取液移入 250 ml 量瓶中,放凉至室温,补加蒸馏水至刻度,摇匀,备用。

操作步骤	操作要点
实验前准备	仪器选择、清洗
提取操作	大山楂丸剪碎、干燥 电子天平称取大山楂丸 6.5 g 装入样品,安装索氏提取器 加入提取溶剂 控制提取时间、温度和流速,加热提取 收集提取液
整理	清洗仪器,整理实验台

(四)常见问题与解决方法

问题情境

索氏提取器,应该加入的提取溶剂的体积为多少?

解决方法:索氏提取器规格不同,加入溶剂量不同,通常加入 1.5 倍虹吸管高度的溶剂。

(五)学习结果评价

序号	考核内容	技能要求	分值	得分
1	实训前准备	仪器选择无误,仪器干净	5	
2	实训操作	干燥操作准确	10	
		称量操作准确	10	
		样品加入量准确,连接装置正确	30	
		提取溶剂量准确	15	
		提取时间、温度、流速准确	15	
		提取液收集装置选择无误、无滴漏	10	
3	清洁、整理	仪器清洗干净,实验台整洁	5	
		合计	100	

核心能力三　能正确完成中药制剂的分离操作

一、学习目标
(1)能熟练进行中药制剂的分离操作。
(2)了解各分离方法的特点及应用。

扫码看课件

二、基本知识
常用的分离方法主要有液-液萃取法、沉淀法、液-固萃取法(色谱法)和盐析法等。

分离方法	操作方法	图　片	注意事项
液-液萃取法	亦称简单萃取法,通常在分液漏斗中进行。利用提取液中待测成分和非待测成分在两种互不相溶的溶剂中分配系数的不同进行分离,分配系数相差越大,则分离效果越好。其中一相为水相,另一相必须是与水互不相溶的有机溶剂,常用的有正丁醇、乙酸乙酯、三氯甲烷、乙醚等		若为含量测定,则应提取完全,一般提取次数为3~5次,提取溶剂体积应为另一相的2~5倍
沉淀法	改变溶剂的极性,过滤,得滤液或不溶物,除去提取液中的非待测成分,如水提醇沉法(沉淀多糖、蛋白质)、醇提水沉法(沉淀树脂、叶绿素)、酸提碱沉法(分离碱性成分)、碱提酸沉法(分离酸性成分);利用某些试剂与提取液中的某些成分发生化学反应进行分离纯化,如雷氏盐沉淀法(分离水溶性生物碱)		滴加乙醇时,要慢加快摇,以防止局部浓度太高,影响沉淀效果
色谱法	亦称为液-固萃取法。《中国药典》常用氧化铝柱(内径约0.9 cm,中性氧化铝5 g)、D101型大孔吸附树脂柱(内径约1.5 cm,柱高10 cm)等		(1)装柱时应该注意均匀,不能有气泡、裂缝。 (2)洗脱时切勿使溶剂流干

续表

分离方法	操作方法	图片	注意事项
盐析法	在水提取液（或液体中药制剂）中加入无机盐（NaCl或Na_2SO_4等）至一定浓度或达到饱和状态，使溶液中某些成分溶解度降低而分离		注意pH值、温度的影响

三、能力训练

（一）操作用物

色谱柱、石英砂、玻璃棒等。

（二）注意事项

（1）装柱时，应该注意均匀，不能有气泡、裂缝，否则样品可能顺缝隙流动而不被吸附，影响样品的分离。可用质软的物体如吸耳球等轻轻敲击柱身，促使吸附剂装填紧密，以排除气泡。最终应使吸附剂的上端平整，无凹凸面。

（2）加样时，若样品为液体，可直接加样；若样品为固体，可选择合适溶剂溶解为液体再加样。加样时，要沿管壁慢慢加入至柱顶部，勿使样品搅动吸附剂表面。

（3）洗脱时，在柱顶不断加入洗脱液，使洗脱液时刻保持适当的量，不要让洗脱液表面流干，使流动相具有适当的流速。

（三）操作内容

序号	操作步骤	操作要点
1	装柱	分为干法装柱、湿法装柱。装柱应该注意均匀，不能有气泡、裂缝。可用质软的物体轻轻敲击柱身，使吸附剂的上端平整，无凹凸面
2	加样	若样品为液体，可直接加样；若样品为固体，可选择合适溶剂溶解为液体再加样。加样时，要沿管壁慢慢加入至柱顶部，勿使样品搅动吸附剂表面
3	洗脱	在柱顶不断加入洗脱液，使洗脱液时刻保持适当的量，不要让洗脱液表面流干，使流动相具有适当的流速
4	收集	若试样有色，在色谱柱上可直接观察。洗脱后分别收集各个组分。若试样无色，收集洗脱液时，多采用等份收集。每份洗脱液的体积随所用吸附剂的量及试样的分离情况而定。收集的每份洗脱液的体积越小，分离效果越好
5	鉴定	若试样有色，依据颜色直接鉴定；若试样无色，需用薄层色谱结果进行鉴定

（四）常见问题与解答

问题情境一

柱色谱分离时，乙醇和水，先加水洗脱，是否可行？

解答：不可行。水的极性比乙醇大，洗脱时应先加入极性小的乙醇溶剂进行洗脱。

问题情境二

柱色谱分离时,洗脱液流速不用控制,是否可行?

解答:不可行。应控制流出速度 1 滴/秒。

(五)学习结果评价

序 号	考核内容	技 能 要 求	分 值	得 分
1	装柱	色谱柱均匀,不能有气泡、裂缝	20	
2	加样	加样量准确,样品未搅动吸附剂表面	20	
3	洗脱	溶剂加入顺序正确	10	
		洗脱液表面未流干	10	
		流速适当	10	
4	收集	收集完全	10	
		色带分别收集	10	
5	鉴定	色带分离无误	10	
		合 计	100	

四、课后作业

依据《中国药典》,进行万氏牛黄清心丸的提取与分离。简述操作要点及注意事项。

工作任务五

中药制剂的鉴别

核心能力一　能正确完成中药制剂的性状鉴别

一、核心概念

性状　指将制剂除去包装、包衣或胶囊壳后的形状(形态)、色泽及气味等特征,用于初步判断中药制剂的真伪。

扫码看课件

二、学习目标

(1)能熟练进行中药制剂的性状鉴别,并正确判断检测结果。
(2)能测定中药制剂常用的物理常数。

三、基本知识

性状鉴别	项目	质量要求	实例
外观性状鉴别	颜色	指制剂在日光下呈现的颜色。当以两种色调复合描述制剂的颜色时,应以后面一种颜色为主,如红棕色,以棕色为主。当所描述的制剂具有两种不同颜色时,一般将常见的或质量好的颜色写在前面。有的制剂在贮藏期间颜色会变深,可根据实际情况规定颜色变化幅度,将两种颜色用"至"连接	大山楂丸为棕红色或褐色。参苓白术散的颜色为黄色至灰黄色
	形态	指中药制剂具有的物理聚集态。同一形态的药物,也有多种描述方法,如液体的形态包括黏稠液体、澄清液体、澄明液体等。药物形态发生改变,可能由质变、掺杂等引起	川贝枇杷糖浆:本品为棕红色的黏稠液体
	形状	制剂的形状与生产设备的模具有关,如栓剂可分为球形、圆锥形、鱼雷形、卵形、鸭嘴形等	麝香痔疮栓:本品为弹头形或鱼雷形的栓剂

续表

性状鉴别	项目	质量要求	实 例
外观性状鉴别	气	制剂的气是靠嗅觉获取的,可分为香、芳香、清香、腥、臭、特异等。当气味不明显时,可用气微表示;当香气浓厚时用芳香浓郁来表示	舒筋活络酒:本品气香
外观性状鉴别	味	制剂的味是靠味觉获取的,味可分为甜、酸、苦、辛、凉、涩、咸、辣、麻等。也可用混合味如清凉、辛凉、麻辣等进行描述	活血止痛散:本品味辛、苦、凉
外观性状鉴别	其他	当含有滑石的制剂时,手捻有滑腻感;有些因工艺和药物组成而具有光泽感等	本品质软,细腻,手摸有滑润感,无吸湿性,置水中不崩散
物理常数测定		常用的物理常数有相对密度、馏程、熔点、凝点、比旋度、折光率、黏度、吸收系数、碘值、皂化值和酸值等。物理常数在药品标准中放在该药品的"性状"项下,测定方法收载在《中国药典》通则中	牡荆油胶丸,折光率应为1.485~1.500

四、能力训练

(一)操作用物

比重瓶、韦氏比重秤、pH 计等。

(二)注意事项

(1)进行中药制剂的性状鉴别时,应除去包装、包衣或胶囊壳后观察性状特征。

(2)中药制剂的性状鉴别用于初步判断中药制剂的真伪,需配合理化鉴别方法使用。

(3)物理常数在药品标准中放在该药品的"性状"项下,测定方法收载在《中国药典》四部通则中。

(三)操作内容

序 号	操作步骤	操作要点
1	操作准备	取样,实训用品准备
2	操作	除去制剂的包衣、包装或胶囊壳
2	操作	观察制剂色泽、形态、形状、气、味等特征
2	操作	物理常数的测定
3	记录	描述供试品的颜色和外形等
4	结果判定	外观性状与质量标准内容一致的,判为符合规定;否则,判为不符合规定

(四)常见问题与解答

问题情境

当中药制剂出现轻微变色、少量花斑等现象时,性状鉴别结论为不符合规定,是否合适?

解答:合适。中药制剂外观性状与质量标准不一致,可以判为不符合规定,在检测报告中应进行详细描述。

(五)学习结果评价

序 号	考核内容	技能要求	分 值	得 分
1	操作准备	取样准确,实训用品准备齐全	10	
2	操作	除去制剂的包衣后药品完整	10	
		观察仔细,内容完整	30	
		物理常数测定准确	30	
3	记录	记录详尽、准确	10	
4	结果判定	结果判定正确	10	
	合 计		100	

五、课后作业

比较中药制剂片剂、蜜丸、散剂、糖浆剂、酒剂、膏剂的性状鉴别特点。

核心能力二　能正确完成中药制剂的显微鉴别

一、核心概念

1. 中药制剂的显微鉴别　利用显微镜来观察中药制剂中饮片的组织、细胞或内含物等特征进行鉴别的方法。显微鉴别操作简单、快速、准确。

2. 解离组织制片法　利用化学试剂使组织中各细胞间的胞间质溶解而使细胞分离,以观察单个细胞的完整形态的方法。

扫码看课件

二、学习目标

能熟练进行中药制剂的显微鉴别,并正确判断检测结果。

三、基本知识

中药制剂的显微鉴别适用于含饮片粉末的中药制剂,如片剂、散剂、丸剂等。对于用饮片提取物制成的制剂,如口服液、酊剂等,由于饮片原有的组织结构被破坏,故不能采用显微鉴别进行鉴别。

中药制剂的显微鉴别基本程序为处方分析→供试品预处理→显微制片→显微观察→显微测量→显微化学反应→记录,结果判断。

四、能力训练

(一)操作用物

显微镜、刀片、镊子、研钵、酒精灯、铁三脚架、石棉网、滴瓶、试管、试管架、滴管、玻璃棒(粗与细)、载玻片、盖玻片、量筒、铅笔、滤纸、火柴等。

(二)注意事项

(1)中药制剂的显微鉴别仅限于含饮片粉末入药的剂型。

(2)显微鉴别时,应选取药材在该制剂中易观察到的、专属性强的1~2个显微特征作为鉴别依据,两味或两味以上药材所共有的显微特征,不能作为鉴别指标。

(3)中药制剂的原料药材包括植物药、动物药、矿物药,来源于相同药用部分的药材显微特征具有一定的规律性,在显微鉴别时,应根据处方原料的来源,有重点地进行观察,提高鉴别的准确性。

(4)装片时所选用的试液应根据药材粉末的特性和需要观察的显微特征来确定,并与原药材粉末显微鉴别方法保持一致,如用甘油醋酸试液、稀甘油或其他试液装片观察淀粉粒;用水合氯醛装片不加热观察菊糖;用水合氯醛加热透化后观察细胞组织特征。

(三)操作内容

序号	操作步骤	操作要点
1	处方分析	根据处方组成及制备工艺,对制剂中含有的原药材粉末显微特征逐一进行观察和比较,排除类似的、易相互干扰或因加工而消失的特征,选取该药材在本制剂中易察见、专属性强的显微特征1~2个,作为能表明该药材存在的依据。对于组成药味较多的复方制剂,可选择主药、贵重药、毒性药或混乱品种重点观察
2	供试品预处理	制片前,可按剂型进行预处理(表5-1),再按粉末制片法装片观察
3	显微制片	进行显微鉴别时,一般先以甘油醋酸封片观察淀粉粒、菊糖等,再以水合氯醛封片观察其他显微特征,最后加热透化或滴加其他理化试剂进行显微观察。常用的制片方法见表5-2
4	显微观察	一般需观察2~5个显微标本片,根据能否观察到某药材的专属性特征,判断制剂中该药材是否存在。为提高显微鉴别的正确性,可与对照药材或已准确进行品种鉴定的药材对照观察。观察时应采用"先低倍后高倍"的原则,先在低倍镜下采用"之"字移动法,使标本片沿着一定的线路移动,以便能检查到标本片的各个部位。方法:旋转载物台移动器,从盖玻片的左上角开始逐渐使视野平行向右移动,到达右上角后,将视野向近侧移动2/3~3/4个视野,再使视野由右平行向左移动,到达左端后,再如前法移动,直到整个标本片观察完毕

续表

序号	操作步骤	操作要点
5	显微测量	常用量尺为目镜测微尺与载物台测微尺。目镜测微尺为放在目镜筒内的一种标尺,是一个直径 18~20 mm 的圆形玻璃片,中央刻有精确等距离的平行线刻度,常为 50 格或 100 格。目镜测微尺用于直接测量物体,但其刻度所代表的长度依显微镜放大倍数的不同而改变,故使用前必须用载物台测微尺来标化,以确定在使用该显微镜及其特定的物镜、目镜和镜筒长度时,目镜测微尺每小格所代表的实际长度。载物台测微尺是一个特制的载玻片,中央粘贴一个刻有精细尺度的圆形玻片,这些尺度通常将 1 mm(或 2 mm)的长度精确等分为 100(或 200)小格,每一小格长为 10 μm,用以标定目镜测微尺。在标尺的外围有一黑环,以便能较容易找到标尺的位置。载物台测微尺并不直接测量物体的长度,而是用以标化目镜测微尺
6	显微化学反应	常需采用专属性的化学试剂和方法,以鉴别不同性质的细胞壁及其内含物(表 5-3)
7	记录,结果判断	根据观察、记录的供试品显微特征与标准规定内容或与对照药材比较是否相符,断定其真伪或是否有掺伪,以及成方制剂投料的真实性

表 5-1 部分剂型粉末制备方法

剂 型	供试品粉末制备
散剂、胶囊剂	取适量粉末(应研细),装片
片剂	取 2~3 片(包衣者除去包衣),研碎后取少量粉末,装片
蜜丸	将药丸切开,从切面由外至中央挑取适量或用水脱蜜后,吸取沉淀物少量,装片
水丸、糊丸、水蜜丸	取数丸,置研钵中研成粉末,取适量粉末,装片
锭剂	取 1~2 锭,置研钵中研成粉末,取适量粉末,装片

表 5-2　常用的制片方法

序号	制片方法		操作要点	
1	粉末制片法（供试品粉末需过四号或五号筛）	粉末冷装片	用解剖针挑取供试品粉末少许,置载玻片的中央,加水、稀甘油、水合氯醛试液等适宜的试液1滴,用解剖针搅匀(如为酸或碱时应用细玻璃棒代替解剖针),待液体渗入粉末后,用左手食指与拇指夹持盖玻片的边缘,使其左侧与药液层左侧接触,再用右手持小镊子或解剖针托住盖玻片的右侧,缓缓放下,使液体逐渐漫延充满盖玻片下方。如液体未充满盖玻片,应从空隙相对边缘滴加液体,以防产生气泡;若液体过多,用滤纸片吸去溢出的液体,最后在载玻片的左端贴上标签或写上标记	
		粉末透化装片	挑取粉末少许,置载玻片中央偏右处,滴加水合氯醛试液1～2滴,搅匀,用试管夹夹持载玻片一端,保持水平,置酒精灯火焰上方1～2 cm处加热,微沸后,离开火焰,再滴加水合氯醛试液,小火继续加热,如此反复操作至透化清晰。为避免析出水合氯醛结晶,放冷后滴加稀甘油1～2滴,封片镜检	
		混悬液装片	制剂中需检查的药味较多或含淀粉粒较多时,可取粉末适量,置试管或小烧杯中,加入水合氯醛试液并加热透化,用吸管吸取适量混悬液,装片观察	
2	解离组织制片法	氢氧化钾法	薄壁组织发达、木化组织较少或分散存在的供试品	取蜜丸切开后,取适量置试管中,加5%氢氧化钾溶液适量,加热至用玻璃棒挤压能离散为止,倾去碱液,加水洗涤	取少量供试品置载玻片上,用解剖针撕开,以稀甘油装片观察
		硝酸铬法	木化组织较多或集成较大群束的供试品	取适量供试品置试管中,加硝酸铬试液适量,放置,至用玻璃棒挤压能离散为止,倾去酸液,加水洗涤	
		氯酸钾法		取适量供试品置试管中,加硝酸溶液(1→2)及氯酸钾少量,缓缓加热,待产生的气泡逐渐变少时,再及时加少量氯酸钾,以维持气泡稳定地产生,至用玻璃棒挤压能离散为止,倾去酸液,加水洗涤	

表 5-3 显微鉴别现象表

细胞内含物及细胞壁		检定观察
细胞内含物	淀粉粒	加碘试液,显蓝色或紫色
		用甘油醋酸试液装片,置偏光显微镜下观察,未糊化的淀粉粒显偏光现象;已糊化的无偏光现象
	糊粉粒	加碘试液,显棕色或黄棕色
		加硝酸汞试液,显砖红色
	脂肪油、挥发油或树脂	加苏丹Ⅲ试液,显橘红色、红色或紫红色
		加90%的乙醇,脂肪油和树脂不溶解(蓖麻油和巴豆油例外),挥发油则溶解
	菊糖	加10% α-萘酚乙醇溶液,再加硫酸,显紫红色并溶解
	黏液	加钌红试液,显红色
	草酸钙结晶	加稀醋酸不溶解;加稀盐酸溶解而无气泡产生
		加硫酸溶液(1→2)逐渐溶解,片刻后析出针状硫酸钙结晶
	碳酸钙结晶	加稀盐酸溶解,同时有气泡产生
	硅质	加硫酸不溶解
细胞壁	木质化	加间苯三酚试液1~2滴,稍放置,加盐酸1滴,显红色或紫红色
	木栓化	加苏丹Ⅲ试液,稍放置或微热,显橘红色或红色
	纤维素	加氯化锌碘试液,或先加碘试液湿润后,稍放置,再加硫酸(33→50),显蓝色或紫色
	硅质化	加硫酸无变化

(四)常见问题与解答

问题情境一

显微鉴别时,新买的盖玻片和载玻片如何处理?

解答:新片要用洗液浸泡或用肥皂水煮半小时取出,先用流水冲洗,再用蒸馏水冲洗1~2次后,置70%~90%乙醇中,备用。

问题情境二

显微鉴别时,怎样操作才能准确测量?

解答:通常在高倍镜下进行显微测量,因目镜测微尺的每一小格的长度值较小,结果较为准确。但要测量较长的目的物如纤维、导管、非腺毛等,在低倍镜下测量较为适宜;应记录每次测量数据,并分析数据的最小量值、最大量值和多见量值(μm)。如浙贝母淀粉粒直径为6~56 μm,表示最小量值和最大量值;如为6~40~56 μm,中间的数值表示多见量值。测量直径时,应以物体中部为准。

（五）学习结果评价

序 号	考核内容	技能要求	分 值	得 分
1	操作准备	实训用品准备齐全，处方分析正确	10	
2	显微操作	供试品预处理无误	10	
		透化、封片操作无误	20	
		正确使用显微镜进行显微观察	30	
		显微测量准确	10	
		显微化学反应操作无误	10	
3	记录	记录详尽，显微图清晰、准确	5	
4	结果判定	结果判定正确	5	
	合　　　计		100	

五、课后作业

简述显微鉴别的适用范围、操作流程和注意事项。

核心能力三　能运用化学鉴别法进行中药制剂的鉴别

一、核心概念

化学鉴别法　利用检测试剂与制剂中的有效成分或指标性成分发生化学反应，根据所产生的颜色、沉淀、气体或荧光等现象，初步判定制剂中所含化学成分的有无。化学鉴别法操作简单、适用性较强，但专属性较差。

扫码看课件

二、学习目标

能熟练进行中药制剂的化学鉴别，并正确判断检测结果。

三、基本知识

化学鉴别法主要用于制剂中生物碱、黄酮、蒽醌、皂苷、香豆素、内酯、挥发油、糖类、氨基酸、蛋白质及矿物类等成分的鉴别。

植（动）物药成分常用的化学鉴别反应

成　分	鉴 别 反 应	应用举例或说明
生物碱	碘化铋钾反应，生成橘红色或红棕色沉淀。 碘化汞钾反应，生成类白色沉淀；加过量试剂，沉淀复溶解。 碘-碘化钾反应，生成棕色至褐色沉淀。 硅钨酸反应，生成灰白色沉淀。 三硝基苯酚（苦味酸）反应，生成黄色沉淀（置显微镜下观察，可见众多淡黄色油滴状物质）	止喘灵注射液（洋金花）、马钱子散（马钱子）、石淋通片（广金钱草）、川贝雪梨膏（川贝母）等

续表

成　分	鉴　别　反　应	应用举例或说明
黄酮	在样品的甲醇或乙醇提取液中,加入少许镁粉,振摇,再加盐酸数滴,多显红棕色、橙红色或红紫色	大山楂丸(山楂)、参茸保胎丸(黄芩)等
蒽醌	取样品的酸水提取液,加乙醚振摇,分取醚层,加入氢氧化钠或氨试液,振摇,水层显红色	大黄流浸膏(大黄)等
皂苷	样品水溶液强烈振摇,产生持久性泡沫。 样品的三氯甲烷提取液,滴加醋酐-浓硫酸试液,甾体皂苷显红色-紫色-蓝色-污绿色;三萜皂苷显红色-紫色-蓝色。 供试液加三氯化锑或五氯化锑的三氯甲烷溶液,三萜皂苷显紫蓝色,甾体皂苷多显黄色。 样品的三氯甲烷提取液,加浓硫酸,三氯甲烷层显红色或蓝色,硫酸层显绿色荧光	灵宝护心丹(红参、三七)等
香豆素	Gibbs反应,显蓝色。 异羟肟酸铁反应,显红色。 重氮盐偶合反应,显红色	养阴清肺膏(牡丹皮)等
挥发油	取供试液,加香草醛-硫酸试液,显红色或红紫色	万应锭(冰片)、养心定悸膏(生姜)等
氨基酸、蛋白质	取供试液,加茚三酮试液1滴,微热,显紫红色	参茸保胎丸(阿胶、鹿茸)等

注:生物碱沉淀反应需要在酸性水溶液或稀醇溶液中进行;蛋白质、氨基酸、鞣质等亦可与此类试剂产生沉淀,故应进行预处理,排除干扰。

矿物药成分常用的化学鉴别反应

成　分	鉴　别　反　应	应用举例与反应机制
汞盐	取供试品,用盐酸湿润后,在光洁铜片上摩擦,铜片表面显银白色光泽,加热烘烤后,银白色消失	应用举例:万氏牛黄清心丸、天王补心丹等中成药中的朱砂。 反应机制:Hg^{2+}被Cu还原成Hg附着在铜片表面,显银白色,加热则升华消失。即 $$HgS + 2HCl + Cu \longrightarrow CuCl_2 + Hg + H_2S\uparrow$$

续表

成　分	鉴别反应	应用举例与反应机制
钙盐	取供试液,加甲基红指示液,用氨试液中和,再滴加盐酸至恰呈酸性,加草酸试液,即生成白色沉淀;分离,沉淀不溶于醋酸,但可溶于盐酸	应用举例:止咳橘红口服液(石膏)、安胃片(海螵蛸)、龙牡壮骨颗粒(牡蛎、龙骨、乳酸钙、葡萄糖酸钙)等。 反应机制: $CaSO_4 + (NH_4)_2C_2O_4 \longrightarrow CaC_2O_4(白)\downarrow + (NH_4)_2SO_4$ $CaC_2O_4 + 2HCl \longrightarrow CaCl_2 + H_2C_2O_4(溶于盐酸)$
雄黄(主要含 As_2S_2)	氯化钡沉淀法(检出硫):将雄黄中的硫氧化成硫酸,再与氯化钡生成硫酸钡白色沉淀。 硫化氢反应(检出砷):先将雄黄加热氧化生成三氧化二砷,再与硫化氢反应生成黄色的三硫化二砷。后者在稀盐酸中产生黄色沉淀,但溶于碳酸铵试液	应用举例:牙痛一粒丸(雄黄)等。 反应机制: $As_2S_2 + 6KClO_3 + 4HNO_3 \xrightarrow{[O]} 2K_3AsO_3 + 2H_2SO_4 + 3Cl_2\uparrow + 4NO\uparrow$ $H_2SO_4 + BaCl_2 \longrightarrow BaSO_4\downarrow(白) + 2HCl$ 应用举例:小儿惊风散(雄黄)等。 反应机制: $2As_2S_2 + 7O_2 \xrightarrow{\triangle} 2As_2O_3 + 4SO_2\uparrow$ $As_2O_3 + 3H_2O \longrightarrow 2H_3AsO_3$ $2H_3AsO_3 + 3H_2S \longrightarrow As_2S_3(黄) + 6H_2O$ 　　　　　　　　　　　└→在稀盐酸中析出黄色沉淀 $4As_2S_3 + 12(NH_4)_2CO_3 \longrightarrow 4(NH_4)_3AsO_3 + 4(NH_4)_3AsS_3 + 12CO_2\uparrow$

四、能力训练

(一)操作用物

(1)试管、蒸发皿、坩埚、漏斗、滤纸、水浴锅、电炉、电热套等。

(2)各类成分显色剂和沉淀试剂。

(二)注意事项

(1)供试品和供试液的取用量应按各该药品项下的规定,固体供试品应研成细粉;液体供试品若太稀可浓缩,若太浓可稀释。

(2)试药和试液的加入量、方法和顺序均应按各实验项下的规定;如未做规定,试液应逐滴加入,边加边振摇;并注意观察反应现象。

(3)实验在试管或离心管中进行,如需加热,应小心仔细,并使用试管夹,边加热边振摇,试管口不要对着实验操作者。

(4)实验中需要蒸发时,应将样品置于玻璃蒸发皿或瓷蒸发皿中,在水浴上进行。

(5)有色沉淀反应宜在白色点滴板上进行,白色沉淀反应宜在黑色或蓝色点滴板上进行,也可在试管或离心管中进行;颜色反应须在玻璃试管中进行。

(6)反应灵敏度高的实验,应保证试剂的纯度和仪器的洁净,并同时进行空白试验,便于对照;反应不够灵敏,实验条件不易控制的实验,可用对照品进行对照试验。

(三)操作内容

采用化学鉴别法时,应选择专属性较强的检测试剂,必要时做阳性或阴性对照试验加以验证,从而保证检测结果的专属性和灵敏度。化学鉴别法大多为试管反应,取供试液适量置于试管中,加入试剂或试药进行反应;或将供试液置蒸发皿或坩埚中,挥去溶剂,滴加试剂于残留物进行检识,例如皂苷的醋酐-浓硫酸反应;也可利用检测试纸鉴别,如氰苷的苦味酸试纸反应、珠黄吹喉散的姜黄试纸反应和养阴清肺膏的Gibbs试纸反应等。

(四)常见问题与解决方法(解答)

问题情境一

当中药制剂中生物碱的化学鉴别出现假阳性现象时,如何处理?

解决方法:制剂中含有蛋白质、氨基酸、鞣质等成分时,可以与生物碱沉淀试剂产生沉淀,故应进行预处理,排除干扰。

问题情境二

某中药制剂中含有麻黄药材,加入生物碱沉淀试剂,未产生沉淀,实验结论判定为不符合规定,是否正确?

解答:不正确。少数生物碱如麻黄碱、吗啡、咖啡碱等,不与生物碱沉淀试剂反应,出现假阴性现象。

(五)学习结果评价

序 号	考核内容	技 能 要 求	分 值	得 分
1	操作准备	实训用品准备齐全	10	
2	操作	正确加入检测试剂	30	
		反应现象准确、清晰	30	
3	记录	记录详尽、准确	20	
4	结果判定	结果判定正确	10	
		合　　计	100	

五、课后作业

牙痛一粒丸的鉴别

(1)取本品约0.2 g,研细,加水湿润后,加氯酸钾的硝酸饱和溶液2 ml,振摇,冷却,离心,取上清液,加氯化钡试液0.5 ml,摇匀,溶液呈白色浑浊,离心,弃去上层酸液,再加水2 ml,振摇,沉淀不溶解。

(2)取本品适量,研细,用盐酸湿润后,在光洁的铜片上摩擦,铜片表面即显银白色光泽,加热烘烤后,银白色消失。

简述鉴别的药材名称,说明其原理。

核心能力四　能运用升华法进行中药制剂的鉴别

一、核心概念
升华鉴别法　利用中药制剂中所含的某些化学成分,在一定温度下能升华的性质,获得升华物,根据升华物的理化性质进行鉴别的方法。

扫码看课件

二、学习目标
能熟练运用升华法进行中药制剂的鉴别,并正确判断检测结果。

三、基本知识
升华物的鉴别可采用显微镜观察晶型,或在可见光下观察颜色,或在紫外光灯下观察荧光,或加入合适的试液与其发生显色反应或荧光反应等。本法简便、实用、专属性较强。

四、能力训练

(一)操作用物
(1)微量升华装置、坩埚、紫外光灯(365 nm)、显微镜等。
(2)1%香草醛-硫酸溶液、硫化氢试液、碳酸铵试液等(图5-1)。

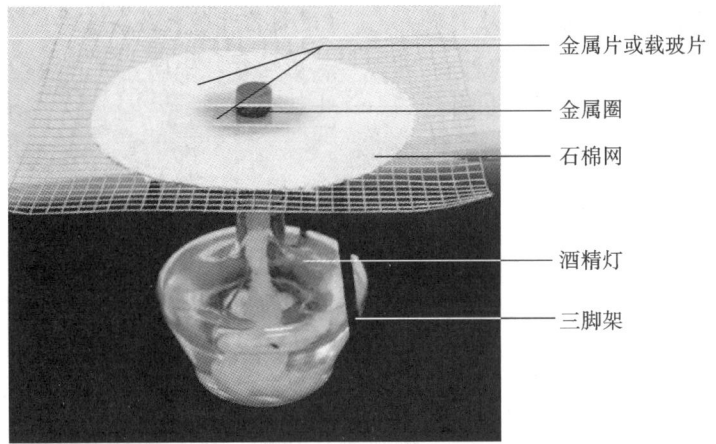

图 5-1　微量升华装置

(二)注意事项
(1)升华时应缓缓加热,温度过高易使药粉焦化,产生焦油状物质,影响对升华物的观察或检视。可通过调整酒精灯火焰与石棉板的间距来控制温度,间距一般约为 4 cm。
(2)样品粉末用量一般约为 0.5 g,过少则不易产生足够量的升华物。
(3)可在载玻片上滴加少量水降温,促使升华物凝集析出。
(4)若无金属片,可用载玻片代替。

(三)操作内容

序　号	操作步骤	操作要点
1	操作准备	实训用品准备

续表

序 号	操作步骤	操作要点
2	操作	取金属片或载玻片,置石棉网上
		金属片或载玻片上放一金属圈(内径约 1.5 cm,高约 0.8 cm)
		圈内放置适量药材粉末,圈上覆盖载玻片
		酒精灯缓缓加热
		粉末开始变焦,去火待凉,载玻片上有升华物凝集
		将载玻片反转后,置显微镜下观察结晶形状、色泽,或取升华物加试液,观察反应
3	记录	正确记录实验现象
4	结果判定	与质量标准内容一致的,判为符合规定;否则,判为不符合规定

(四)常见问题与解答

问题情境

采用升华法鉴别牛黄解毒片中冰片时,加热后得到的升华物是黄色的吗?

解答:牛黄解毒片中含有大黄药材,大黄中大黄素具有升华性。得到的黄色物质是大黄素,升华时,加热时间不宜太长,得到白色升华物后停止加热。

(五)学习结果评价

序 号	考核内容	技能要求	分 值	得 分
1	操作准备	实训用品准备齐全	10	
2	操作	连接装置	20	
		加入药物	10	
		加热,粉末开始变焦	20	
		载玻片上有升华物凝集	10	
		置显微镜下观察结晶形状、色泽,或取升华物加试液观察反应	10	
3	记录	记录详尽、准确	10	
4	结果判定	结果判定正确	10	
	合 计		100	

五、课后作业

列举 10 种具有升华性的药材及其制剂。

核心能力五　能运用荧光法进行中药制剂的鉴别

一、核心概念

荧光鉴别法　利用制剂中某些成分,如黄酮类、蒽醌类、香豆素类等在可见光或紫外光照射下可发射荧光的特性进行中药制剂鉴别的方法。

二、学习目标

能熟练运用荧光法进行中药制剂的鉴别,并正确判断检测结果。

三、基本知识

中药制剂中含有黄酮类、蒽醌类、香豆素类成分时可以用荧光鉴别法进行鉴别,此外,有的成分本身不具荧光,但加酸、碱处理后,或经化学反应后生成荧光物质,亦可用此法鉴别。本法操作简便、灵敏,具有一定的专属性。

四、能力训练

(一)操作用物

紫外光灯或紫外分析仪、回流装置、锥形瓶、烧杯、水浴锅等。

(二)注意事项

(1)荧光强度较弱,故一般需在暗室中观察。

(2)供试液一般用毛细管吸取,少量多次点在滤纸上,使斑点集中且具有一定浓度。

(3)紫外光对人的眼睛和皮肤有损伤,操作者应避免与紫外光较长时间接触。

(4)实验时,一般将供试品置于紫外光灯下约10 cm处,观察所产生的荧光。

(三)操作内容

序　号	操作步骤	操作要点
1	操作准备	实训用品准备
2	操作	样品提取(必要时在供试品中加酸、碱或其他试剂)
		将提取液点在滤纸上或加入蒸发皿中
		置紫外光灯下观察所产生的荧光
3	记录	记录测试条件及荧光颜色
4	结果判定	荧光颜色若与药品标准规定一致,此项鉴别判定为符合规定,否则,判定为不符合规定

(四)常见问题与解决方法

问题情境

荧光鉴别时,荧光斑点不清晰,如何解决?

解决方法:可提高提取液浓度,滴加提取液时少量多次。

(五)学习结果评价

序 号	考核内容	技能要求	分 值	得 分
1	操作准备	实训用品准备齐全	10	
2	操作	样品提取操作无误	20	
		提取液滴加少量多次,浓度适宜	10	
		紫外光波长正确,操作无误	20	
3	记录	记录详尽、准确	20	
4	结果判定	结果判定正确	20	
	合　计		100	

五、课后作业

元胡止痛片的鉴别:取本品适量,去糖衣,研细,取粉末 1 g,加 0.25 mol/L 硫酸液 10 ml 振摇片刻,过滤,取滤液数滴,点于滤纸上,阴干后置紫外光灯(365 nm)下观察,显亮黄色荧光。鉴别的是哪味药材？说明理由。

核心能力六　能运用薄层色谱法进行中药制剂的鉴别

一、核心概念

薄层色谱法　将供试品溶液和对照品溶液,在同一薄层板上点样、展开与检视,供试品色谱图中所显斑点的位置和颜色(或荧光)应与标准物质色谱图的斑点一致,亦可用薄层扫描仪进行扫描。

扫码看课件

二、学习目标

(1)能熟练运用薄层色谱法进行鉴别。
(2)能正确进行结果判定。
(3)能对实验条件进行合理优化和选择。

三、基本知识

薄层色谱法是中药制剂鉴别的常用方法之一,具有设备简单、操作简便快速、展开剂灵活多变、色谱图直观和容易辨认等特点。该法具有分离和分析双重功能,故专属性较强。

(一)对照物质和对照方式

薄层色谱法用于鉴别时,需要已知物质(标准物质)作为对照。《中国药典》收载的标准物质有对照品、对照药材和对照提取物 3 种,见下表。

对照方式	特　点
对照品对照	比较对照品色谱和供试品色谱在相同位置上有无相同颜色(或荧光)斑点,检测制剂中是否含有某一有效成分或特征性成分

续表

对照方式	特点
对照药材对照	比较对照药材色谱和供试品色谱在相同位置上有无相同颜色(或荧光)斑点,检测制剂中是否含有某一药材
对照提取物对照	比较对照提取物色谱和供试品色谱在相同位置上有无相同颜色(或荧光)斑点,检测中药制剂中是否含有某一药材提取物
对照品和对照药材双对照	比较对照品色谱、对照药材色谱与供试品色谱在相同位置上有无相同颜色(或荧光)斑点,检测制剂中是否含有某一有效成分或特征性成分和某一药材
对照品和对照提取物双对照	比较对照品色谱、对照提取物色谱与供试品色谱在相同位置上有无相同颜色(或荧光)斑点,检测中药制剂中是否含有某一有效成分或特征性成分和某一药材提取物
两种以上对照物质	可同时鉴别多种成分、多种药材或药材提取物

(二)系统适用性试验

《中国药典》规定了薄层色谱法系统适用性试验的要求,以提高鉴别结果的准确性。

按各品种项下要求对实验条件进行系统适用性试验,即用供试品和标准物质对实验条件进行实验和调整,以确保实验条件符合规定的要求。

序号	参数	定义、公式	要求
1	比移值(R_f)	$R_f = \dfrac{\text{从基线至展开斑点中心的距离}}{\text{从基线至展开剂前沿的距离}}$	除另有规定外,各斑点的比移值 R_f 应为 0.2~0.8
2	检出限	指限量检查或杂质检查时,供试品溶液中被测物质能被检出的最低浓度或量。一般采用已知浓度的供试品溶液或对照品溶液,与稀释若干倍的自身对照标准溶液在规定的色谱条件下,在同一薄层板上点样、展开、检视,后者显清晰可辨斑点的浓度或量作为检出限	
3	分离度(或称分离效能)	$R = \dfrac{2(d_2 - d_1)}{W_1 + W_2}$ 式中,d_1 为相邻两峰中前一峰与原点的距离; d_2 为相邻两峰中后一峰与原点的距离; W_1 为相邻两峰中前一峰的峰宽; W_2 为相邻两峰中后一峰的峰宽	除另有规定外,分离度应大于1.0
4	相对标准偏差	在薄层扫描含量测定中,对于同一供试品溶液在同一薄层板上平行点样的待测成分,其峰面积测量值的相对标准偏差是评估实验结果稳定性和准确性的重要指标	RSD 应不大于 5.0%;需显色后测定的或者异板的相对标准偏差应不大于10.0%

四、能力训练

（一）操作用物

序号	仪器名称	常用型号及要求	图片
1	薄层板	薄层板有市售薄层板和自制薄层板，常用的有硅胶薄层板、氧化铝薄层板、氨基键合相薄层板、C_{18}键合相薄层板、聚酰胺薄层板等。 (1)市售薄层板分普通薄层板和高效薄层板。 (2)自制薄层板：玻璃板有10 cm×10 cm、10 cm×15 cm、20 cm×10 cm、20 cm×20 cm 几种规格，要求光滑、平整、洁净。最常用的薄层材料有硅胶G、硅胶GF254、硅胶H、硅胶HF254、微晶纤维素等	
2	涂布器	将固定相或载体涂在玻璃板上使成一均匀薄层。有手工涂布器、半自动涂布器、全自动薄层涂布器。涂布厚度有可调厚度和固定厚度两种	
3	点样器	最常用的是定量点样微升毛细管。规格有0.5 μl、1.0 μl、2.0 μl、5.0 μl和10 μl等。对点样器的要求是标示容量准确、管端平整光滑、管壁洁净、液体流畅。为了提高点样效率，还可以选用点样辅助设备，如点样支架、半自动点样器或自动点样器	
4	展开容器	应使用薄层色谱专用的展开缸，展开缸有水平式和直立式两种类型。常用的为直立式展开缸，又分为平底展开缸和双槽展开缸。双槽展开缸具有节省溶剂、减少污染、便于预平衡及可控制展开缸内的湿度等优点。展开缸盖子应密闭，保持密封状态	
5	显色装置	可采用喷雾法、浸渍法或蒸气熏蒸法显色。喷雾显色应选择玻璃喷雾瓶或专用喷雾器，使显色剂呈均匀细雾状喷出；浸渍显色可用专用玻璃器械或用适宜的展开缸代替；蒸气熏蒸显色可用双槽展开缸或适宜大小的干燥器等设备进行。如薄层板需加热，可使用烘箱或专用的薄层加热台	

续表

序号	仪器名称	常用型号及要求	图片
6	检测装置	可见光、254 nm及365 nm紫外光光源以及相应的滤光片暗箱。可附有摄像设备(拍摄色谱图用)	

(二)注意事项

(1)制备薄层板最好使用厚1~2 mm、无色耐热的优质平板玻璃,不宜使用普通玻璃板。薄层板用洗液或碱液洗净至不挂水珠,晾干,贮存于干燥洁净处备用。薄层板反复使用时应注意再用洗液和碱液清洗,保持薄层板面的光洁。

(2)选用市售薄层板时应注意生产厂家提供的有关参数,选用符合要求的产品。有些样品需使用加有改性剂如酸(硼酸等)、碱(氢氧化钠等)或缓冲液的薄层板,如《中国药典》鉴别国公酒、蛇胆陈皮散、保和丸等中的陈皮,就使用0.5%氢氧化钠溶液制备的硅胶G板。制备此类薄层板时,注意控制加水量和研磨时间。

(3)展开剂所用溶剂质量的优劣,可直接影响薄层色谱的分离能力。如展开剂中的甲酸乙酯,遇水易引起水解反应,使用多次开瓶的残存溶剂(会逐渐吸收大气中的水分而不同程度地分解),常使色谱的分离度下降,最好使用新鲜溶剂配制展开剂。

(4)配制多元展开剂时,各种溶剂应分别量取后再混合,不得在同一量具中累积量取,小体积溶剂宜使用移液管等精确度较高的量具量取。

(三)操作内容

一般操作步骤:薄层板的制备(制板)→供试品溶液的制备→对照品溶液的制备→点样→展开→显色与检视→记录→结果判定。

序号	操作步骤	操作要点
1	薄层板的制备(制板)	(1)市售薄层板:市售薄层板临用前一般应在110 ℃活化30分钟;聚酰胺薄层板不需活化;氧化铝薄层板可根据需要剪裁,但底边的硅胶层不得有破损。市售薄层板如在贮存期间被空气中杂质污染,使用前可用三氯甲烷、甲醇或二者的混合溶剂在展开缸内上行展开预洗,110 ℃活化30分钟,置干燥器中备用。 (2)自制薄层板:除另有规定外,将1份固定相和3份水(或含有黏合剂的水溶液)在研钵中向同一方向研磨混合,去除表面的气泡后,倒入涂布器中,在玻璃板上平稳地移动涂布器进行涂布(厚度为0.2~0.3 mm),取下涂好薄层的薄层板,置于水平台上室温下晾干后,在110 ℃活化30分钟,置于干燥器中备用。 要求:薄层板表面应均匀、平整、光滑,无麻点、气泡、破损及污染等。薄层板的厚度为0.2~0.3 mm

续表

序号	操作步骤	操作要点
2	供试品溶液的制备和对照品溶液的制备	（1）供试品溶液的制备：一般要经过粉碎、提取、分离、富集等过程净化。样品净化后的残留物质用适宜的溶剂溶解后点样，溶解样品不宜使用不挥发、易扩散的溶剂，如正丁醇、水。较常使用甲醇、乙醇。 （2）对照品溶液的制备：按各品种项下规定的方法制备
3	点样	点样是最先进行的也是最关键的一步。 点样应在干燥洁净的环境中进行，用专用毛细管或半自动、全自动点样器点样在薄层板上，点样时应注意不要损伤薄层表面 <table><tr><th>技术指标</th><th>普通薄层板</th><th>高效薄层板</th></tr><tr><td>原点到底边距离</td><td>10～15 mm</td><td>8～10 mm</td></tr><tr><td>点样体积</td><td>1～10 μl</td><td>0.1～0.5 μl</td></tr><tr><td rowspan="2">点样形状及大小</td><td>圆点状直径≤4 mm</td><td>圆点状直径≤2 mm</td></tr><tr><td>细条带状宽度为 5～10 mm</td><td>细条带状宽度为 4～8 mm</td></tr><tr><td>点间距离</td><td>≤8 mm</td><td>≤5 mm</td></tr></table>
4	展开	点样后的薄层板置于加有展开剂的展开箱（展开缸）中，密闭，上行展开，薄层板浸入展开剂的深度以液面距离原点 5 mm 为宜，展开至规定展距后，立即将薄层板取出，晾干，以备检测。 除另有规定外，一般上行展开 8～15 cm，高效薄层板上行展开 5～8 cm
5	显色与检视	色谱斑点本身有颜色者可直接在日光下观察；斑点在紫外光激发下可发射荧光者，可直接在紫外光灯下观察荧光色谱；需加试剂方能显色或发射荧光者，则需将试剂均匀喷洒于薄层板面，直接观察或加热显色后观察；对于在可见光下无色但有紫外吸收的成分，可用含荧光剂的薄层板（如硅胶 GF254 板）展开，在 254 nm 或 365 nm 紫外光下观察荧光物质淬灭形成的暗斑
6	记录	记录室温及湿度、薄层板所用的吸附剂、供试品的预处理、供试品溶液与对照品溶液的配制及其点样量、展开剂、展开距离、显色剂，绘制色谱图或采用摄像设备拍摄记录色谱图
7	结果判定	供试品色谱中，在与对照品或对照药材色谱的相应的位置上，显相同颜色或荧光斑点，则判断为符合规定

(四)常见问题与解答

问题情境一

薄层色谱鉴别试验中影响实验的主要因素有哪些?

解答:薄层色谱是一种"敞开"的分离分析系统,外界环境条件对被分离物质的色谱行为影响很大,例如供试品溶液的净化程度、吸附剂的性能、薄层板的质量、点样的质量、展开剂的组成和饱和情况、对照品的纯度、展开的距离、相对湿度和温度等。

序号	影响因素	主 要 内 容
1	样品的预处理及供试品溶液的制备	为了得到一个较为清晰的色谱,样品提取液预处理及供试品净化是一个重要的,有时甚至是关键的步骤
2	薄层板	市售预制薄层板应根据生产厂家提供的有关参数进行选择,不同生产厂家、不同批次的薄层板质量存在一定差异,有时会影响分析结果的重现性。自制薄层板则影响更大
3	展开剂的种类和配比	薄层色谱法中展开剂的种类和配比是影响待测成分色谱行为的关键因素,《中国药典》采用的展开方式大多为常规的一次上行法展开,对展开剂的种类和配比也有明确规定,一般不需另行考虑和选择。 关于展开剂的选择和优化,一般应使待测成分 R_f 值处于 0.3~0.7 范围内,与相邻成分的分离度大于 1.0,主要根据溶剂的极性和溶剂对待测成分的选择性进行优化。分离亲脂性较强的成分时宜用极性较小的展开剂;分离亲水性较强的成分时宜用极性较大的展开剂
4	相对湿度	薄层板在不同的相对湿度下,其吸附活性也不同。在其他条件相同的情况下,相对湿度能明显影响色谱的分离效果。 绝大多数样品的待测成分和实验选用的展开剂对相对湿度要求不高,当相对湿度为 30%~70% 时可获得相对稳定的色谱图,但为了实验结果具有良好的重现性,应尽可能在相对湿度可控的条件下展开。 控制展开时的相对湿度:可在双槽层析缸的一侧加入一定浓度的浓硫酸溶液,密闭放置 15~30 分钟,再在层析缸的另一侧加入展开剂展开。也可将点样后的薄层板放入内有一定浓度的硫酸溶液或其他调节相对湿度的无机盐水溶液的容器中(或特制的湿度控制箱中),密闭放置一段时间后取出,立即在箱中展开。实验结果中要记录相对湿度。控制相对湿度的硫酸溶液的制备见下表 | 相对湿度	所需硫酸浓度	
	硫酸/ml	水/ml
32%	68	100
42%	57	100
58%	39.5	100
65%	34	100
72%	27.5	100	

续表

序号	影响因素	主要内容
5	温度	温度是影响色谱行为和实验结果重现性的因素之一,主要影响被分离物质的 R_f 值和各成分的分离度,造成斑点扩散。在相对湿度恒定的条件下,一般在较高温度下展开时,R_f 值较大;反之,R_f 值减小。在展开温度相差±5 ℃时,R_f 值的变动一般不会超过±0.02,对色谱行为影响不大,但展开时温度相差较大时,则会不同程度地影响色谱质量

问题情境二

薄层色谱鉴别试验中,圆点斑点展开后斑点形状变成"倒火焰形",是什么原因导致的?如何解决?

解答:展开后斑点呈"倒火焰形",即斑点拖尾,是点样量过大造成的"超载"引起的。解决方法应该通过减小点样量解决此问题。

问题情境三

薄层色谱系统适用性试验中相对标准偏差的测定:将同一供试品溶液在同一薄层板上平行点样5次,展开后5个斑点 R_f 值差异较大,中间斑点 R_f 值小,两端斑点 R_f 值大,是什么原因导致的?如何解决?

解答:此现象称为边缘效应,是由薄层板两侧展开剂浓度比中部的浓度小引起的。解决方法:①采用单一展开剂;②采用较狭的薄层板;③采用共沸混合展开剂;④在展开槽内壁上贴以浸湿了展开剂的滤纸条;⑤薄层板预饱和。

(五)学习结果评价

序号	考核内容	技能要求	分值	得分
1	操作准备	实训用品准备齐全	10	
2	操作	薄层板的制备:薄层板表面应均匀、平整、光滑、无麻点、气泡、破损及污染等。薄层板的厚度为 0.2~0.3 mm	10	
		供试品溶液的制备、对照品溶液的制备准确、操作无误	10	
		点样:起始线位置正确,点样位置正确,斑点直径小于 4 mm,点样仪器选择正确、操作无误	20	
		展开:展开剂配制正确,预饱和时间正确,展开剂高度距离原点 5 mm,层析缸密闭,上行展开 8~15 cm	20	
		显色与检视:取出薄层板阴干,显色剂配制正确,显色剂喷洒均匀、完整	10	
3	记录	记录内容全面、详尽、准确	10	
4	结果判定	结果判定正确	10	
		合　　计	100	

五、课后作业

简述薄层色谱法的一般操作步骤和注意事项。

核心能力七　能运用高效液相色谱法进行中药制剂的鉴别

一、核心概念

高效液相色谱鉴别法　以待测成分的保留时间作为鉴定依据。在同一色谱条件下,将供试品溶液和对照品溶液分别注入高效液相色谱仪中,供试品应呈现与对照品保留时间相同的色谱峰,从而对样品进行定性鉴别。

扫码看课件

二、学习目标

能熟练使用高效液相色谱法进行中药制剂的鉴别。

三、基本知识

高效液相色谱法不受样品挥发性、热稳定性等限制,流动相、固定相可选择的种类较多,检测手段多样,加之高效快速、可进行微量分析、自动化程度高,应用范围比气相色谱法广泛。目前中药制剂质量标准中,高效液相色谱法用于鉴别的品种正在逐渐增多。例如,七叶神安片中人参皂苷的鉴别,七味榼藤子丸中蔓荆子黄素的鉴别,三七通舒胶囊中人参皂苷和三七总皂苷的鉴别,三宝胶囊中原儿茶醛的鉴别,小儿热速清口服液中黄芩苷的鉴别,牛黄上清丸中黄芩苷、栀子苷、连翘酯苷、芍药苷的鉴别,芩暴红止咳颗粒中紫丁香苷的鉴别等。

四、能力训练

(一)操作用物

高效液相色谱仪、十八烷基硅烷键合硅胶色谱柱(C18)、微孔滤膜(0.45 μm)、紫外检测器、色谱工作站等。

(二)注意事项

(1)进样前,色谱柱应用流动相充分冲洗平衡,待压力基线稳定后方可进样。

(2)流动相需经脱气用微孔滤膜(0.45 μm)过滤,才可使用,打开冲洗键进行泵排气。

(3)测试溶液需用微孔滤膜(0.45 μm)过滤。

(4)使用键合硅胶柱,流动相的pH应控制在2~8,否则色谱柱易损坏。

(5)操作完毕,应先后用水和甲醇充分冲洗液路系统,尤其是使用了含盐的流动相,更应充分冲洗。

(三)操作内容

序　号	操作步骤	操作要点
1	操作准备	实训用品准备

续表

序号	操作步骤	操作要点
2	操作	（1）开机前准备：根据需要选择合适的色谱柱，在容器中放入已过滤脱气的流动相，把吸滤头放入容器中 （2）开机：打开仪器的电源开关，仪器自检通过后，打开色谱工作站 （3）设置仪器参数 （4）样品分析与数据采集：待色谱柱平衡，基线稳定后，设置好检测条件，开始样品分析与数据采集 （5）报告输出 （6）关机：冲洗色谱柱，排出流路中可能存有的缓冲液，并用水冲洗泵的柱塞杆；泵停止，退出工作站，关闭仪器电源
3	记录	记录仪器型号、色谱柱类型和规格、流动相流速、检测波长、放大器灵敏度及衰减、进样量、色谱图及相关数据等
4	结果判定	比较供试品与对照品色谱图，供试品呈现与对照品保留时间相同的色谱峰，则判断为符合药品标准规定

（四）常见问题与解答

问题情境

使用高效液相色谱仪时如何保护色谱分离柱？

解答：（1）加保护柱（预柱）是保护分离柱的有效办法。保护柱是内装填料与分离柱性质相近的短柱，接在分离柱之前，或代替流路过滤器。保护柱的作用是收集和拦截分离柱口的化学垃圾，这些垃圾如果直接进入分离柱会逐渐堆积在柱头，最终降低柱效能。保护柱是消耗品。

（2）避免高压冲击分离柱。一般色谱柱都能承受高压，但经不住突然变化的高压冲击，这将改变柱床体积，影响柱效。引起高压冲击的原因主要有进样器样品阀的缓慢转动、启动太快、柱切换等操作。用手动进样阀时压力变化不大，而自动进样阀由于切换较慢，会造成压力冲击。

（3）合理选择分离柱。选择色谱分离柱主要根据两点：一是根据待测组分分子量的大小。二是根据流动相条件，包括pH、离子强度和溶剂极性等。

（4）定期冲洗分离柱。每次分析工作结束时，冲洗完缓冲盐，然后过渡到用强溶剂冲洗柱子，如可用色谱纯甲醇、乙腈冲洗反相C18柱，目的是冲去吸附在柱上的强保留组分。如果用甲醇-水为流动相也应这样冲洗柱子，一定程度上可恢复柱效。

（五）学习结果评价

序号	考核内容	技能要求	分值	得分
1	操作准备	实训用品准备齐全	5	

续表

序号	考核内容	技 能 要 求	分值	得分
2	操作	(1)开机前准备:色谱柱安装正确;流动相配制正确;流动相过滤、脱气操作正确;流动相安装正确	10	
		(2)开机:正确打开仪器的电源开关,仪器自检通过后,正确打开色谱工作站	10	
		(3)正确设置仪器参数	10	
		(4)样品分析与数据采集:正确进行色谱柱平衡,基线稳定;正确设置样品信息;进样操作正确;色谱峰峰形、分离度符合要求	30	
		(5)正确打印报告	5	
		(6)关机:正确冲洗色谱柱;正确用水冲洗泵的柱塞杆;正确停止泵,退出工作站,关闭仪器电源	10	
3	记录	正确记录仪器型号、色谱柱类型和规格、流动相流速、检测波长、放大器灵敏度及衰减、进样量、色谱图及相关数据等	10	
4	结果判定	正确进行结果判定	10	
		合　　计	100	

五、课后作业

简述高效液相色谱仪的操作流程及注意事项。

核心能力八　能运用气相色谱法进行中药制剂的鉴别

一、核心概念

1. 气相色谱鉴别法　以待测成分的保留时间作为鉴定依据的一种鉴别方法。在同一色谱条件下,将供试品溶液和对照品溶液分别注入气相色谱仪中,供试品应呈现与对照品保留时间相同的色谱峰,从而对样品进行定性鉴别。

2. 系统适用性试验　为了保证检测结果的准确性,在采用气相色谱法测定时,需进行系统适用性试验。色谱系统的适用性试验参数通常包括理论板数、分离度、灵敏度、重复性和拖尾因子。

扫码看课件

二、学习目标

能熟练使用气相色谱法进行中药制剂的鉴别。

三、基本知识

气相色谱法是以待测成分的保留时间作为鉴定依据的一种鉴别方法,具有高分辨率、高灵敏度、快速、准确等特点，尤其适合中药制剂中挥发性成分的鉴别，如麝香酮、薄荷醇、冰片、水杨酸甲酯等。中药制剂中西瓜霜润喉片中冰片的鉴别、安宫牛黄丸中麝香酮的鉴别、藿香正气水中紫苏烯和紫苏醛的鉴别等可采用此法。

四、能力训练

(一)操作用物

气相色谱仪：载气源(氢气、氮气或氦气作为载气)、进样系统、色谱柱(填充柱或毛细管柱)、柱温箱、检测器(氢火焰离子化检测器、电子捕获检测器等)、温度控制系统、数据处理系统等。

(二)注意事项

(1)先通载气，确保管路无泄漏并使载气通过检测器后，才可打开各部分电源开关，设置气化室、柱温箱和检测器温度，开始加热。进样口温度应高于柱温 30～50 ℃，检测器温度一般高于柱温，并不得低于 150 ℃，以免水汽凝结，通常为 250～350 ℃。

(2)气化室、柱温箱和检测器温度恒定后，若选用氢火焰离子化检测器，可开启氢气钢瓶和空气压缩机，调节载气流速或流量，按下点火按钮，点燃氢气。

(3)调节放大器灵敏度，待基线稳定后，进样测试。进样时，注射器操作应快速，尽量保持留针时间的一致性，保证进样的准确性和重现性。

(4)一般色谱图应于 30 分钟内记录完毕。测试完毕，先关闭各加热电源以及氢气和空气开关，待检测器和柱箱温度降至 100 ℃ 以下时，关闭载气。

(5)初次测定该品种时，可先经预实验以确定仪器参数，根据预实验情况适当调节。各品种项下规定的色谱条件，除检测器种类、固定液品种及特殊指定的色谱柱材料不得改变外，其余如色谱柱内径和长度、载体牌号和粒度、固定液涂布浓度、载气流速、柱温、进样量、检测器的灵敏度等，均可适当改变，以适应具体品种并符合系统适用性试验的要求。

(三)操作内容

序号	操作步骤	操作要点
1	操作准备	供试品溶液和对照品溶液的制备 仪器检查：检查仪器的使用记录和状态，仪器的开关、指示灯等应正常。选好合适的色谱柱，柱的两端应堵上盲堵。装柱，以不漏气为宜。换下的色谱柱，应堵上盲堵保存。开启载气钢瓶上总阀，调节减压阀至规定压力。用肥皂水或其他检漏液检查各连接处，应无泄漏 系统适用性试验： (1)色谱柱的理论板数(n)：按各品种项下规定。 (2)分离度(R)：除另有规定外，分离度应大于 1.5。 (3)灵敏度：通常用信噪比表示，定性测定时，信噪比不小于 3。 (4)拖尾因子(T)：除另有规定外，T 值应在 0.95～1.05 之间。 (5)重复性：采用外标法，对照品溶液连续进样 5 次，除另有规定外，峰面积测量值的相对标准偏差(RSD)应不大于 2.0%。采用内标法时，通常配制相当于 80%、100% 和 120% 的对照品溶液，加入规定量的内标溶液，配制 3 种不同浓度的溶液，分别至少进样 2 次，计算平均校正因子，其相对标准偏差应不大于 2.0%

续表

序号	操作步骤	操 作 要 点
2	操作	(1)开启载气钢瓶总阀及分压阀,打开各部分电路开关,开启色谱工作站,设定气化室、柱温箱、检测器温度和载气流量等色谱参数,并开始加热 (2)待各部分设定的参数恒定后,开启氢气钢瓶总阀和空气压缩机总阀,操作同载气 (3)按下点火按钮(有些仪器在检测器温度达到一定温度后有自动点火功能),应有"噗"的点火声,将玻璃片置离子捕获检测器气体出口处,检视玻璃片上有水雾,表示已点着火,同时显示屏上应有响应信号 (4)调节仪器的放大器、灵敏度等、走基线,待基线平稳度达到可以接受的范围,即可进样分析 (5)气相色谱法常用的进样方法有手动进样、自动进样、顶空进样(多为自动进样)等。操作要求如下:(针对常规液体样品)。 ①手动进样:选用合适体积尖头微量进样器,由于气相色谱法进样量一般较少(与高效液相色谱法相比),要用待测溶液充分润洗,排出气泡后,快速注射。在用微量进样器手动进样时,精密度取决于操作的熟练程度,各步操作应尽量一致。 ②自动进样及顶空进样:将按标准规定处理好的样品装入专用小瓶中,设定程序后仪器自动进样,精密度一般较高,顶空进样还可消除或减少样品中某些组分对被测组分的影响 (6)分析完毕后,待各组分流出后,先关闭氢气和空气,再进行降温操作,将进样口、柱温箱、检测器以及顶空进样器的温度均设为 40 ℃或更低,待各组件的温度降到 40 ℃以下时,依次关闭载气钢瓶总阀及分压阀、工作站、气相色谱仪。如果要取下色谱柱,则取下后应将柱两端用盲堵堵上,放在盒内,妥善保存
3	记录	应注明仪器型号、色谱柱型号、规格及批号,进样口、柱温箱及检测器温度,载气流速和压力,进样体积,以及进样方式,并附色谱图及打印结果
4	结果判定	比较供试品与对照品色谱图,供试品呈现与对照品保留时间相同的色谱峰,则判断为符合药品标准规定

(四)常见问题与解答

问题情境

使用气相色谱仪时,对于载气钢瓶,如果管理、操作不当会有极大的安全隐患。实际工作中应注意哪些问题?

解答:(1)钢瓶必须定期送有关部门检验,检验合格的钢瓶才能充气。充一般气体的钢瓶 3 年内必须送检 1 次,充腐蚀性气体的钢瓶每 2 年送检 1 次。

(2)搬运钢瓶时,要戴好钢瓶帽和上、下两个橡皮腰圈,轻拿轻放,严禁在地上滚动、撞击、摔倒或激烈振动,以防发生爆炸。放置和使用钢瓶时,必须用架子或铁丝固定。

(3)钢瓶应存放在阴凉、干燥、远离热源的地方,通风良好,避免明火和阳光暴晒。钢瓶受热后,气体膨胀,瓶内压力增大,易造成漏气,甚至爆炸。可燃性气体钢瓶与氧气钢瓶必须分室存放。氢气钢瓶最好放置在大楼外的专用小间,以确保安全。

(4)使用钢瓶时,除二氧化碳、氨气外,一般要用减压阀。各种减压阀中,除氮气和氧气的减压阀可相互通用外,其他的只能用于规定的气体,以防爆炸。安装减压阀时必须仔细旋妥,通常旋进7圈螺纹(俗称吃7牙)。易发生聚合反应的气体(如乙炔、乙烯)必须规定贮存期限,避免久贮。

(5)可燃性气体,如氢气、乙炔等,钢瓶的阀门是"反扣"(左旋)螺纹,即逆时针方向拧紧;非燃性或助燃性气体,如氧气、氮气等,钢瓶的阀门是"正扣"(右旋)螺纹,即顺时针拧紧。

(6)绝不可将油、脂或其他易燃物、有机物沾在氧气钢瓶上,特别是阀门嘴及减压阀处,也不得用棉、麻等物堵漏,以防燃烧引起事故。

(7)要注意保护好钢瓶阀门。开关阀门时,首先弄清方向,再缓慢旋转,否则会使螺纹受损。开启阀门时,人应站在减压阀的另一侧,以防减压阀冲出被击伤,每次用后应完全关闭阀门。

(8)贮存可燃性气体的钢瓶要有防回火装置。有的减压阀已有此装置,也可在气体导管中填装细铁丝网以防止回火,在导气管路中加接液封装置也可有效地起到保护作用。

(9)不得将钢瓶内的气体全部用完,一定要保留 0.05 MPa 以上的残余压力(减压阀表压)。可燃性气体(如乙炔)应剩余 0.2~0.3 MPa,氢气应保留 2 MPa,以防重新充气时发生危险。钢瓶要随用随关,勤检查。

(10)一旦发生阀门漏气,应立即将钢瓶移至室外,以防在室内发生事故。

(五)学习结果评价

序号	考核内容	技能要求	分值	得分
1	操作准备	正确配制供试品溶液和对照品溶液	10	
		正确进行仪器检查,无遗漏	10	
		系统适用性试验参数符合要求	10	
2	操作	(1)正确开启载气钢瓶总阀及分压阀,打开各部分电路开关,开启色谱工作站,设定仪器参数	10	
		(2)正确开启氢气钢瓶总阀和空气压缩机总阀	5	
		(3)正确按下点火按钮	10	
		(4)正确设置仪器的放大器、灵敏度等参数,基线平稳	5	
		(5)进样操作规范、准确	10	
		(6)关机操作顺序正确、准确无误	10	
3	记录	记录内容完整、准确、无漏项;报告清晰	10	
4	结果判定	结果判定准确	10	
		合　计	100	

五、课后作业

简述气相色谱仪的操作流程及注意事项。

工作任务六

中药制剂的常规检查

核心能力一 能正确完成中药制剂中水分的测定

一、核心概念

1. 常规检查 以各种剂型的基本属性(通性)为指标,对药品的有效性、稳定性进行控制和评价的一项检查工作。各类制剂,除另有规定外,均应符合各制剂通则项下有关的各项规定。

2. 水分测定法 采用规定的方法对中药固体制剂的含水量进行测定的检查方法。

扫码看课件

二、学习目标

(1)能熟练使用烘干法测定中药制剂中的水分。
(2)能熟练使用甲苯法测定中药制剂中的水分。
(3)能熟练使用减压干燥法测定中药制剂中的水分。
(4)能熟练使用气相色谱法测定中药制剂中的水分。

三、基本知识

剂型的基本属性是保证药品质量的重要因素,亦是评价药品质量的重要指标。常规检查大多使用经典的检测方法,简便易行,能够在一定程度上客观地反映药品的内在质量,是评价药品质量的重要方法之一,对于缺乏内在质量标准的中药制剂,则显得尤为重要。

中药制剂的常规检查项目包括水分、重(装)量差异、崩解时限、pH 值、相对密度、乙醇量、甲醇量等十几项。在《中国药典》四部制剂通则中,对各种制剂的检查项目做出了相应的规定,不同剂型的检查项目不尽相同。另外,《中国药典》四部根据药品的不同情况按序排列多个检查方法。对特定的中药制剂进行常规检查时,应考察每种方法对所测品种的适用性,选择适宜的方法(表 6-1)。

表 6-1 部分中药剂型的检查项目表

中药剂型	常规检查项目
丸剂	水分、重量差异、装量差异、装量、溶散时限、微生物限度
散剂	粒度、外观均匀度、干燥失重、水分、装量差异、装量、无菌、微生物限度
颗粒剂	粒度、水分、干燥失重、溶化性、装量差异、装量、微生物限度

续表

中药剂型	常规检查项目
片剂	重量差异、崩解时限、分散均匀性、发泡量、微生物限度
锭剂	重量差异、微生物限度
煎膏剂(膏滋)	相对密度、不溶物、装量、微生物限度
胶剂	水分、微生物限度
糖浆剂	相对密度、pH值、装量、微生物限度
贴膏剂	含膏量、耐热性、赋形性、黏附力、重量差异、微生物限度
合剂	相对密度、pH值、装量、微生物限度
胶囊剂	水分、装量差异、崩解时限、微生物限度
酒剂	总固体、乙醇量、甲醇量、装量、微生物限度
酊剂	乙醇量、甲醇量、装量、微生物限度
流浸膏剂与浸膏剂	乙醇量、甲醇量、装量、微生物限度
膏药	软化点、重量差异
凝胶剂	pH值、粒度、装量、无菌、微生物限度
软膏剂乳胶剂	粒度、装量、无菌、微生物限度
露剂	pH值、装量、微生物限度
茶剂	水分、溶解性、重量差异、装量差异、微生物限度
注射剂	装量、装量差异、渗透压摩尔浓度、可见异物、不溶性微粒、中药注射剂有关物质、重金属及有害元素残留量、无菌、热原或细菌内毒素
搽剂	相对密度、pH值(乙醇量或折光率)、装量、微生物限度
洗剂	pH值(乙醇量)、装量、微生物限度
涂膜剂	装量、无菌、微生物
栓剂	重量差异、融变时限、微生物限度
鼻用制剂	沉降体积比、递送剂量均一性、装量、装量差异、无菌、微生物限度
眼用制剂	pH值、可见异物、粒度、沉降体积比、金属性异物、装量、装量差异、渗透压摩尔浓度、无菌
气雾剂	每瓶总揿次、递送剂量均一性、每揿主药含量、喷射速率、喷出总量、每揿喷量、微细粒子剂量、粒度、装量、无菌、微生物限度
喷雾剂	每瓶总喷次数、每喷喷量、每喷主药含量、递送剂量均一性、装量差异、装量、无菌、微生物限度

中药制剂的含水量,直接影响其理化性质、稳定性及疗效,因此对中药固体制剂进行含水量控制非常重要。《中国药典》规定了丸剂、散剂、颗粒剂、胶囊剂、茶剂等固体制剂应检查水分。除另有规定外,《中国药典》规定这些剂型的含水量不得超过一定限量值(表6-2)。

表 6-2 不同剂型及类别的水分限量要求

剂 型		规定限度	备 注
丸剂	蜜丸、浓缩丸	15.0%	蜡丸不检查水分
	水蜜丸、浓缩水蜜丸	12.0%	
	水丸、糊丸、浓缩水丸	9.0%	
散剂		9.0%	
颗粒剂		8.0%	
胶剂		15.0%	
胶囊剂	硬胶囊剂	9.0%	内容物为液体或半固体者不检查水分
茶剂	不含糖块状茶剂	12.0%	
	含糖块状茶剂	3.0%	
	袋装茶剂与煎煮茶剂	12.0%	

《中国药典》四部收载的水分测定法有五种，包括第一法（费休氏法）、第二法（烘干法）、第三法（减压干燥法）、第四法（甲苯法）和第五法（气相色谱法）（表 6-3）。

表 6-3 《中国药典》收载的水分测定法

序 号	方 法	适用范围	原 理
第一法	费休氏法	在中药中极少采用	—
第二法	烘干法	适用于不含或少含挥发性成分的药品	利用水分在常压、100 ℃温度下转变为气态而挥散的特性，将供试品在 100～105 ℃下连续干燥，挥尽其中的水分，根据减失的重量，即可计算出相应的含水量（%）
第三法	减压干燥法	适用于含有挥发性成分的贵重药品	在减压的条件下，水沸点降低，在室温下可从供试品中挥出而被干燥剂吸收；通过检测供试品减失的重量即可计算其含水量

序 号	方 法	适用范围	原 理
第四法	甲苯法	适用于蜜丸类（大蜜丸、小蜜丸）制剂以及含挥发性成分的药品	利用水在甲苯中溶解度小，且甲苯的沸点较低的特性，将甲苯与一定量的供试品放入特定的装置中加热，供试品中的水分与甲苯蒸气一起蒸出，收集蒸馏液，冷却，待水与甲苯分层后从水分测定管中读出供试品中含水量
第五法	气相色谱法	广泛适用于各类中药制剂水分的测定	利用无水乙醇浸提供试品，提取出供试品中的水分，以纯化水作为标准对照测定含水量。本法简便、快速、灵敏、准确，不受样品组分及环境湿度的影响

四、能力训练

（一）操作用物

序 号	方 法	仪 器
第二法	烘干法	扁形称量瓶、电烘箱（最高温度 300 ℃，控制精度 ±1 ℃）、干燥器（底层放有干燥剂）、分析天平（感量 0.1 mg）、牛角匙、坩埚钳、计时钟等
第三法	减压干燥法	分析天平（感量 0.1 mg）、扁形称量瓶、减压干燥器、真空泵、牛角匙、计时钟等
第四法	甲苯法	水分测定仪、分析天平（感量 0.1 mg）、电热套（可调节温度）、烘箱、防爆沸用品（无釉小瓷片或玻璃珠）、量筒、牛角匙、长刷等 A 为 500 ml 的短颈圆底烧瓶， B 为水分测定管， C 为直形冷凝管，外管长 40 cm 水分测定仪
第五法	气相色谱法	分析天平（感量 0.1 mg）、气相色谱仪、热导检测器、微量进样器、移液管、量瓶、具塞锥形瓶、超声处理器等

(二)注意事项

序 号	方 法	注 意 事 项
第二法	烘干法	(1)扁形称量瓶应先干燥至恒重。干燥至恒重的第二次及以后各次称量均应在规定条件下继续干燥1小时后进行。 (2)供试品的称量应迅速准确,应防止由于称量时间过长,供试品吸潮造成检测误差。 (3)普通电烘箱干燥室内的温度是不均匀的,须将称量瓶置于上层靠近温度计水银球的下方或周围。 (4)电烘箱上的出气孔,在干燥过程中要旋开,让水蒸气向外逸出。 (5)需使用经温度分布验证合格的电烘箱,保证其干燥室内的温度分布均匀。 (6)减失重量为1%以上者应平行试验2份
第三法	减压干燥法	(1)宜选用单层玻璃盖的称量瓶,如玻璃盖为双层中空,减压时,应放入另一普通干燥器内,以免破裂。 (2)减压干燥器内部为负压,开启前应注意缓缓旋开进气阀,使干燥空气进入,并避免气流吹散供试品。 (3)五氧化二磷和无水氯化钙为干燥剂,应及时更换,保持有效状态。五氧化二磷应呈粉末状,如表面出现结皮现象,应除去结皮物;无水氯化钙应为块状
第四法	甲苯法	(1)用化学纯甲苯直接测定,必要时甲苯可先加少量水,充分振摇后放置,将水层分离弃去,经蒸馏后使用。 (2)使用前应对实验中所用仪器、器皿进行彻底的清洁、干燥。 (3)加热时应控制好温度,防止水分逸失
第五法	气相色谱法	(1)对照品溶液与供试品溶液的制备须用新开启的同一瓶无水乙醇。 (2)用外标法计算供试品中的含水量

(三)操作内容

序 号	方 法	操 作 方 法	计 算
第二法	烘干法	(1)取供试品2~5 g,平铺于干燥至恒重的扁形称量瓶中,厚度不越过5 mm,疏松供试品不超过10 mm。 (2)精密称定。 (3)开启瓶盖,在100~105 ℃干燥5小时。 (4)将瓶盖盖好,移置干燥器中,放冷30分钟,精密称定。 (5)再在上述温度干燥1小时,放冷,称重,至连续两次称重的差异不超过5 mg为止。 (6)计算含水量	含水量$=\dfrac{W}{W_s}\times 100\%$ 式中,W为减失的水分重量,g;W_s为供试品的重量,g

续表

序　号	方　法	操作方法	计　算
第三法	减压干燥法	(1)取直径 12 cm 左右的培养皿,加入五氧化二磷干燥剂适量,铺至厚 0.5~1 cm,放入直径 30 cm 的减压干燥器中。 (2)取供试品 2~4 g,混合均匀,分取 0.5~1 g,置于已在供试品同样条件下干燥并称重的称量瓶中,精密称定。 (3)打开瓶盖,放入上述减压干燥器中,抽气减压至 2.67 kPa(20 mmHg)以下,并持续抽气 0.5 小时,室温放置 24 小时。在减压干燥器出口连接无水氯化钙干燥管,打开活塞,待内外压一致,关闭活塞。 (4)打开干燥器,盖上瓶盖,取出称量瓶迅速精密称定重量。 (5)计算含水量	含水量 $= \dfrac{W}{W_S} \times 100\%$ 式中,W 为减失的水分重量,g;W_S 为供试品的重量,g
第四法	甲苯法	(1)取供试品适量(相当于含水 1~4 ml),精密称定。 (2)置 A 瓶中,加甲苯约 200 ml,必要时加入干燥、洁净的无釉小瓷片或玻璃珠数粒,连接仪器,自冷凝管顶端加入甲苯至充满 B 管的狭细部分。 (3)将 A 瓶置电热套中或用其他适宜方法缓缓加热,待甲苯开始沸腾时,调节温度,使每秒馏出 2 滴。 (4)待水分完全馏出,即测定管刻度部分的水量不再增加时,将冷凝管内部先用甲苯冲洗,再用饱蘸甲苯的长刷或其他适宜的方法,将管壁上附着的甲苯推下,继续蒸馏 5 分钟,放冷至室温。 (5)拆卸装置,如有水黏附在 B 管的管壁上,可用蘸甲苯的铜丝推下,放置,使水分与甲苯完全分离(可加亚甲蓝粉末少量,使水染成蓝色,以便分离观察)。 (6)检读水量,并计算供试品中的含水量(%)	含水量 $= \dfrac{V}{W} \times 100\%$ 式中,V 为检读的体积,ml;W 为供试品重量,g

续表

序号	方法	操作方法	计算
第五法	气相色谱法	(1)色谱条件与系统适用性试验:用直径为0.18～0.25 mm的二乙烯苯-乙基乙烯苯型高分子多孔小球作载体,或采用极性与之相适应的毛细管柱,设置柱温为140～150 ℃,用热导检测器检测。注入无水乙醇,照气相色谱法(通则0521)测定,应符合下列要求:理论板数按水峰计算应大于1000,理论板数按乙醇峰计算应大于150;水和乙醇两峰的分离度应大于2;用无水乙醇进样5次,水峰面积的相对标准偏差不得大于3.0%。 (2)对照品溶液的制备:取纯化水约0.2 g,精密称定,置25 ml量瓶中,加无水乙醇至刻度,摇匀,即得。 (3)供试品溶液的制备:取供试品适量(含水约为0.2 g),剪碎或研细,精密称定,置具塞锥形瓶中,精密加入无水乙醇50 ml,密塞,混匀,超声处理20分钟,静置12小时,再超声处理20分钟,密塞静置,待澄清后倾取上清液,即得。 (4)测定法:取无水乙醇、对照品溶液及供试品溶液各1～5 μl,注入气相色谱仪,测定,即得	含水量(%)= $\dfrac{A_X/C_X}{A_R/C_R}$ 式中,A_X为供试品中水的峰面积(或峰高); A_R为对照品的峰面积(或峰高); C_X为供试品中水的浓度; C_R为对照品中水的浓度

(四)常见问题与解答

问题情境

使用烘干法测定水分时,需要准备一个干燥至恒重的称量瓶,操作时将称量瓶放入烘箱中加热30分钟,即得。此操作是否有误?

解答:此操作有误。干燥至恒重指连续2次干燥后称重的差异在0.3 mg以下。应将称量瓶干燥1小时,取出,冷却至室温,称重m_1,再放入烘箱中干燥1小时,取出,冷却至室温,称重m_2,$m_1-m_2<0.3$ mg即恒重。

(五)学习结果评价

序号	考核内容	技能要求	分值	得分
1	操作准备	仪器准备齐全、清洗干净,需干燥的仪器无水珠	10	
2	操作	按照操作流程,操作无误	50	
		计算含水量,计算正确	20	
3	记录	记录内容完整、准确	10	
4	结果判定	结果判定准确	10	
		合计	100	

五、课后作业

简述4种水分测定法的适用范围。在实际工作中如何选择合适的方法?

核心能力二 能正确完成中药制剂崩解时限测定

一、核心概念

1. 崩解 口服固体制剂在规定条件下全部崩解溶散或碎裂成颗粒,除不溶性包衣材料或破碎的胶囊壳外,应全部通过筛网。如有少量不能通过筛网,但已软化或轻质上漂且无硬心,可判定为符合规定。

2. 崩解时限 《中国药典》所规定的允许该制剂崩解或溶散的最长时间。

扫码看课件

二、学习目标

(1)能熟练使用吊篮法进行崩解时限检查。

(2)能熟练使用烧杯法进行崩解时限检查。

三、基本知识

《中国药典》规定应进行崩解时限检查的剂型有丸剂(除蜜丸)、片剂、胶囊剂、滴丸剂等。凡规定检查溶出度、释放度、分散均匀性的制剂,不再进行崩解时限检查(表6-4至表6-6)。

表6-4 《中国药典》收载的崩解时限检查法

序号	方法	适用范围
第一法	吊篮法	丸剂(除蜜丸)、片剂(除泡腾片)、胶囊剂、滴丸剂
第二法	烧杯法	适用于泡腾片

表6-5 丸剂和滴丸剂崩解(溶散)时限检查规定

剂型		溶剂	溶散时限	筛孔径	标准规定
丸剂	小蜜丸 水蜜丸 水丸	水	1小时(加挡板)	0.42 mm(丸径<2.5 mm) 1.0 mm(丸径2.5~3.5 mm) 2.0 mm(丸径>3.5 mm)	在规定时间全部通过筛网。如有细小颗粒未过筛网但已软化无硬芯,为合格;如供试品黏附挡板而妨碍检查,应另取6丸,不加挡板进行检查
	糊丸 浓缩丸		2小时(加挡板)		
	蜡丸	盐酸溶液	2小时	同肠溶片	每丸均不得有裂缝、崩解或软化现象
		磷酸盐缓冲液(pH 6.8)	1小时		应全部崩解。如有1丸不能完全崩解,应另取6丸复试,均应符合规定

续表

剂型		溶剂	溶散时限	筛孔径	标准规定
滴丸剂	一般滴丸	水	30分钟	0.42 mm	应全部溶散通过筛网，如有1丸不能完全溶散，应另取6丸复试，均应符合规定
	包衣滴丸	水	1小时		
	明胶滴丸	水或人工胃液	30分钟		

表6-6 片剂和胶囊剂崩解时限检查规定

剂型		溶剂	崩解时限	标准规定	
片剂	中药全粉片	水	30分钟（加挡板）	凡含浸膏、树脂、油脂、大量糊化淀粉的片剂，如有小部分未过筛网但已软化无硬芯，为合格。可复试	
	中药浸膏（半浸膏）片、糖衣片		1小时（加挡板）		
	薄膜衣片	盐酸溶液（9→1000）	1小时（加挡板）		
	肠溶片	盐酸溶液（9→1000）	2小时内不得有裂缝、崩解、软化	每片均不得有裂缝或崩解现象	
		磷酸盐缓冲液（pH 6.8）	1小时内全部崩解（加挡板）	应全部崩解。如有1片不能完全崩解，应另取6片复试，均应全部崩解	
	泡腾片	水	5分钟	烧杯法	
胶囊剂	硬胶囊	水	30分钟（中药胶囊加挡板）	应全部崩解。如有1粒不能完全崩解，应另取6粒复试，均应全部崩解	若有部分颗粒状物未过筛网（囊壳除外），但已软化无硬芯，判为合格。可复试
	软胶囊	水	1小时（中药胶囊加挡板）		
	明胶软胶囊	水或人工胃液			
	肠溶胶囊	盐酸溶液（9→1000）	2小时内不得有裂缝、崩解、软化（不加挡板）	每粒的囊壳均不得有裂缝或崩解现象	
		人工肠液	1小时内全部崩解（加挡板）	应全部崩解。如有1粒不能完全崩解，应另取6粒复试，均应全部崩解	

【附注】人工胃液:取稀盐酸 16.4 ml,加水约 800 ml 与胃蛋白酶 10 g,摇匀后,加水稀释成 1 L,即得。

人工肠液:即磷酸盐缓冲液(含胰酶)(pH 6.8)。取磷酸二氢钾 6.8 g,加水 300 ml 使溶解,用 0.1 mol/L 氢氧化钠溶液调节 pH 值至 6.8;另取胰酶 10 g,加适量水使溶解,将两液混合后,加水稀释至 1 L,即得。

四、能力训练

(一)操作用物

序号	方法	仪器
第一法	吊篮法	升降式崩解仪(主要结构为一能升降的金属支架与下端镶有筛网的吊篮,并附有挡板),滴丸专用吊篮,烧杯(250 ml、1 L),温度计(分度值为 1 ℃)等 升降式崩解仪吊篮结构示意图 升降式崩解仪挡板结构示意图
第二法	烧杯法	250 ml 烧杯(6 个)

(二)注意事项

序号	方法	注意事项
第一法	吊篮法	(1)每测试一次后,应清洁吊篮的玻璃内壁及筛网、挡板等,并重新更换水或规定的介质。 (2)操作过程中,如供试品黏附挡板而妨碍检查,应另取供试品 6 粒(片),以不加挡板进行检查

续表

序 号	方 法	注 意 事 项
第二法	烧杯法	测定过程中,烧杯中的水温(或介质温度)应保持在 37 ℃±1 ℃

(三)操作内容

序 号	方 法	操 作 方 法	结 果 判 定
第一法	吊篮法	(1)开机,烧杯中加入水,调节水位高度使吊篮上升至高点时筛网在水面下 15 mm 处,吊篮顶部不可浸没于溶液中。 (2)设置水浴温度 37 ℃±1 ℃,加热至规定温度。 (3)取供试品 6 片(粒),分别置上述吊篮的玻璃管中,加挡板。 (4)将吊篮通过上端的不锈钢轴悬挂于支架上,浸入 1 L 烧杯中,并调节吊篮位置使其下降至低点时筛网距烧杯底部 25 mm。 (5)设置崩解时间,立即启动。 (6)实验结束后观察实验结果	各片均应在规定时间内全部崩解。如有 1 片不能完全崩解,应另取 6 片复试,均应符合规定
第二法	烧杯法	取 6 片,分别置 250 ml 烧杯中,烧杯内盛有 15~25 ℃的水 200 ml,即有许多气泡放出,当片剂或碎片周围的气体停止逸出时,片剂应溶解或分散在水中,无聚集的颗粒剩留	除另有规定外,各片均应在 5 分钟内崩解。如有 1 片不能完全崩解,应另取 6 片复试,均应符合规定

(四)常见问题与解答

问题情境

牛黄解毒片糖衣片和薄膜衣片,在进行崩解时限检查时,因为药物相同,所有操作相同,是否正确?

解答:错误。检查糖衣片时,烧杯中加水,吊篮中加入挡板,崩解时限为 1 小时。检查薄膜衣片时,烧杯中加入盐酸溶液(9→1000),吊篮中加入挡板,崩解时限为 1 小时。

(五)学习结果评价

序号	考核内容	技 能 要 求	分值	得分
1	操作准备	仪器准备齐全、清洗干净	10	

续表

序号	考核内容	技 能 要 求	分值	得分
2	操作	烧杯中加水量正确	10	
		加热温度设置正确	10	
		吊篮中加入6片药,正确加入挡板	30	
		正确设置崩解时间	10	
3	记录	记录内容完整、准确	10	
4	结果判定	结果判定准确	20	
		合　　计	100	

五、课后作业

使用吊篮法完成六味地黄丸(水蜜丸)、复方丹参滴丸、三黄片(糖衣片)、清热解毒软胶囊的崩解时限检查,确定检查参数。

核心能力三　能正确完成片剂的重量差异检查

一、核心概念

重(装)量差异检查　以药物制剂的标示重量或平均重量为基准,对重(装)量的偏差程度进行检查,从而评价药物制剂质量的均一性。

扫码看课件

二、学习目标

能熟练进行片剂的重量差异检查。

三、基本知识

在片剂生产中,颗粒的均匀度和流动性,以及工艺、设备和管理等原因,都会引起片剂的重量差异。本项检查的目的在于控制各片重量的一致性,保证用药剂量的准确。

本法适用于片剂重量差异的检查,凡规定检查含量均匀度的片剂,一般不再进行重量差异的检查。糖衣片的片芯应检查重量差异并符合规定,包糖衣后不再检查重量差异。除另有规定外,薄膜衣片应在包薄膜衣后检查重量差异并符合规定。

四、能力训练

(一)操作用物

(1)分析天平:感量0.1 mg(适用于平均片重0.30 g以下的片剂)或感量1 mg(适用于平均片重0.30 g或0.30 g以上的片剂)。

(2)扁形称量瓶、弯头和平头手术镊。

(二)注意事项

(1)在称量前后,均应仔细核对药物片数。称量过程中,应避免用手直接接触药品;检查过的药物,不得再放回原包装容器内。

(2)记录每片称量数据。

(三)操作内容

序 号	操作方法
1	取供试品20片,精密称定总重量
2	计算平均片重
3	分别精密称定每片的重量
4	计算限度范围、1倍限度 | 平均片重或标示片重	重量差异限度
0.30 g 以下	±7.5%
0.30 g 及以上	±5%	
5	结果判定:每片重量与标示片重相比较(凡无含量测定的片剂或有标示片重的中药片剂,每片重量应与标示片重比较),超出重量差异限度的不得多于2片,并不得有1片超出限度1倍

(四)常见问题与解答

问题情境

天麻首乌片重量差异的检查数据如下,检测结论是否正确?

每片重量/g	0.2762	0.2973	0.2944	0.2807	0.2965	0.2828	0.2790
	0.2942	0.3009	0.2775	0.2813	0.2887	0.2946	0.2888
	0.2929	0.3034	0.2748	0.2699	0.2868	0.3301	

20片总重量/g	5.7908	
平均片重/g	5.7351/20=0.2868	
限度范围/g	0.2653~0.3083(±7.5%)	0.2438~0.3298(±15%)
超出限度范围片数	1	
标准规定	超出重量差异限度的不得多于2片,并不得有1片超出限度1倍	
结果判定	符合规定	

解答:错误。有1片"0.3301"超出1倍限度,应判为不符合规定。

(五)学习结果评价

序号	考核内容	技能要求	分值	得分
1	操作准备	仪器准备齐全、清洗干净	10	

续表

序号	考核内容	技能要求	分值	得分
2	操作	正确用分析天平精密称定	10	
		正确计算平均片重	10	
		正确精密称定每片的重量	20	
		正确计算限度、1倍限度	20	
3	记录	记录数据完整、准确	10	
4	结果判定	结果判定准确	20	
		合　计	100	

核心能力四　能正确完成丸剂的重(装)量差异检查

一、核心概念

重(装)量差异检查　以药物制剂的标示重量或平均重量为基准,对重(装)量的偏差程度进行检查,从而评价药物制剂质量的均一性。

二、学习目标

能熟练进行丸剂的重(装)量差异检查。

三、基本知识

中药丸剂包括蜜丸、水蜜丸、水丸、糊丸、蜡丸、浓缩丸和滴丸等类型。由于丸剂的类型、包装及剂量规格的多样性,《中国药典》规定除糖丸外,单剂量包装的丸剂进行装量差异检查、装量以重量标示的多剂量包装丸剂照最低装量检查法(通则0942)检查,其余的则进行重量差异检查。

包糖衣丸剂应检查丸芯的重量差异并符合规定,包糖衣后不再检查重量差异,其他包衣丸剂应在包衣后检查重量差异并符合规定;凡进行装量差异检查的单剂量包装丸剂及进行含量均匀度检查的丸剂,一般不再进行重量差异检查。

四、能力训练

(一)操作用物

(1)分析天平:感量0.1 mg(适用于标示重量或平均重量0.10 g以下的丸剂)或感量1 mg(适用于标示重量或平均重量0.10 g及以上的丸剂)。

(2)扁形称量瓶、弯头和平头手术镊等。

(二)注意事项

(1)在称量前后,均应仔细核对药物丸数。称量过程中,应避免用手直接接触药品;检查过的药物,不得再放回原包装容器内。

(2)记录每份称量数据,保留3位有效数。

(三)操作内容

1. 重量差异检查

序号	操作方法
1	以 10 丸为 1 份(丸重 1.5 g 及以上的以 1 丸为 1 份),取供试品 10 份(无标示重量的丸剂),精密称定 10 份总质量,求平均丸重
2	分别精密称定 10 份重量
3	计算限度范围和 1 倍限度范围 | 标示重量或平均重量	重量差异限度
0.05 g 及以下	±12%
0.05 g 以上至 0.1 g	±11%
0.1 g 以上至 0.3 g	±10%
0.3 g 以上至 1.5 g	±9%
1.5 g 以上至 3 g	±8%
3 g 以上至 6 g	±7%
6 g 以上至 9 g	±6%
9 g 以上	±5%	
4	结果判定:与每份标示重量(每丸标示量×称取丸数)相比较(无标示重量的丸剂,与平均重量比较),超出重量差异限度的不得多于 2 份,并不得有 1 份超出限度 1 倍

2. 装量差异检查

序号	操作方法
1	取供试品 10 袋(瓶)
2	分别称定每袋(瓶)内容物的重量
3	计算限度范围和 1 倍限度范围 | 标示装量	装量差异限度
0.5 g 及以下	±12%
0.5 g 以上至 1 g	±11%
1 g 以上至 2 g	±10%
2 g 以上至 3 g	±8%
3 g 以上至 6 g	±6%
6 g 以上至 9 g	±5%
9 g 以上	±4%	
4	结果判定:每袋(瓶)装量与标示装量相比较,超出装量差异限度的不得多于 2 袋(瓶),并不得有 1 袋(瓶)超出限度 1 倍

(四)常见问题与解答

问题情境

女金丸(水蜜丸)的重量差异检查,检测数据如下,判定结论是否正确。

女金丸【规格】水蜜丸:每10丸重2g。

每份重量/g	1.876	2.020	2.217	1.966	1.793	2.122	2.058	1.832	1.903	1.898
每份标示重量/g	2									
限度范围/g	2×(1±10%)→1.800~2.200					2×(1±20%)→1.600~2.400				
超出限度的份数	超出重量差异限度的有2份,但没有超出限度1倍									
标准要求	超出重量差异限度的不得多于2份,并不得有1份超出限度1倍									
结果判定	符合规定									

解答:正确。

(五)学习结果评价

序号	考核内容	技能要求	分值	得分
1	操作准备	仪器准备齐全、清洗干净	10	
2	操作	取样数量正确	10	
		计算平均丸重正确	10	
		正确精密称定每份的重量	20	
		正确计算限度范围、1倍限度范围	20	
3	记录	记录数据完整、准确	10	
4	结果判定	结果判定准确	20	
	合　　计		100	

五、课后作业

重量差异和装量差异有何不同?

核心能力五　能正确完成其他剂型的装量差异检查

一、核心概念

重(装)量差异检查　以药物制剂的标示重量或平均重量为基准,对重(装)量的偏差程度进行检查,从而评价药物制剂质量的均一性。

二、学习目标

能熟练进行胶囊剂、颗粒剂的装量差异检查。

三、基本知识

在胶囊剂、颗粒剂生产中,包装工艺、设备和管理等原因,都会引起胶囊剂、颗粒剂的装量差异。本项检查的目的在于控制最小包装内药品重量的一致性,保证用药剂量的准确。

凡规定检查含量均匀度的胶囊剂、颗粒剂,一般不再进行装量差异检查。

四、能力训练

(一)操作用物

分析天平(感量 0.1 mg)、称量纸、小烧杯、小刷或镊子、脱脂棉、乙醚等。

(二)注意事项

(1)称量过程中,应避免用手直接接触药品,可以戴布手套。

(2)检查过的药物,不得再放回原包装容器内。

(3)可用夹着脱脂棉的镊子擦拭胶囊剂囊壳内壁的残留内容物。

(4)称量前后注意供试品的顺序,比如胶囊重与囊壳重要匹配。

(三)操作内容

1. 胶囊剂

序 号	操 作 方 法
1	取供试品 20 粒(中药取 10 粒),分别精密称定重量
2	倾出内容物(不得损失囊壳),硬胶囊囊壳用小刷或其他适宜的用具拭净;软胶囊或内容物为半固体或液体的硬胶囊囊壳用乙醚等易挥发性溶剂洗净,置通风处使溶剂挥尽,再分别精密称定囊壳重量
3	求出每粒内容物的装量与平均装量
4	计算限度范围和 1 倍限度范围 | 平均装量或标示装量 | 装量差异限度 | | --- | --- | | 0.30 g 以下 | ±10% | | 0.30 g 及以上 | ±7.5%(中药±10%) |
5	结果判定:每粒装量与平均装量相比较(有标示装量的胶囊剂,每粒装量应与标示装量比较),超出装量差异限度的不得多于 2 粒,并不得有 1 粒超出限度 1 倍

2. 颗粒剂

序 号	操 作 方 法
1	取供试品 10 袋(瓶),除去包装,分别精密称定每袋(瓶)内容物的重量
2	求出每袋(瓶)内容物的装量与平均装量
3	计算限度范围、1 倍限度范围 | 平均装量或标示装量 | 装量差异限度 | | --- | --- | | 1.0 g 及以下 | ±10% | | 1.0 g 以上至 1.5 g | ±8% | | 1.5 g 以上至 6.0 g | ±7% | | 6.0 g 以上 | ±5% |

续表

序号	操作方法
4	结果判定：每袋（瓶）装量与平均装量相比较（凡无含量测定的颗粒剂或有标示装量的颗粒剂，每袋（瓶）装量应与标示装量比较），超出装量差异限度的颗粒剂不得多于2袋（瓶），并不得有1袋（瓶）超出装量差异限度1倍

（四）常见问题与解答

问题情境

羚羊清肺颗粒的装量差异检查数据如下，判定结论是否正确。

每袋重量/g	6.952	6.891	6.827	7.056	6.969	7.089	7.151	6.872	7.075	6.989
袋重量/g	0.867	0.794	0.831	0.859	0.814	0.872	0.871	0.816	0.886	0.868
内容物重量/g	6.085	6.097	5.996	6.197	6.155	6.217	6.280	6.056	6.189	6.121
标示重量/g	6									
限度范围/g	5.58～6.42（±7%）					5.16～6.84（±14%）				
超出限度范围袋数	0									
标准规定	超出装量差异限度的不得多于2袋，并不得有1袋超出限度1倍									
结果判定	符合规定									

解答：正确。

（五）学习结果评价

序号	考核内容	技能要求	分值	得分
1	操作准备	仪器准备齐全、清洗干净	10	
2	操作	取样数量正确	10	
		正确计算平均装量	10	
		正确称定每份的重量	20	
		正确计算限度范围、1倍限度范围	20	
3	记录	记录数据完整、准确	10	
4	结果判定	结果判定准确	20	
		合　　计	100	

五、课后作业

重量差异和装量差异有何不同？

核心能力六　能正确应用比重瓶法测定相对密度

扫码看课件

一、核心概念

1. 相对密度　在相同的温度、压力条件下,某物质的密度与水的密度之比。除另有规定外,温度为 20 ℃,可用符号表示,即 d_{20}^{20}。

2. 比重瓶法　在相同温度和压力条件下,选用同一比重瓶,依次装满供试品和水,分别精密称定供试品和水的重量,供试品与水的重量之比即为供试品的相对密度。

二、学习目标

能熟练应用比重瓶法测定中药制剂的相对密度。

三、基本知识

比重瓶法具有测定准确、用量少的优点。原理可用下列公式表示:

$$d_{供} = \frac{\rho_{供}}{\rho_{水}} = \frac{W_{供}}{W_{水}}$$

$$\rho_{水} = \frac{W_{水}}{V_{水}}, \quad \rho_{供} = \frac{W_{供}}{V_{供}}, \quad V_{水} = V_{供}$$

四、能力训练

(一)操作用物

比重瓶(图 6-1)、分析天平(感量 1 mg)、温度计、水浴锅等。

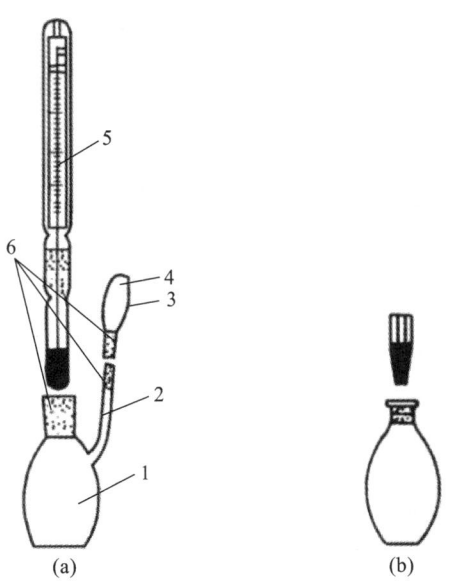

图 6-1　比重瓶

1.比重瓶主体;2.侧管;3.侧孔;4.罩;5.温度计;6.玻璃磨口

(二)注意事项

(1)空比重瓶必须洁净、干燥,操作前需先称量空比重瓶重量,再装供试品称重,最后装水称重。

(2)装过供试品后的比重瓶必须洗净,如供试品为油剂或煎膏剂等,测定后应尽量倾去,连同瓶塞先用有机溶剂(如石油醚或三氯甲烷)冲洗,再用乙醇、水冲洗干净,待完全除去后再依法测定水的重量。

(3)装供试品及水时,应小心沿壁倒入比重瓶内,避免产生气泡;如有气泡,应放置待气泡消失后再调温称重。供试品如为糖浆剂、甘油等黏稠液体,更应缓慢沿壁倒入,以免产生的气泡很难逸去而影响测定结果;若产生气泡,必要时可以压缩空气而除去。

(4)比重瓶从水浴中取出时,应拿住瓶颈,而不能拿瓶肚,以免手温影响内容物,使其体积膨胀而外溢。

(5)室温大于或等于20 ℃时,供试品可能因膨胀从瓶塞毛细管溢出,比重瓶在称量时也会有水蒸气冷凝于比重瓶外,故需迅速称量。室温低于20 ℃时,可不必迅速称量,因为比重瓶的毛细管由于液体体积缩小,部分液体体积缩小而充满气体,其重量可忽略不计。

(6)比重瓶测定时的环境(比重瓶和分析天平的放置环境)温度应略低于20 ℃或各品种项下规定的温度。当温度高于20 ℃或各药品项下规定的温度时,必须设法调节环境温度至略低于规定的温度(比如采用空调降温等)。

(7)采用新煮沸数分钟并冷却的水,其目的是除去水中少量的空气。

(三)操作内容

1. 方法一

序号	操作步骤	操作要点
1	操作准备	准备实验仪器、纯化水(新沸过的冷水)
2	操作	比重瓶重量的称定:取洁净、干燥的比重瓶,精密称定其重量,准确至0.001 g (1)供试品重量的测定。 ①将供试品(温度应低于20 ℃或各品种项下规定的温度)装满上述已称定重量的比重瓶,装上温度计(瓶中应无气泡)。 ②置20 ℃(或各品种项下规定的温度)的恒温水浴中放置若干分钟,使内容物的温度达到20 ℃(或各品种项下规定的温度)。 ③用滤纸除去溢出侧管的液体,待液体不再溢出,立即盖上罩(此时温度已达到平衡)。 ④将比重瓶自水浴中取出,用滤纸将比重瓶的外壁擦净,精密称定,减去比重瓶的重量,即求得供试品的重量 (2)水重量的测定。 ①将供试品倾去,洗净比重瓶,装满新沸过的冷水。 ②再照供试品重量的测定法测得同一温度时水的重量(比重瓶和水总重量-比重瓶重量)

续表

序号	操作步骤	操作要点
3	计算	记录数据并计算 $$d_{20}^{20}=\frac{W_S}{W_{H_2O}}=\frac{W_1-W_0}{W_2-W_0}$$ 式中,W_S 为供试品的重量,g;W_{H_2O} 为水的重量,g;W_1 为比重瓶和供试品的总重量,g;W_2 为比重瓶和水的总重量,g;W_0 为空比重瓶的重量,g
4	结果判定	结果判定准确

2. 方法二

序号	操作步骤	操作要点
1	操作准备	准备实验仪器、纯化水(新沸过的冷水)
2	操作	(1)比重瓶重量的称定:取洁净、干燥的比重瓶,精密称定其重量,准确至 0.001 g (2)供试品重量的测定。 ①将供试品(温度应低于 20 ℃或各品种项下规定的温度)装满上述已称定重量的比重瓶,插入中心有毛细孔的瓶塞,用滤纸将从塞孔溢出的液体擦干。 ②置 20 ℃(或各品种项下规定的温度)的恒温水浴中,放置若干分钟,随着供试品溶液温度的上升,多余的液体将不断从塞孔溢出,随时用滤纸将瓶塞顶端擦干。 ③待供试品溶液不再由塞孔溢出,将比重瓶自水浴中取出,用滤纸将比重瓶的外面擦净,精密称定重量,减去比重瓶的重量,即求得供试品的重量(比重瓶和供试品的总重量-比重瓶重量) (3)水重量的测定。 ①将供试品倾去,洗净比重瓶,装满新沸过的冷水。 ②再照供试品重量的测定法测得同一温度时水的重量(比重瓶和水的总重量-比重瓶重量)
3	计算	记录数据并计算: $$d_{20}^{20}=\frac{W_S}{W_{H_2O}}=\frac{W_1-W_0}{W_2-W_0}$$ 式中,W_S 为供试品的重量,g;W_{H_2O} 为水的重量,g;W_1 为比重瓶和供试品的总重量,g;W_2 为比重瓶和水的总重量,g;W_0 为空比重瓶的重量,g
4	结果判定	结果判定准确

3. 稀释法 此法适用于煎膏剂(膏滋)等半流体制剂,由于其比较黏稠,若直接用比重瓶法

测定,煎膏剂不易完全充满比重瓶,且易混入气泡,多余的供试品也不易溢出擦干,因此,一般首先加入一定量的水稀释后,再采用比重瓶法测定。凡加入饮片细粉的煎膏剂,不检查相对密度。

序号	操作步骤	操作内容
1	操作准备	准备实验仪器、纯化水(新沸过的冷水)
2	操作	取供试品适量,精密称定其重量(m_1),加水约2倍,精密称定重量(m_2)混匀,作为供试品溶液
		照上述方法一或方法二测定
3	计算	记录数据并计算 $$d_{20}^{20}=\frac{比重瓶中煎膏剂重量}{同体积水重量}=\frac{W_1-W_1\cdot f}{W_2-W_1\cdot f}$$ 式中,W_1为比重瓶内供试品溶液的重量,g;W_2为比重瓶内水的重量,g;$f=\frac{(m_2-m_1)}{m_2}$,(m_2-m_1)为加入供试品中的水重量,g;m_2为供试品与加入其中水的总重量,g;m_1为供试品的重量,g
4	结果判定	结果判定准确

(四)学习结果评价

序号	考核内容	技能要求	分值	得分
1	操作准备	仪器准备齐全、清洗干净	10	
2	操作	比重瓶重量的称定无误	10	
		供试品重量的测定无误	20	
		水重量的测定无误	20	
		计算正确	20	
3	记录	记录数据完整、准确	10	
4	结果判定	结果判定准确	10	
		合计	100	

五、课后作业

小儿止咳糖浆相对密度测定

【检查】

相对密度:应为1.20~1.30(通则0601)。

测定:精密称定洁净、干燥的比重瓶重量为22.479 g,将供试品装满上述已称定重量的比重瓶,装上温度计,置水浴中放置数分钟,使内容物温度达到20 ℃,用滤纸除去溢出侧管的液体,待液体不再溢出,立即盖上罩。然后将比重瓶自水浴中取出,用滤纸将比重瓶的外面擦净,精密称定重量为35.814 g,将供试品倾去,洗净比重瓶,装满新沸过的冷水,照供试品重量的测定方法测得供试品的重量为33.082 g。计算供试品的相对密度,并判断是否符合规定。

核心能力七　能正确应用韦氏比重秤法测定相对密度

一、核心概念

相对密度　在相同的温度、压力条件下,某物质的密度与水的密度之比。除另有规定外,温度为 20 ℃,可用符号表示即 d_{20}^{20}。

扫码看视频

二、学习目标

能熟练应用韦氏比重秤法测定中药制剂的相对密度。

三、基本知识

韦氏比重秤法适用于易挥发的液体药品如挥发油的测定等。其测定原理是阿基米德定律,即当物体浸入液体时,其所受的浮力等于物体排开液体的重量。用公式表示:

$$F = \rho \cdot g \cdot V$$

式中,F 为浮力;ρ 为液体的密度;g 为重力加速度;V 为被排开液体的体积。

用同一韦氏比重秤,将其玻璃锤依次浸入水和供试品溶液中,并调节比重秤使横梁平衡,即可得出玻璃锤的浮力。根据公式:

$$F_水 = \rho_水 \cdot g_水 \cdot V_水$$
$$F_供 = \rho_供 \cdot g_供 \cdot V_供$$

当调节比重秤,使玻璃锤在水中的浮力为 1.0000 时(即 $F_水 = 1.0000$),就可以从比重秤上直接读出供试品的相对密度($d_供$)。

因为
$$V_水 = V_供, \quad g_水 = g_供$$

所以
$$d_供 = \frac{\rho_供}{\rho_水} = \frac{F_供}{F_水} = F_供$$

韦氏比重秤法最大的特点就是操作简便,可直接读取相对密度数值,从而避免使用分析天平多次称量的烦琐步骤。

四、能力训练

(一)操作用物

韦氏比重秤(图 6-2)、砝码(5 g、0.5 g、0.05 g、0.005 g)、镊子、水浴锅、温度计、玻璃棒等。

(二)注意事项

(1)韦氏比重秤应安装在固定平放的操作台上,避免受到热、冷、气流及振动的影响。

(2)玻璃圆筒应干燥、洁净,装水及供试品溶液时高度应一致,玻璃锤沉入水和供试品液面的深度前后一致。

(3)玻璃锤应全部浸入液面下,且应处于悬浮状态。

(4)如若测定温度为 4 ℃,则相对密度为 1,则用水校准时游码应悬挂于 0.9982 处,并应将在 20 ℃测得的供试品相对密度除以 0.9982。如测定温度为其他温度时,则用水校准时的游码应悬挂于该温度下水的相对密度处,并应将在该温度测得的数值除以该温度下水的相对密度。

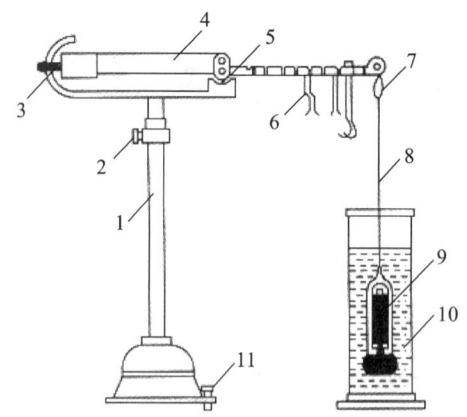

图 6-2 韦氏比重秤示意图

1.支架;2.调节器;3.指针;4.横梁;5.刀口;6.游码;7.小钩;
8.细铂丝;9.玻璃锤;10.玻璃圆筒;11.调整螺丝

(三)操作内容

序号	操作步骤	操作要点
1	操作准备	准备实验仪器、纯化水(新沸过的冷水)
2	操作	(1)仪器的调整:将20 ℃时相对密度为1的韦氏比重秤安放在操作台上,放松调节器螺丝,将支架升至适当高度后拧紧螺丝,将横梁置于支架的玛瑙刀座上,将等重砝码挂在横梁右端的小钩上,调整水平调整螺丝,使指针与支架左上方另一指针对准,即为平衡。将等重砝码取下,换上玻璃锤,此时玻璃锤与等重砝码重量相同,因此比重秤仍然保持平衡(允许有±0.005 g的误差),否则应予以校正 (2)用水校正:取新沸过的冷水,将所附玻璃圆筒装至八分满,置20 ℃(或各品种项下规定的温度)的水浴中,搅动玻璃圆筒内的水,调节温度至20 ℃(或各品种项下规定的温度),将悬于秤端的玻璃锤浸入圆筒内的水中(玻璃锤必须悬浮于水中,不能与圆筒壁接触),校正仪器。韦氏比重秤配有5 g、0.5 g、0.05 g、0.005 g四种砝码。秤臂右端悬挂砝码(5 g)于1.0000处,调节秤臂左端平衡用的螺旋使之平衡,此时水的密度即为1 (3)供试品的测定:将玻璃圆筒内的水倾去,拭干(如需快速干燥,可用适量乙醇溶液清洗,再用吹风机吹干),装入供试品溶液至相同高度,并用上述相同方法调节温度后,再把拭干的玻璃锤浸入供试品溶液中,调节秤臂上游码的数量与位置(横梁上有9个刻度,将不同砝码放置在不同的刻度上)使横梁平衡,读取数值,即得供试品的相对密度
3	结果判定	结果判定准确

(四)学习结果评价

序号	考核内容	技能要求	分值	得分
1	操作准备	仪器准备齐全、清洗干净	5	

续表

序号	考核内容	技 能 要 求	分 值	得 分
2	操作	仪器的调整无误,仪器平衡	20	
		正确用水校正	30	
		正确进行供试品的测定	30	
3	记录	记录数据完整、准确	5	
4	结果判定	结果判定准确	10	
	合　　计		100	

五、课后作业

简述测定相对密度时韦氏比重秤法和比重瓶法的适用范围。

核心能力八　能正确完成中药制剂 pH 值的测定

一、核心概念

pH 值　水溶液中氢离子活度的一种简便表示方法。其定义为水溶液中氢离子活度的负对数,即

$$pH = -\lg a_{H^+}$$

扫码看视频

但氢离子活度却难以由实验准确测定,实际工作中,pH 值按下式测定:

$$pH = pH_S + \frac{E - E_S}{k}$$

式中,E 为待测溶液(pH)的原电池电动势,V;E_S 为标准缓冲液(pH_S)的原电池电动势,V;$k = 0.5916 + 0.000198(t-25)$,$k$ 为与温度(t,℃)有关的常数。

二、学习目标

能熟练应用酸度计测定中药制剂的 pH 值。

三、基本知识

液体、半固体中药制剂中有效成分的溶解度、稳定性等常与溶液的 pH 值有密切关系,且溶液 pH 值对微生物的生长、防腐剂的抑菌能力亦有影响。因此,测定药品溶液 pH 值是中药制剂质量控制的一项重要指标之一。

《中国药典》规定,对于糖浆剂、合剂、凝胶剂、注射剂、露剂、滴鼻剂和滴眼剂等,一般要测定 pH 值。

四、能力训练

(一)操作用物

酸度计(图 6-3)、指示电极(通常为玻璃电极)、参比电极(通常为饱和甘汞电极)、小烧杯、分析天平等。

(二)注意事项

(1)供试品溶液的 pH 值应当处于选择的两种标准缓冲液之间,且两种标准缓冲液相差 3

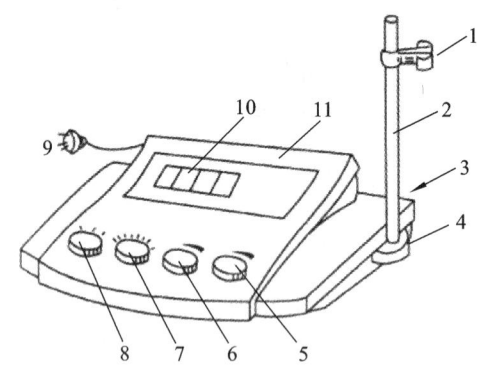

图 6-3　PH S-3C 型酸度计示意图

1.电极夹;2.电极杆;3.电极插口;4.电极杆插座 5.定位调节钮;6.斜率补偿旋钮;
7.温度补偿旋钮;8.选择开关钮;9.电源插头;10.显示屏;11.面板

个 pH 单位以内,以减小测定误差。

(2)每次更换标准缓冲液或供试品溶液前,应用水充分洗涤电极,然后用滤纸将水吸尽,也可用所换的标准缓冲液或供试品溶液洗涤。

(3)配制标准缓冲液与供试品溶液的水,应为新沸过并放冷的纯化水,其 pH 值应为 5.5~7.0。标准缓冲液一般可保存 2~3 个月,如有浑浊、发霉或沉淀等现象,不能继续使用。

(4)玻璃电极底部的球膜极易破碎,取下帽后要注意,不与硬物接触,任何破损和擦毛都会使电极失效。

(5)玻璃电极球泡中的缓冲液应无气泡且与内参比电极接触;若玻璃电极球膜内部溶液浑浊,且响应值不符合要求,则不可再用。饱和甘汞电极应浸入饱和氯化钾溶液,盐桥中应保持少量氯化钾晶体,但不能结成一整块而堵住渗出孔。用时不得有气泡将溶液隔断。

(6)新玻璃电极需在水或酸性溶液中浸泡 24 小时后才可使用,这样使不对称电位降到最低,并趋于恒定,同时也使玻璃膜表面充分活化,有利于对 H^+ 产生响应。平时可浸泡在水中,可缩短平衡时间。

(7)普通玻璃电极在测定 pH>9 的溶液时,对 Na^+ 也有响应,造成 pH 值读数低于真实值,从而产生负误差,称为钠差。因此当供试品溶液 pH>9 时,应选择合适的玻璃电极测定。

(8)对弱缓冲或无缓冲作用溶液的 pH 值的测定,除另有规定外,先用邻苯二甲酸氢钾标准缓冲液校正仪器后再测定供试品溶液,并重新取供试品溶液再测,直至 pH 值读数在 1 分钟内改变不超过 0.05 pH 为止;然后用硼砂标准缓冲液校准仪器,再如上法测定;两次 pH 值的读数相差应不超过 0.1 pH,取两次读数的平均值为其 pH 值。

(9)温度补偿旋钮的紧固螺丝是经过校准的,使用时切勿使其松动,否则应重新校准。

(10)玻璃电极不能用浓硫酸、乙醇等洗涤,不能粘油污,也不能在含氟较高的溶液中使用。

(三)操作内容

序号	操作步骤	操作要点
1	操作准备	将浸泡好的玻璃电极与饱和甘汞电极夹在电极夹上,接上导线,用纯化水清洗两个电极极头部分,并用滤纸吸干电极外壁残留的水。接通电源,开机预热仪器数分钟

续表

序号	操作步骤	操作要点
2	操作	1) pH 值校正(两点校正方法) (1)选择校正用标准缓冲液:测定前,按各品种项下的规定,选择两种 pH 值相差约 3 个单位标准缓冲液,使供试品溶液的 pH 值处于二者之间。 (2)校正:①将仪器面板上的选择开关钮置"pH"挡,斜率补偿旋钮顺时针旋到底(100%处),温度补偿旋钮设置为此标准缓冲液的温度。 ②取与供试品溶液 pH 值较为接近的第一种标准缓冲液校正(定位)酸度计,使其显示读数与标准缓冲液规定数值一致。 ③再用第二种标准缓冲液核对酸度计读数,误差应不大于±0.02 pH 单位。注意:a.若大于此偏差,则应调节斜率补偿旋钮,使读数与第二种标准缓冲液的标准规定数值相符。重复上述定位与斜率调节操作,至仪器读数与两种标准缓冲液的规定数值之差不大于 0.02 pH 单位。b.仪器进行 pH 值校正后,不能再旋动定位、斜率补偿旋钮,否则必须重新进行仪器 pH 值校正 2) pH 值测定 (1)将仪器的温度补偿旋钮旋至被测供试品溶液的温度值。 (2)用待测溶液冲洗电极数次,将电极放入待测溶液中。 (3)轻轻摇动烧杯,待读数平衡稳定后,记录数据 3)清洗仪器 测量结束后,将玻璃电极洗净后浸入洁净的蒸馏水中,饱和甘汞电极洗净吸干后套上橡皮套,关闭电源
3	结果判定	结果判定准确

(四)学习结果评价

序号	考核内容	技 能 要 求	分 值	得 分
1	操作准备	正确连接、清洗电极	10	
2	操作	正确选择两种缓冲液进行 pH 值校正	25	
		正确冲洗电极,正确测定样品 pH 值	25	
		正确清洗电极	20	
3	记录	记录数据完整、准确	10	
4	结果判定	结果判定准确	10	
		合 计	100	

核心能力九　能正确完成中药制剂乙醇量的测定

一、核心概念

1. 乙醇量　用一定方法测定 20 ℃时各种含乙醇制剂中的乙醇（C_2H_5OH）量（%）（ml/ml）。

2. 蒸馏法　用蒸馏后测定相对密度的方法测定 20 ℃时各种含乙醇制剂中的乙醇（C_2H_5OH）量（%）（ml/ml）。

二、学习目标

能熟练测定中药制剂中的乙醇量。

三、基本知识

乙醇（C_2H_5OH）因其对中药材各种成分有不同程度的溶解能力，因而成为各类中药制剂中常用的提取溶剂之一。各种中药制剂中乙醇量对于有效成分的含量、杂质种类和数量以及制剂的稳定性等都有重要影响，乙醇量在一定程度上能客观反映药品的内在质量，是评价制剂质量的重要手段之一。

各类酒剂、酊剂、流浸膏等含乙醇制剂均把乙醇量作为控制质量的指标，特别是对于目前尚无含量测定的制剂显得尤为重要。例如舒筋活络酒的乙醇量应为 50%～57%、藿香正气水的乙醇量应为 40%～50%、当归流浸膏的乙醇量应为 45%～50%、远志酊的乙醇量应为 50%～58%。

《中国药典》收载有气相色谱法和蒸馏法两种方法，其中气相色谱法包括第一法（毛细管柱法）和第二法（填充柱法），蒸馏法根据制剂性质不同又分为第一法、第二法和第三法。

四、能力训练

（一）操作用物

气相色谱仪、蒸馏装置（标准磨口）、电热套、分液漏斗、移液管（25 ml）、量瓶（25 ml、50 ml）、温度计、分析天平、比重瓶、水浴锅等。

（二）注意事项

（1）系统适用性试验中，采用填充柱法测定时，可根据气相色谱仪和色谱柱的实际情况对柱温度、进样口温度和检测器温度做适当调整，以满足要求；采用毛细管柱法测定时，若出现峰形变差等不符合要求的情况时，可适当升高柱温进行柱老化后再行测定。

（2）因为填充柱法系统适用性试验采用的 3 个测试溶液的乙醇量均为 4%～6%，因此若测定结果中供试品溶液乙醇量不在此范围内，需重新配制，以保证测定结果的可靠。

（3）任何一法的馏出液如显浑浊，可加滑石粉或碳酸钙振摇，过滤，使溶液澄清，再测定相对密度。

（4）蒸馏时，如产生泡沫，可在供试品中酌加硫酸或磷酸，使溶液成强酸性，或加稍过量的氯化钙溶液，或加少量石蜡后再蒸馏。

(三)操作内容

1. 气相色谱法

序号	操作步骤	第一法(毛细管柱法)	第二法(填充柱法)
1	操作	色谱条件与系统适用性试验:采用(6%)氰丙基苯基-(94%)二甲基聚硅氧烷为固定液的毛细管柱;起始温度为40 ℃,维持2分钟,以每分钟3 ℃的速率升温至65 ℃,再以每分钟25 ℃的速率升温至200 ℃,维持10分钟;进样口温度为200 ℃;检测器温度为220 ℃;采用顶空分流进样,分流比为1:1;顶空瓶平衡温度为85 ℃,平衡时间为20分钟。理论板数按乙醇峰计应不低于10000,乙醇峰与正丙醇峰的分离度应大于2.0	色谱条件与系统适用性试验:用直径为0.18~0.25 mm的二乙烯苯-乙基乙烯苯型高分子多孔小球作为载体,柱温为120~150 ℃。理论板数按正丙醇峰计算应不低于700,乙醇峰与正丙醇峰的分离度应大于2.0
		校正因子测定:精密量取恒温至20 ℃的无水乙醇5 ml,平行两份;置100 ml量瓶中,精密加入恒温至20 ℃的正丙醇(内标物质)5 ml,用水稀释至刻度,摇匀,精密量取该溶液1 ml,置100 ml量瓶中,用水稀释至刻度,摇匀(必要时可进一步稀释),作为对照品溶液。精密量取3 ml,置10 ml顶空进样瓶中,密封,顶空进样,每份对照品溶液进样3次,测定峰面积,计算平均校正因子,所得校正因子的相对标准偏差不得大于2.0%	校正因子测定:精密量取恒温至20 ℃的无水乙醇4 ml、5 ml、6 ml,分别置100 ml量瓶中,分别精密加入恒温至20 ℃的正丙醇(内标物质)各5 ml,用水稀释至刻度,摇匀(必要时可进一步稀释)。取上述三种溶液各适量,注入气相色谱仪,分别连续进样3次,测定峰面积,计算校正因子,所得校正因子的相对标准偏差不得大于2.0%
		测定法:精密量取恒温至20 ℃的供试品适量(相当于乙醇约5 ml),置100 ml量瓶中,精密加入恒温至20 ℃的正丙醇5 ml,用水稀释至刻度,摇匀,精密量取该溶液1 ml,置100 ml量瓶中,用水稀释至刻度,摇匀(必要时可进一步稀释),作为供试品溶液。精密量取3 ml,置10 ml顶空进样瓶中,密封,顶空进样,测定峰面积,按内标法以峰面积计算,即得	测定法:精密量取恒温至20 ℃的供试品溶液适量(相当于乙醇约5 ml),置100 ml量瓶中,精密加入恒温至20 ℃的正丙醇5 ml,用水稀释至刻度,摇匀(必要时可进一步稀释)。取适量注入气相色谱仪,测定峰面积,按内标法以峰面积计算,即得
2	计算	(1)校正因子计算: $$f = \frac{A_S/C_S}{A_R/C_R}$$ 式中,f为校正因子;A_S为内标物质的峰面积(或峰高);A_R为对照品的峰面积(或峰高);C_S为内标物质的浓度;C_R为对照品溶液的浓度。 (2)乙醇量的计算: $$乙醇量(ml/ml) = f \cdot \frac{A_X/V_X}{A_{S'}/V_{S'}}$$ 式中,f为校正因子;A_X为供试品中乙醇的峰面积(或峰高);$A_{S'}$为供试品中内标物质的面积(或峰高);$V_{S'}$为供试品溶液配制时所取内标溶液体积;V_X为供试品溶液配制时所取样品溶液体积	

续表

序号	操作步骤	第一法(毛细管柱法)	第二法(填充柱法)
3	结果判定	两份供试品溶液测定结果的相对平均偏差不得大于2.0%,否则应重新测定。根据测定结果的平均值来判定是否符合规定。对乙醇量不符合规定的样品应根据规定复查	

2. 蒸馏法 用蒸馏后测定相对密度的方法测定20 ℃时各种含乙醇制剂中乙醇(C_2H_5OH)的含量(%)(ml/ml)。若供试品中含有其他挥发性物质,则需先将其除去。本法操作较烦琐,根据制剂性质不同又分为第一法、第二法和第三法。

序号	操作步骤	第一法(供测定多数流浸膏、酊剂及甘油制剂中的乙醇含量。根据制剂中含乙醇量的不同,又分为两种情况)	第二法(供测定含有挥发性物质如挥发油、三氯甲烷、乙醚、樟脑等的酊剂、醑剂等制剂中的乙醇量。根据制剂中含乙醇量的不同,也可分为两种情况)	第三法
1	操作	含乙醇量低于30%者:取供试品,调节温度至20 ℃,精密量取25 ml,置150~200 ml蒸馏瓶中,加水约25 ml,加玻璃珠(数粒)或沸石,连接冷凝管,直火加热,缓缓蒸馏,速度以馏出液滴连续但不成线为宜。将馏出液导入25 ml量瓶中,待馏出液约达23 ml时,停止蒸馏。调节馏出液温度至20 ℃,加20 ℃的水至刻度,摇匀,在20 ℃时按相对密度测定法(通则0601)依法测定相对密度。在乙醇相对密度表(表4-10)内查出乙醇的含量(%)(ml/ml),即为供试品中的乙醇量(%)(ml/ml)	含乙醇量低于30%者:取供试品,调节温度至20 ℃,精密量取25 ml,置150 ml分液漏斗中,加等量水,并加入氯化钠使之饱和,再加石油醚,振摇提取1~3次,每次约25 ml,使干扰测定的挥发性物质溶入石油醚层中,待分层后,分取下层水液,置150~200 ml蒸馏瓶中,合并石油醚层并用氯化钠的饱和溶液洗涤3次,每次约10 ml,洗液并入蒸馏瓶中,照上述第一法蒸馏(馏出液约23 ml)并测定	供测定含有游离氨或挥发性酸的制剂中的乙醇量。供试品中含有游离氨,可酌情加稀硫酸,使成微酸性;如含有挥发性酸,可酌情加氢氧化钠试液,使成微碱性。再按第一法蒸馏、测定。如同时含有挥发油,除按上述方法处理外,并照第二法处理。供试品中如含有肥皂,可加过量硫酸,使肥皂分解,再依法测定
		含乙醇量高于30%者:取供试品,调节温度至20 ℃,精密量取25 ml,置150~200 ml蒸馏瓶中,加水约50 ml,如上法蒸馏。将馏出液导入50 ml量瓶中,待馏出液约达48 ml时,停止蒸馏。按上法测定其相对密度。将查得所含的乙醇量(%)(ml/ml)与2相乘,即得	含乙醇量高于30%者:取供试品,调节温度至20 ℃,精密量取25 ml,置250 ml分液漏斗中,加水约50 ml,如上法加入氯化钠使之饱和,并用石油醚提取1~3次,分取下层水液,照上述第一法(馏出液约48 ml)蒸馏并测定	

续表

序号	操作步骤	第一法（供测定多数流浸膏、酊剂及甘油制剂中的乙醇含量。根据制剂中含乙醇量的不同，又分为两种情况）	第二法（供测定含有挥发性物质如挥发油、三氯甲烷、乙醚、樟脑等的酊剂、醑剂等制剂中的乙醇量。根据制剂中含乙醇量的不同，也可分为两种情况）	第三法
2	计算	根据公式计算相对密度，从表中查供试品中的乙醇量		
3	结果判定	测得的数值在规定范围内，判为符合规定；否则，判为不符合规定		

（四）学习结果评价

序号	考核内容	技能要求	分值	得分
1	操作准备	正确进行实验准备	10	
2	操作	正确设置色谱条件和进行系统适用性试验	20	
		正确测定校正因子	20	
		正确测定样品	20	
3	记录	记录数据完整、准确，计算正确	20	
4	结果判定	结果判定准确	10	
	合　　计		100	

核心能力十　能正确完成中药制剂甲醇量的测定

一、学习目标

能熟练测定中药制剂的甲醇量。

二、基本知识

中药制剂是以中药饮片为原料，常采用不同的制备工艺将有效成分提取出来而制得。醇类常用来作为有效成分的提取溶剂之一。由于甲醇的性质与乙醇很相似，沸点比乙醇低，因而极易混入乙醇中而影响药物安全性。《中国药典》在酒剂和酊剂通则中规定了甲醇量检查项目。除另有规定外，供试液含甲醇量不得过0.05%(ml/ml)。

《中国药典》收载的甲醇量检查法为气相色谱法，包括第一法（毛细管柱法）和第二法（填充柱法），前者采用外标法定量，后者采用内标-校正因子法定量。

三、能力训练

（一）操作用物

(1)色谱柱：①毛细管柱法：采用(6%)氰丙基苯基-(94%)二甲基聚硅氧烷为固定液的毛细

管柱。②填充柱法:柱材料、内径、长度无特殊规定。采用直径为 0.18~0.25 mm 的二乙烯苯-乙基乙烯苯型高分子多孔小球为载体。

(2)气相色谱仪:自动进样器或微量注射器、氮气(纯度大于 99.999%)、氢气发生器(或空气发生器或相应的钢瓶装气)、分析天平(感量 0.1 mg)、温度计、量瓶、移液管等。

(二)注意事项

(1)如采用填充柱法时,内标物质峰相应的位置出现杂质峰,可改用外标法测定。

(2)毛细管柱建议选择大口径、厚液膜色谱柱,规格为 30 m×0.53 mm×3.00 μm。

(3)手工进样量不易精确控制,应特别注意留针时间和室温,尽量做到平行操作以减小误差。

(三)操作内容

序号	操作步骤	第一法(毛细管柱法)	第二法(填充柱法)
1	操作	**色谱条件与系统适用性试验**:采用 (6%)氰丙基苯基-(94%)二甲基聚硅氧烷为固定液的毛细管柱,起始温度为 40 ℃,维持 2 分钟,以每分钟 3 ℃的速率升温至 65 ℃,再以每分钟 25 ℃的速率升温至 200 ℃,维持 10 分钟;进样口温度为 200 ℃;检测器温度为 220 ℃;分流进样,分流比为 1∶1;顶空进样平衡温度为 85 ℃,平衡时间为 20 分钟。理论板数按甲醇峰计算应不低于 10000,甲醇峰与其他色谱峰的分离度应大于 1.5 **测定法**:取供试品溶液。精密量取甲醇 1 ml,置 100 ml 量瓶中,加水稀释至刻度,摇匀,精密量取 5 ml,置 100 ml 量瓶中,加水稀释至刻度,摇匀,作为对照品溶液。分别精密量取对照品溶液与供试品溶液各 3 ml,置 10 ml 顶空进样瓶中,密封,顶空进样。按外标法以峰面积计算,即得	**色谱条件与系统适用性试验**:用直径为 0.18~0.25 mm 的二乙烯苯-乙基乙烯苯型高分子多孔小球为载体;柱温为 125 ℃。理论板数按甲醇峰计算应不低于 1500;甲醇峰、乙醇峰与内标物质各相邻色谱峰之间的分离度应符合规定 **校正因子测定**:精密量取正丙醇 1 ml,置 100 ml 量瓶中,用水溶解并稀释至刻度,摇匀,作为内标溶液。另精密量取甲醇 1 ml,置 100 ml 量瓶中,用水稀释至刻度,摇匀,精密量取 10 ml,置 100 ml 量瓶中,精密加入内标溶液 10 ml,用水稀释至刻度,摇匀,取 1 μl 注入气相色谱仪,连续进样 3~5 次,测定峰面积,计算校正因子 **测定法**:精密量取内标溶液 1 ml,置 10 ml 量瓶中,加供试品溶液至刻度,摇匀,取 1 μl 注入气相色谱仪,测定,即得

续表

序号	操作步骤	第一法(毛细管柱法)	第二法(填充柱法)
2	计算	$(C_X) = C_S \cdot \dfrac{A_X}{A_S}$ 式中，A_S 为对照品溶液的峰面积(或峰高)；A_X 为供试品溶液的峰面积(或峰高)；C_S 为对照品溶液的浓度；C_X 为供试品溶液的浓度	$(C_X) = f \cdot C_S' \cdot \dfrac{A_X}{A_S}$ 式中，f 为校正因子；A_X 为供试品溶液中甲醇的峰面积(或峰高)；A_S 为供试品溶液中内标物的峰面积(或峰高)；C_S' 为供试品溶液中内标物的浓度
3	结果判定	两次测定的平均相对偏差应小于 10%；否则应重新测定。根据测定的平均值计算，酒剂中含甲醇量不得过 0.05%(ml/ml)	

(四)学习结果评价

序号	考核内容	技 能 要 求	分值	得分
1	操作准备	正确进行实验准备	10	
2	操作	正确设置色谱条件和系统适用性试验	20	
		正确测定校正因子	20	
		正确测定样品	20	
3	记录	记录数据完整、准确，计算正确	20	
4	结果判定	结果判定准确	10	
		合　　计	100	

核心能力十一　能正确完成中药注射剂有关物质的检查

一、核心概念

注射剂有关物质　中药材经提取、纯化制成注射剂后，残留在注射剂中(或可能含有)并需要控制的物质。

二、学习目标

能熟练进行中药注射剂有关物质的检查。

三、基本知识

检查注射剂有关物质时，除另有规定外，一般应检查蛋白质、鞣质、树脂等，对于静脉注射液还应检查草酸盐、钾离子等。这些杂质难以完全除去，放置一段时间后会出现颜色变深、浑浊、沉淀等现象，影响制剂的疗效和安全性。

四、能力训练

(一)操作用物

试管等。

(二)操作内容

1. 蛋白质检查

原理	中药注射剂中如果蛋白质未除尽,注射后由于异性蛋白质的缘故易引起过敏反应,故应检查蛋白质。《中国药典》采用的检测方法是基于蛋白质在 pH 值小于等电点时呈正离子,可与磺基水杨酸或鞣酸等结合形成不溶性的沉淀,以判断蛋白质的存在
操作	取注射液 1 ml,加新配制的 30%磺基水杨酸溶液 1 ml,混匀,放置 5 分钟,不得出现浑浊。注射液中如含有遇酸能产生沉淀的成分,可改加鞣酸试液 1~3 滴,不得出现浑浊
记录	记录取样量,试液名称、用量,实验过程中出现的现象(供试品加入磺基水杨酸试液后 5 分钟是否出现浑浊)及实验结果等
结果判定	若不出现浑浊,判为符合规定
注意事项	(1)磺基水杨酸试液应新鲜配制,否则会影响检验结果。 (2)注射剂含有黄芩苷、蒽醌类等成分时,应改用鞣酸试液检查。否则会影响检验结果的正确性。 (3)防止出现假阳性:某些注射剂遇酸能产生沉淀,会干扰检查结果,应注意辨别。 (4)如结果不明显,可取注射用水作空白,同法操作,加以比较

2. 鞣质检查

原理	中药注射剂中如含有较多的鞣质,将会对人体产生刺激,引起疼痛,故应检查鞣质。《中国药典》采用的检测方法是利用蛋白质与鞣质在水中形成鞣酸蛋白质而析出沉淀,以判断鞣质的存在
操作	除另有规定外,取注射液 1 ml,加新配制的含 1%鸡蛋清的生理盐水 5 ml,放置 10 分钟,不得出现浑浊或沉淀。如出现浑浊或沉淀,应另取注射液 1 ml,加稀醋酸 1 滴,再加氯化钠明胶试液 4~5 滴,不得出现浑浊或沉淀
记录	记录取样量,试液名称、用量,实验过程中出现的现象(供试品加入新配制的含 1%鸡蛋清的生理盐水后 10 分钟有无沉淀产生)及实验结果等
结果判定	若不出现浑浊,判为符合规定
注意事项	(1)含 1%鸡蛋清的生理盐水应新鲜配制,否则影响检验结果。 (2)如结果不明显,可取注射用水做空白试验,同法操作,加以比较。 (3)含有聚乙二醇、聚山梨酯等聚氧乙烯基附加剂的注射液,虽有鞣质也不产生沉淀,对这类注射液应取未加附加剂前的中间体检查

3. 树脂检查

原理	树脂类也是影响中药注射剂澄明度的重要原因。树脂中的树脂酸与树脂醇类具有极性基团,进入水中后不易很快沉淀析出,因此不易除尽,灭菌或贮藏过程中可逐渐析出,使注射剂产生浑浊、沉淀。中药注射剂中如含有树脂,会引起疼痛等,故应进行树脂检查。 《中国药典》采用的检测方法是基于树脂在酸性水中析出絮状沉淀,以判断树脂的存在
操作	(1)除另有规定外,取注射液 5 ml,加盐酸 1 滴,放置 30 分钟,不得出现沉淀。 (2)如出现沉淀,可另取注射液 5 ml,加三氯甲烷 10 ml 振摇提取,分取三氯甲烷液,置水浴上蒸干,残渣加冰醋酸 2 ml 使溶解,置具塞试管中,加水 3 ml,混匀,放置 30 分钟,不得出现沉淀
记录	记录取样量,试液名称、用量,实验过程中出现的现象及实验结果等
结果判定	若无沉淀析出,判为符合规定。若照上述操作(2)检查,有沉淀析出,判为不符合规定;如出现絮状物,也判为不符合规定
注意事项	(1)如实验有沉淀析出,应照上述操作(2)检查,应无沉淀析出。 (2)用三氯甲烷提取时,应充分放置,使其分层完全,否则,易出现假阳性。 (3)如结果不明显,可取注射用水作空白,同法操作,加以比较

4. 草酸盐检查

原理	中药注射剂如含有草酸盐,进入血液可使血液脱钙,产生抗血凝作用,甚至引起痉挛;并生成不溶于水的草酸钙,可引起血栓,故供静脉注射用注射剂应检查草酸盐,以保证用药安全。 《中国药典》采用的检测方法是基于草酸与氯化钙反应生成不溶于水的草酸钙,以判断草酸盐的存在
操作	除另有规定外,取溶液型静脉注射液适量,用稀盐酸调节 pH 值至 1~2,过滤,取滤液 2 ml,调节滤液 pH 值至 5~6,加 3% 氯化钙溶液 2~3 滴,放置 10 分钟,不得出现浑浊或沉淀
记录	记录取样量,试液名称、用量,实验过程中出现的现象及实验结果等
结果判定	若不出现浑浊或沉淀,判为符合规定
注意事项	(1)如结果不明显,可取注射用水作空白,同法操作,加以比较。 (2)pH 值的调节宜先用盐酸调 pH 值至 1~2,将其过滤后再用氢氧化钠试液调 pH 值至 5~6,否则会影响检查结果

5. 钾离子检查

原理	中药注射剂中如钾离子含量过高,可引起明显的局部刺激(疼痛反应)和心肌损害。用于静脉注射时,会引起患者血液中钾离子浓度偏高,使电解质平衡失调,一般认为钾离子浓度以控制在 22%(mg/ml)以下为宜,故应对供静脉注射用注射剂中钾离子进行限量检查。 《中国药典》采用的检测方法是基于钾离子与四苯硼钠在酸性条件下生成沉淀,根据浊度判断钾离子的浓度

续表

操作	(1)供试品溶液的制备：除另有规定外，取注射液 2 ml，蒸干，先用小火炽灼至炭化，再在 500～600 ℃炽灼至完全灰化，加稀醋酸 2 ml 使溶解，并转移至 25 ml 量瓶中，加水稀释至刻度，摇匀。 (2)取 10 ml 纳氏比色管 2 支，编号为甲、乙。 (3)甲管中精密加入标准钾离子溶液 0.8 ml。 (4)乙管中精密加入供试品溶液 1 ml。 (5)在甲、乙两管中分别加入碱性甲醛溶液 0.6 ml、3%乙二胺四醋酸二钠溶液 2 滴、3%四苯硼钠溶液 0.5 ml，加水稀释至 10 ml，摇匀。 (6)甲、乙两管同置黑纸上，自上向下透视，乙管中显出的浊度与甲管比较，不得更浓
记录	记录取样量，试液名称、用量，标准钾离子取用量，实验过程中出现的现象及实验结果等
结果判定	甲管与乙管比较，乙管浊度浅于甲管，判为符合规定
注意事项	(1)标准钾离子贮备液应放冰箱保存，临用前精密量取标准钾离子贮备液新鲜稀释配制。 (2)供试品在炭化时，应注意缓慢加热，以防止暴沸而造成误差。炽灼温度应控制在 500～600 ℃，灰化必须完全

(三)学习结果评价

序号	考核内容	技能要求	分值	得分
1	操作准备	正确进行实验准备	10	
2	操作	正确进行操作	40	
3	记录	记录数据完整、准确，计算正确	20	
4	结果判定	结果判定准确	30	
	合　计		100	

核心能力十二　能正确完成中药制剂微生物检查

一、核心概念

1. 微生物计数法　用于能在有氧条件下生长的嗜温细菌和真菌的计数。

2. 非无菌产品微生物限度检查　用于检查非无菌制剂及其原、辅料等是否符合相应的微生物限度标准的方法，除另有规定外，本法不适用于活菌制剂的检查。

二、学习目标

能熟练进行中药制剂微生物的检查。

三、基本知识

药品作为一种防病、治病的特殊商品，除了在理化方面需要有效地控制其质量以外，其微生物检查也尤为重要。药品微生物检查法包含无菌检查法(通则1101)、非无菌产品微生物限度检查法(通则1105、1106、1107)、抑菌效力检查法(通则1121)、异常毒性检查法(通则1141)、热原检查法(通则1142)、细菌内毒素检查法(通则1143)、升压物质检查法(通则1144)、降压物质检查法(通则1145)等。《中国药典》规定,无菌的药品、生物制品、医疗器具、原辅料、原料、辅料及其他品种均应进行无菌检查,非无菌制剂及其原、辅料进行非无菌产品微生物限度检查并应符合标准规定。

四、能力训练

(一)操作用物

培养皿、无菌室等。

(二)操作内容

1. 非无菌产品微生物限量检查:微生物计数法 微生物计数法是用于能在有氧条件下生长的嗜温细菌和真菌的计数。

1)简述 非无菌产品微生物限度检查是用于检查非无菌制剂及其原、辅料等是否符合相应的微生物限度标准的方法,除另有规定外,本法不适用于活菌制剂的检查。

非无菌产品微生物限度检查通过检测药品在单位质量(g)或体积(ml)内所含有菌落数,判断药品被污染的程度和安全性,微生物限度的测定结果是对药物生产中原料、工具设备、操作人员及工艺流程等各个环节的卫生状况的整体评价,它是从卫生学角度评价药品受污染程度的一个综合依据。

非无菌产品微生物限度检查适用于药品生产、贮存、销售过程中的检验,药用原料、辅料及中药提取物的检验,新药标准制订,进口药品标准复核,药品质量评估及仲裁等。其标准是基于药品的给药途径、对患者健康潜在的危害以及药品的特殊性而制订的。除另有规定外,其微生物限度应符合以下标准。

(1)制剂通则、品种项下要求无菌的及标示无菌的制剂和原辅料:应符合无菌检查法规定。

(2)用于手术、严重烧伤、严重创伤的局部给药制剂:应符合无菌检查法规定。

(3)非无菌化学药品制剂、生物制品制剂、不含药材原粉的中药制剂的微生物限度标准见表6-7。

表6-7 非无菌化学药品制剂、生物制品制剂、不含药材原粉的中药制剂的微生物限度标准

给药途径	需氧菌总数 /(cfu/g、cfu/ml 或 cfu/10 cm^2)	霉菌和酵母菌总数 /(cfu/g、cfu/ml 或 cfu/10 cm^2)	控 制 菌
口服给药① 固体制剂 液体制剂	10^3 10^2	10^2 10^1	不得检出大肠埃希菌(1 g 或 1 ml);含脏器提取物的制剂还不得检出沙门菌(10 g 或 10 ml)
口腔黏膜给药制剂	10^2	10^1	不得检出大肠埃希菌、金黄色葡萄球菌、铜绿假单胞菌(1 g 、1 ml 或 10 cm^2)

续表

给药途径	需氧菌总数 /(cfu/g、cfu/ml 或 cfu/10 cm^2)	霉菌和酵母菌总数 /(cfu/g、cfu/ml 或 cfu/10 cm^2)	控 制 菌
耳用制剂 皮肤给药制剂	10^2	10^1	不得检出金黄色葡萄球菌、铜绿假单胞菌(1 g、1 ml 或 10 cm^2)
呼吸道吸入给药制剂	10^2	10^1	不得检出大肠埃希菌、金黄色葡萄球菌、铜绿假单胞菌、耐胆盐革兰阴性菌(1 g 或 1 ml)
阴道、尿道给药制剂	10^2	10^1	不得检出金黄色葡萄球菌、铜绿假单胞菌、白色念珠菌(1 g、1 ml 或 10 cm^2)；中药制剂还不得检出梭菌(1 g、1 ml 或 10 cm^2)

直肠给药
  固体制剂
  液体制剂
	10^3
	10^2
		10^2
		10^2
			不得检出金黄色葡萄球菌、铜绿假单胞菌(1 g 或 1 ml)

其他局部给药制剂	10^2	10^2	不得检出金黄色葡萄球菌、铜绿假单胞菌(1 g、1 ml 或 10 cm^2)

注：①化学药品制剂和生物制品制剂若含有未经提取的动植物来源的成分及矿物质，还不得检出沙门菌(10 g 或 10 ml)。

（4）非无菌含药材原粉的中药制剂的微生物限度标准见表 6-8。

表 6-8　非无菌含药材原粉的中药制剂的微生物限度标准

给药途径	需氧菌总数 /(cfu/g、cfu/ml 或 cfu/10 cm^2)	霉菌和酵母菌总数 /(cfu/g、cfu/ml 或 cfu/10 cm^2)	控 制 菌

固体口服给药
  不含豆豉、神曲等发酵原粉
  含豆豉、神曲等发酵原粉
	10^4（丸剂 3×10^4）
	
	10^5
		10^2
		
		5×10^2
			不得检出大肠埃希菌(1 g)；不得检出沙门菌(10 g)；耐胆盐革兰阴性菌应小于 10^2 cfu(1 g)

液体口服给药
  不含豆豉、神曲等发酵原粉
  含豆豉、神曲等发酵原粉
	5×10^2
	
	10^3
		10^2
		
		10^2
			不得检出大肠埃希菌(1 ml)；不得检出沙门菌(10 ml)；耐胆盐革兰阴性菌应小于 10^1 cfu(1 ml)

续表

给药途径	需氧菌总数 /(cfu/g、cfu/ml 或 cfu/10 cm²)	霉菌和酵母菌总数 /(cfu/g、cfu/ml 或 cfu/10 cm²)	控 制 菌
固体局部给药制剂 用于表皮或黏膜不完整 用于表皮或黏膜完整	10^3 10^4	10^2 10^2	不得检出金黄色葡萄球菌、铜绿假单胞菌(1 g 或 10 cm²);阴道、尿道给药制剂还不得检出白色念珠菌、梭菌(1 g 或 10 cm²)
液体局部给药制剂 用于表皮或黏膜不完整 用于表皮或黏膜完整	10^2 10^2	10^2 10^2	不得检出金黄色葡萄球菌、铜绿假单胞菌(1 ml);阴道、尿道给药制剂还不得检出白色念珠菌、梭菌(1 ml)

(5)非无菌药用原料及辅料的微生物限度标准见表 6-9。

表 6-9 非无菌药用原料及辅料的微生物限度标准

检 查 物	需氧菌总数 /(cfu/g 或 cfu/ml)	霉菌和酵母菌总数 /(cfu/g 或 cfu/ml)	控 制 菌
药用原料及辅料	10^3	10^2	未做统一规定

(6)中药提取物及中药饮片的微生物限度标准见表 6-10。

表 6-10 中药提取物及中药饮片的微生物限度标准

检 查 物	需氧菌总数 /(cfu/g 或 cfu/ml)	霉菌和酵母菌总数 /(cfu/g 或 cfu/ml)	控 制 菌
中药提取物质	10^3	10^2	未做统一规定
研粉口服用贵细饮片、直接口服及泡服饮片	未做统一规定	未做统一规定	不得检出沙门菌(10 g);耐胆盐革兰阴性菌应小于 10^4 cfu(1 g)

(7)有兼用途径的制剂:应符合各给药途径的标准。

非无菌产品微生物限度检查的项目包括需氧菌总数、霉菌和酵母菌总数,照"非无菌产品微生物限度检查:微生物计数法(通则 1105)"检查;非无菌产品的控制菌照"非无菌产品微生物限度检查:控制菌检查法(通则 1106)"检查。

2)实验准备

(1)环境要求:《中国药典》规定非无菌产品微生物限度检查应符合微生物限度检查的要求。应在不低于 D 级背景下的 B 级单向流空气区域内进行。检验全过程必须严格遵守无菌操作,防止再污染,防止污染的措施不得影响供试品中微生物的检出。单向流空气区域、工作台面及环境应定期进行监测。

(2)供试品的检验量:检验量即一次实验所用的供试品量(g、ml 或 cm²)。

由于药品受微生物污染的不均匀性和多变性,因此抽样方法、抽样数量和次数直接影响非无菌产品微生物限度检查的结果。非无菌产品微生物限度检查的供试品一般采用随机抽样法,一般应随机抽取不少于2个最小包装的供试品,混合,取规定量供试品进行检验。

除另有规定外,一般供试品的检验量为10 g或10 ml;膜剂为100 cm^2;贵重药品、微量包装药品的检验量可以酌减。检验时,应从2个以上最小包装单位中抽取供试品,大蜜丸不得少于4丸,膜剂不得少于4片。

(3)供试液的预处理:根据供试品的理化特性与生物学特性,采取适宜的方法制备供试液。供试液制备若需加热,应均匀加热,且温度不超过45 ℃,供试液从制备到加入检验用培养基,不得超过1小时。按方法适用性试验确认的方法制备供试液。

3)微生物计数法 供试品检查时,应根据供试品理化特性和微生物限度标准等因素选择计数法,检测的供试品量应能保证所获得的实验结果能够判断供试品是否符合规定。供试品的微生物计数法应进行方法适用性试验,以确认所采用的方法适合于该产品的微生物计数。若检验程序或产品发生变化可能影响检验结果,计数法应重新进行适用性试验。计数法包括平皿法、薄膜过滤法和最可能数法(简称MPN法)。

4)非无菌产品微生物限度检查 按"非无菌产品微生物限度检查:微生物计数法(通则1105)"检查,按计数法适用性试验确认的计数法进行供试品中需氧菌总数、霉菌和酵母菌总数的测定。

非无菌产品微生物限度检查:微生物计数法包括平皿法、薄膜过滤法及PMN法。

(1)平皿法:包括倾注法和涂布法。

①培养基:胰酪大豆胨琼脂培养基或胰酪大豆胨液体培养基用于测定需氧菌总数;沙氏葡萄糖琼脂培养基用于测定霉菌和酵母菌总数。

②供试液检测:将供试品按方法适用性试验确认的方法稀释成不同级别的稀释液(1∶100、1∶1000、1∶10000等)。

a.倾注法:取不同稀释级别供试液1 ml,置直径90 mm的无菌平皿中,注入15~20 ml温度不超过45 ℃溶化的胰酪大豆胨琼脂或沙氏葡萄糖琼脂培养基,混匀,凝固,倒置培养。每稀释级每种培养基至少制备2个平板。

b.涂布法:取15~25 ml温度不超过45 ℃溶化的胰酪大豆胨琼脂或沙氏葡萄糖琼脂培养基注入直径90 mm的无菌平皿,凝固,制成平板,采用适宜的方法使培养基表面干燥。每一平板表面接种上不少于0.1 ml各稀释级别的供试液,每稀释级每种培养基至少制备2个平板。

③阴性对照组:取制备供试液用的稀释液1 ml或不少于0.1 ml代替供试液,按上述倾注法,每种计数用的培养基各制备2个平板,均不得有菌生长。

④培养和计数:除另有规定外,胰酪大豆胨琼脂培养基平板在30~35 ℃培养3~5天,沙氏葡萄糖琼脂培养基平板在20~25 ℃培养5~7天,观察菌落生长情况,点计平板上生长的所有菌落数,计数并报告。菌落蔓延生长成片的平板不宜计数。点计菌落数后,计算各稀释级供试液的平均菌落数,按菌数报告规则报告菌数。若同稀释级2个平板的菌落平均数不小于15,则2个平板的菌落数不能相差1倍或以上。

⑤菌数报告规则:需氧菌总数测定宜选取平均菌落数小于300 cfu的稀释级作为菌数报告的依据,霉菌和酵母菌总数测定宜选取平均菌落数小于100 cfu的稀释级作为菌数报告的依据。取最高的平均菌落数,计算1 g、1 ml或10 cm^2供试品中所含的微生物数,取两位有效数字报告。

如各稀释级的平板均无菌落生长,或仅最低稀释级的平板有菌落生长,但平均菌落数小于1时,以小于1乘以最低稀释倍数的值报告菌数。

(2)薄膜过滤法:所采用的滤膜孔径应不大于0.45 μm,直径一般为50 mm,若采用其他直径的滤膜,冲洗量应进行相应的调整。选择滤膜材质时应保证供试品及其溶剂不影响滤膜材质对微生物的截留。滤器及滤膜使用前应采用适宜的方法灭菌。使用时,应保证滤膜在过滤前后的完整性。水溶性供试液过滤前先将少量的冲洗液过滤以润湿滤膜。油类供试品,其滤膜和过滤器在使用前应充分干燥。为保证滤膜的最大过滤效率,应注意保持供试品及冲洗液覆盖整个滤膜表面。供试液经薄膜过滤后,若需要用冲洗液冲洗滤膜,每张滤膜每次冲洗量不超过100 ml,总冲洗量不得超过1000 ml,以避免滤膜上的微生物受损伤。

①供试液检测:除另有规定外,按计数法适用性试验确认的方法进行供试液制备。取相当于1 g、1 ml或10 cm^2供试品的供试液,若供试品所含的菌数较多,可取适宜稀释级的供试液,照方法适用性试验确认的方法加至适量稀释液中,立即过滤,冲洗,冲洗后取出滤膜,菌面朝上,贴于胰酪大豆胨琼脂培养基或沙氏葡萄糖琼脂培养基上培养。每种培养基至少制备一张滤膜。

②阴性对照组:取与供试液相同体积的稀释液,照上述薄膜过滤法操作,作为阴性对照。阴性对照不得有菌生长。

③培养和计数:培养条件和计数法同平皿法。

④菌数报告规则:以相当于1 g、1 ml或10 cm^2供试品的菌落数报告菌数;若滤膜上无菌落生长,以小于1报告菌数(每张滤膜过滤1 g、1 ml或10 cm^2供试品),或小于1乘以最低稀释倍数的值报告菌数。

(3)最可能数法(简称MPN法):MPN法的精密度和准确度不及薄膜过滤法和平皿法,仅在供试品需氧菌总数没有适宜计数法的情况下使用,本法不适用于霉菌计数。

①供试液检测:取供试液至少3个连续稀释级,每一稀释级取3份1 ml分别接种至3管装有9~10 ml胰酪大豆胨液体培养基中,同法测定菌液对照组菌数。必要时可在培养基中加入表面活性剂、中和剂或灭活剂。

②培养和计数:所有实验管在30~35 ℃下培养3天,逐天观察各管微生物生长情况。记录每一稀释级微生物生长的管数,查表可知每1 g或1 ml供试品中需氧菌总数的最可能数。

(4)结果判断:需氧菌总数指胰酪大豆胨琼脂培养基上生长的总菌落数(包括真菌菌落数),霉菌和酵母菌总数指沙氏葡萄糖琼脂培养基上生长的总菌落数(包括细菌菌落数)。若采用MPN法,测定结果为需氧菌总数。各品种项下规定的微生物限度标准解释如下:

①$10^1$ cfu:可接受的最大菌数为20。

②$10^2$ cfu:可接受的最大菌数为200。

③$10^3$ cfu:可接受的最大菌数为2000,依此类推。

若供试品的需氧菌总数、霉菌和酵母菌总数的检查结果均符合该品种项下的规定,判供试品符合规定;若其中任何一项不符合该品种项下的规定,判供试品不符合规定。

5)控制菌检查法　用于在规定的实验条件下,检查供试品中是否存在特定的微生物。本法是非无菌产品微生物限度检查中包含的一种方法,因此供试液制备及实验环境要求同"非无菌产品微生物限度检查:微生物计数法(通则1105)"。用于检查非无菌制剂及其原、辅料等是否符合相应的微生物限度标准。

供试品控制菌检查中所使用的培养基应进行适用性试验。对于供试品的控制菌检查方法应进行方法适用性试验,以确认所采用的方法适合于该产品的控制菌检查。若检验程序或产品发生变化,可能影响检验结果时,对于控制菌检查方法应重新进行适用性试验。

药品控制菌检查项目包括耐胆盐革兰阴性菌、金黄色葡萄球菌、铜绿假单胞菌、大肠埃希菌、乙型副伤寒沙门菌、白色念珠菌、生孢梭菌。《中国药典》规定供试品中不得检出控制菌。

控制菌的检查:根据药品的来源、剂型、用途、对患者健康潜在的危害而选择相应的控制菌进行检查。控制菌的检查方法:根据各控制菌的特性分别进行定性或定量检测,当结果呈阳性时,应进一步进行适宜的鉴定试验,确证是否为待检控制菌。

2. 无菌检查法

1)简述 凡进入人体血液循环系统、肌肉、皮下组织或接触创伤、溃疡、烧伤等部位而发生作用的制品或要求无菌的材料、灭菌器具等应用于临床时,一旦染有活菌且进入患者体内,往往会引起剧烈的反应,引起并发症,加重病情,甚至威胁生命。因此,对规定灭菌或无菌制剂进行无菌检查,在保证人民用药安全方面有着十分重要的意义。

无菌检查法是用于检查药典要求的药品、生物制品、医疗器具、原料、辅料及其他品种是否无菌的一种方法。若供试品符合无菌检查法的规定,仅表明供试品在该检验条件下未发现微生物污染。

无菌检查法需用最严格的无菌操作法将被检查的药品或材料的样本分别接种于适合各种微生物生长的不同培养基中,置于不同的适宜温度下培养一段时间,逐天观察微生物的生长情况,并结合阳性和阴性对照试验的结果,判断供试品是否污染了微生物,从而判断供试品是否合格。

2)实验准备

(1)对环境和操作人员的要求。

①无菌室:必须达到无菌检查的要求,无菌检查应在B级背景下的A级单向流洁净区域或隔离系统中进行。检验全过程应严格遵守无菌操作,防止微生物污染,防止污染的措施不得影响供试品中微生物的检出。对于单向流空气区、工作台面及环境,应定期按医药工业洁净室(区)悬浮粒子、浮游菌和沉降菌的测试方法的现行国家标准进行洁净度确认。对于隔离系统应定期按相关的要求进行验证,其内部环境的洁净度须符合无菌检查的要求。日常检验时还需对实验环境进行监控。

②人员:从事药品微生物实验工作的人员应具备微生物学或相近专业知识的教育背景。实验人员应依据所在岗位和职责接受相应的培训,经考核合格后方可上岗。

③供试品检验数量:一次实验所用供试品最小包装容器的数量,成品每亚批均应进行无菌检查(表6-11至表6-13)。

表6-11 批出厂产品及生物制品的原液和半成品最少检验数量

供试品	每批产品 N/个	接种每种培养基的最少检验数量
注射剂	≤100	10%或4个(取较多者)
	100<N≤500	10个
	>500	2%或20个(取较少者)
		20个(生物制品)
大体积注射液(>100 ml)		2%或10个(取较少者)
		20个(生物制品)

续表

供 试 品	每批产品 N/个	接种每种培养基的最少检验数量
冻干血液制品 >5 ml	每柜冻干≤200 每柜冻干>200	5 个 10 个
≤5 ml	≤100 100<N≤500 >500	5 个 10 个 20 个
眼用及其他非注射产品	≤200 >200	5%或 2 个(取较多者) 10 个
桶装无菌固体原料	≤4 4<N≤50 >50	每个容器 20%或 4 个容器(取较多者) 2%或 10 个容器(取较多者)
抗生素固体原料药(≥5 g)		6 个容器
生物制品原液或半成品		每个容器(每个容器制品的取样量为总量的 0.1%或不少于 10 ml,每开瓶一次,应如上法抽验)
体外用诊断制品半成品		每批(抽验量应不少于 3 ml)
医疗器具	≤100 100<N≤500 >500	10%或 4 件(取较多者) 10 件 2%或 20 件(取较少者)

注:若供试品每个容器内的装量不够接种 2 种培养基,那么表中的最少检验数量应增加相应倍数。

④检验量:供试品每个最小包装接种至每份培养基的最小量(g 或 ml)。除另有规定外,供试品检验量按表 6-12 规定。若每支(瓶)供试品的装量按规定足够接种两种培养基,则应分别接种硫乙醇酸盐流体培养基和胰酪大豆胨液体培养基。采用薄膜过滤法时,只要供试品特性允许,应将所有容器内的全部内容物过滤。

表 6-12 上市抽验样品的最少检验量

供 试 品	供试品最少检验数量/(瓶或支)
液体制剂	10
固体制剂	10

续表

供 试 品		供试品最少检验数量/(瓶或支)
血液制品	$V<50$ ml	6
	$V \geqslant 50$ ml	2
医疗器械		10

注：①若供试品每个容器内的装量不够接种2种培养基，那么表中的最少检验数量应增加相应倍数。

②抗生素粉针剂（≥5 g）及抗生素固体原料药（≥5 g）的最少检验数量为6瓶(或支)。桶装无菌固体原料的最少检验数量为4个包装。

表6-13 供试品的最少检验量

供 试 品	供试品装量	每支供试品接入每种培养基的最少量
液体制剂	$V<1$ ml 1 ml$\leqslant V \leqslant$40 ml 40 ml$<V \leqslant$100 ml $V>$100 ml	全量 半量，但不得少于1 ml 20 ml 10%但不少于20 ml
固体制剂	$M<50$ mg 50 mg$\leqslant M<$300 mg 300 mg$\leqslant M \leqslant$5 g $M>$5 g	全量 半量，但不得少于50 mg 150 mg 500 mg 半量（生物制品）
生物制品的原液及半成品		半量
医疗器具	外科用敷料棉花及纱布 缝合线、一次性医用材料 带导管的一次性医疗器具（如输液袋） 其他医疗器具	取100 mg 或 1 cm×3 cm 整个材料① 二分之一内表面积 整个器具①（切碎或拆散开）

注：①如果医用器械体积过大，培养基用量可在2000 ml以上，将其完全浸没。

(2)阳性对照：阳性对照应根据供试品特性选择阳性对照菌：无抑菌作用及以抗革兰阳性菌为主的供试品，以金黄色葡萄球菌为对照菌；以抗革兰阴性菌为主的供试品以大肠埃希菌为对照菌；抗厌氧菌的供试品，以生孢梭菌为对照菌；抗真菌的供试品，以白色念珠菌为对照菌。阳性对照试验的菌液制备同方法适用性试验，加菌量小于100 cfu，供试品用量同供试品无菌检查时每份培养基接种的供试品量。阳性对照管培养72小时应生长良好。

(3)阴性对照：阴性对照供试品无菌检查时，应取相应溶剂和稀释液、冲洗液同法操作，作为阴性对照。阴性对照不得有菌生长。

无菌试验过程中，若需使用表面活性剂、灭活剂、中和剂等试剂，应证明其有效性，且对微生物无毒性。

3)操作方法 无菌检查法包括薄膜过滤法和直接接种法。只要供试品性状允许,应采用薄膜过滤法。供试品无菌检查所采用的检查方法和检验条件应与验证的方法相同。

(1)薄膜过滤法:一般应采用封闭式薄膜过滤器。无菌检查用的滤膜孔径应不大于0.45 μm,直径约为50 mm。根据供试品及其溶剂的特性选择滤膜材质。滤器及滤膜使用前应采用适宜的方法灭菌。使用时,应保证滤膜在过滤前后的完整性。水溶性供试液过滤前应先用少量的冲洗液过滤,以润湿滤膜。油类供试品,其滤膜和过滤器在使用前应充分干燥。为保证滤膜的最大过滤效率,应注意保持供试品及冲洗液覆盖整个滤膜表面。供试液经薄膜过滤后,若需要用冲洗液冲洗滤膜,每张滤膜每次冲洗量一般为100 ml,且总冲洗量不得超过1000 ml,以避免滤膜上的微生物受损伤。

(2)直接接种法:适用于无法用薄膜过滤法进行无菌检查的供试品,即取规定量供试品分别等量接种至硫乙醇酸盐流体培养基和胰酪大豆胨液体培养基中。除生物制品外,一般供试品无菌检查时两种培养基接种的瓶数或支数相等;生物制品无菌检查时硫乙醇酸盐流体培养基和胰酪大豆胨液体培养基接种的瓶数或支数为2∶1。除另有规定外,每个容器中接种的供试品体积不得大于培养基体积的10%,同时,硫乙醇酸盐流体培养基每管装量不少于15 ml,胰酪大豆胨液体培养基每管装量不少于10 ml。供试品检查时,培养基的用量和高度同方法适用性试验。

(3)培养及观察:将上述接种供试品后的培养基容器分别按各培养基规定的温度培养14天。上述含培养基的容器按规定的温度培养14天。培养期间应逐天观察并记录是否有菌生长。如在加入供试品后或在培养过程中,培养基出现浑浊,培养14天后,不能从外观上判断有无微生物生长,可取该培养液适量转种至同种新鲜培养基中,培养3天,观察接种的同种新鲜培养基是否再出现浑浊;或取培养液涂片,染色,镜检,判断是否有菌。

4)结果判定

(1)阳性对照管应生长良好,阴性对照管不得有菌生长。否则,实验无效。

(2)若供试品管均澄清,或虽显浑浊但经确证无细菌生长,判定供试品符合规定;若供试品管中任何一管显浑浊并确证有菌生长,判定供试品不符合规定,除非能充分证明实验结果无效,即生长的微生物非供试品所含。当符合下列至少1个条件时方可判定实验结果无效。

①无菌检查所用的设备及环境的微生物监控结果不符合无菌检查法的要求。

②回顾无菌试验过程,发现有可能引起微生物污染的因素。

③供试品管中生长的微生物经鉴定后,确证是因无菌试验中所使用的物品和(或)无菌操作技术不当引起的。

实验若经确认无效,应重试。重试时,重新取同量供试品,依法检查,若无菌生长,判供试品符合规定;若有菌生长,判定供试品不符合规定。

5)注意事项

(1)操作前要严格按照消毒程序进行手消毒,戴无菌手套,进入超净台后手要用消毒液擦拭消毒。试剂等的瓶口也要进行擦拭。

(2)点燃酒精灯,操作在火焰附近进行。耐热物品要经常在火焰上烧灼,金属器械烧灼时间不宜太长,以免退火,并冷却后才能夹取组织,吸取过营养液的用具不能再烧灼,以免烧焦形成炭膜。

(3)操作动作要准确敏捷,但又不能太快,以防空气流动,增加污染机会。

(4)不能用手触已消毒器皿的工作部分,工作台面上用品要布局合理。

(5)吸溶液的吸管等不能混用。

3. 其他微生物检查法　《中国药典》收录的微生物检查法除了无菌检查法和非无菌产品微生物限度检查法外,还包含抑菌效力检查法、异常毒性检查法、热原检查法、细菌内毒素检查法、升压物质检查法、降压物质检查法等。

(三)学习结果评价

序号	考核内容	技能要求	分值	得分
1	操作准备	正确进行实验准备	10	
2	操作	正确进行操作	40	
3	记录	记录数据完整、准确,计算正确	20	
4	结果判定	结果判定准确	30	
	合计		100	

工作任务七

中药制剂的杂质检查

核心能力一　能了解杂质检查的意义和方法

一、核心概念

1. 中药制剂的杂质　一般指中药制剂中存在的无治疗作用或影响中药制剂的稳定性和疗效,甚至对人体健康有害的物质。

2. 杂质限量　药品中所含杂质的最大允许量,通常用百分比(%)或mg/kg来表示。

扫码看课件

3. 一般杂质　自然界中分布广泛,普遍存在于药材之中,在中药制剂的生产或贮存过程中引入的杂质。如泥沙(硅酸盐)、酸、碱、氯化物、硫酸盐、铁盐、重金属、砷盐、有机氯农药等。

4. 特殊杂质　在制剂生产和贮存过程中,可能引入或产生的某种(类)特有杂质,而非大多数制剂普遍存在的,如三黄片中土大黄苷、附子理中丸中的乌头碱、黄连素片中的盐酸小檗碱等。

二、学习目标

(1) 能了解杂质检查的意义和杂质的来源、分类。

(2) 能熟练进行中药制剂杂质的限量检查和计算。

三、基本知识

中药制剂杂质检查常见检查项目:炽灼残渣检查法、灰分测定法、氯化物检查法、重金属检查法、砷盐检查法、二氧化硫残留量测定法、农药残留量测定法、黄曲霉毒素测定法、特殊杂质检查方法等。

(一) 杂质检查的意义

评价中药制剂的质量,主要考虑两方面,首先应评价的是药品本身的治疗作用及其毒副作用,其次是药品中所含有的杂质对人体和药品质量产生的影响。因此,了解杂质对人体的危害和对中药制剂生产、贮藏等过程的影响,并对中药制剂中所含有的杂质的种类及其限量做出规定和检查是十分必要的,只有这样才能确保中药制剂在使用过程中安全有效。

(二) 杂质的来源

序号	杂质来源	
1	原料中带入	中药制剂的原料是饮片,一方面,饮片本身就含有不易除去的杂质;另一方面,中药材本身及外来的掺杂物均会引入成品中。例如,麻黄中带进麻黄根杂质,大黄中引入土大黄杂质,农药、化肥等有可能带来重金属、有机磷、钾离子、钙离子、硫酸盐和草酸盐等

续表

序号	杂质来源	
2	生产过程中引入	制剂生产中,使用污染的水冲洗原料药,粉碎工序的机器磨损,金属器具、装置等有可能引入金属杂质和其他杂质;此外,化学结构、性质与产品相似的成分,在提取、分离、精制过程中因除不尽而引入产品中成为杂质
3	贮存等过程中产生	制剂制成后,由于包装、运输、贮存、保管不当等原因可造成产品破损、分解霉变、腐败以及鼠咬、虫蛀等现象,引入大量杂质。例如,一些制剂在外界条件(日光、空气、温度、湿度等)的影响下,发生聚合、分解、氧化还原、水解、发霉等变化而产生有毒物质;在适宜的水分、温度、pH 值等条件下,微生物也会使药品变质,如霉菌能使一些中药制剂尤其是含糖、蛋白质、淀粉较多的药品霉变、失效甚至变得有毒

(三)杂质的分类

中药制剂中的杂质通常分为一般杂质和特殊杂质两类。

序号	杂质分类	
1	一般杂质	一般杂质指自然界中分布广泛,普遍存在于药材之中,在中药制剂的生产或贮存过程中引入的杂质。如泥沙(硅酸盐)、酸、碱、氯化物、硫酸盐、铁盐、重金属、砷盐、有机氯类农药等。检查方法均在《中国药典》四部中有规定。 并非所有的中药材及其制剂都要做一般杂质的全面检查,而是根据具体要求,进行一定项目的检查
2	特殊杂质	特殊杂质指在制剂生产和贮存过程中,可能引入或产生的某种(类)特有杂质,而非大多数制剂普遍存在的,如三黄片中土大黄苷、附子理中丸中的乌头碱、黄素片中的盐酸小檗碱等。 《中国药典》中特殊杂质及其检查方法被列入各有关品种检查项下

(四)杂质限量

中药制剂中存在的杂质,从危害性来看其含量应该是越少越好,但是要将制剂中的杂质完全去除,既没必要,也不可能,故在不影响疗效和不产生毒副作用的前提下,允许制剂中的杂质在一定限度范围内存在。因此,《中国药典》规定,杂质检查均为限量(或限度)检查。

杂质限量指药品中所含杂质的最大允许量,通常用百分之几(%)或 mg/kg 来表示。杂质限量计算公式如下:

$$杂质限量 = \frac{杂质最大允许量}{供试品量} \times 100\%$$

或

$$杂质限量 = \frac{杂质最大允许量}{供试品量} \times 10^6$$

(五)杂质检查的方法

序号	杂质检查方法	
1	对照法	对照法是将待检杂质的对照物质配成标准溶液,取限度量的标准溶液与一定量供试品溶液在相同条件下处理,比较反应结果(比色或比浊),从而判断供试品中所含杂质是否符合规定。 《中国药典》采用此法检查的有氯化物、重金属、砷盐等。 本法中,杂质的最大允许量也就是标准溶液的体积(V)与其浓度(C)的乘积,计算公式: $$L=\frac{C \cdot V}{W_S}\times 100\% \quad 或 \quad L=\frac{C \cdot V}{W_S}\times 10^6$$ 式中,L 为杂质限量,%或 mg/kg;C 为标准溶液的浓度,g/ml;V 为标准溶液的体积,ml;W_S 为供试品的重量,g。 实际工作中,可根据杂质限量和标准溶液的浓度,计算供试品或标准溶液的体积。《中国药典》一部收载的品种中,计算标准溶液的体积最为常用
2	含量测定法	含量测定法指以一定的方法测定杂质的含量或与含量相关的物理量,测得的量与规定的限量进行比较,不得超过规定的限度(范围)。 《中国药典》采用此法检查的有炽灼残渣、灰分、酸不溶性灰分等
3	灵敏度法	灵敏度法指在供试品溶液中加入检测试剂,在一定反应条件下,不得有正反应出现,即以该测定条件下的反应灵敏度来控制杂质限量。 《中国药典》采用此法检查的有注射剂有关物质,包括蛋白质、鞣质、树脂、草酸盐等

四、课后作业

黄连上清丸中重金属的检查:取本品水丸或水蜜丸 15 g,研碎,或取大蜜丸或小蜜丸 30 g,剪碎。取约 1 g,精密称定,照炽灼残渣检查法(通则 0841)炽灼至完全灰化。取遗留的残渣,依法检查(通则 0821 第二法),含重金属不得过 25 mg/kg。已知标准铅溶液的浓度为每 1 ml 相当于 10 μg 的 Pb,计算加入标准铅溶液的体积(ml)。

核心能力二 能正确完成中药制剂炽灼残渣的检查

一、核心概念

炽灼残渣 将药品(多为有机化合物)经加热灼烧至完全炭化,再加硫酸 0.5~1.0 ml 并炽灼(700~800 ℃)至恒重后遗留的金属氧化物或其硫酸盐。

二、学习目标

能熟练进行中药制剂的炽灼残渣检查。

三、基本知识

炽灼残渣检查用于检查有机药物中混入的各种无机杂质,一般规定限度为 0.1%～0.2%。

四、能力训练

(一)操作用物

分析天平(感量 0.1 mg)、高温炉、坩埚(瓷坩埚、铂坩埚、石英坩埚)、坩埚钳(普通坩埚钳、尖端包有铂层的铂坩埚钳)、通风柜等。

(二)注意事项

(1)炭化与灰化的前一段操作应在通风柜内进行。供试品放入高温炉前,务必完全炭化并除尽硫酸蒸气。必要时,高温炉应加装排气管道。

(2)供试品的取样量应合适。取样量大,灰化和炭化时间长;取样量过少,炽灼残渣少,称量误差大。除另有规定外,一般为 1.0～2.0 g(炽灼残渣限度为 0.1%～0.2%),对于限度较高的品种,可调整供试品的取样量,使炽灼残渣的量为 1～2 mg。

(3)坩埚应编码标记,盖子与坩埚应编码一致。从高温炉取出时的温度、先后次序、在干燥器内的放置时间及称量顺序,均应前后一致;同一干燥器内同时放置坩埚最好不超过 4 个,否则不易达到恒重。

(4)坩埚放冷后干燥器内易形成负压,应小心开启干燥器,以免吹散坩埚内的轻质残渣。

(5)供试品分子中含有碱金属或氟元素时可腐蚀瓷坩埚,应使用铂坩埚。在高温条件下夹取热铂坩埚时,宜用钳头包有铂层的坩埚钳。

(6)开关炉门时,应注意勿损坏高质耐火绝缘层。

(三)操作内容

序号	操作步骤	操作要点
1	称空坩埚恒重	取洁净坩埚置高温炉内,将坩埚盖子斜盖在坩埚上,经加热至 700～800 ℃,炽灼 30～60 分钟,停止加热,待高温炉温度冷却至 300 ℃ 左右,取出坩埚,移置适宜的干燥器内,盖好坩埚盖,放冷至室温(一般约需 60 分钟),精密称定坩埚重量(准确至 0.1 mg)。再以同法重复操作,直至恒重,备用
2	称取供试品	取供试品 1.0～2.0 g 或各品种项下规定的重量,置已炽灼至恒重的坩埚内,精密称定
3	炭化	将盛有供试品的坩埚置电炉上缓缓灼烧(应避免供试品受热骤然膨胀或燃烧而逸出),炽灼至供试品全部炭化成黑色,并不冒浓烟,放冷至室温(以上操作应在通风柜内进行)

续表

序号	操作步骤	操作要点
4	灰化	除另有规定外,滴加硫酸 0.5～1 ml,使炭化物全部湿润,继续在电炉上低温加热至硫酸蒸气除尽,白烟完全消失(以上操作应在通风柜内进行),将坩埚置高温炉内,坩埚盖斜盖于坩埚上,在 700～800 ℃ 炽灼 60 分钟,使供试品完全灰化。如需将残渣留做重金属检查,则炽灼温度必须控制在 500～600 ℃
5	炽灼至恒重	按操作步骤 1 自"停止加热,待高温炉"起,依法操作,直至恒重
6	记录	记录炽灼温度、空坩埚恒重值、供试品的重量、炽灼后残渣与坩埚的恒重值等
7	计算	炽灼残渣含量 $=\dfrac{W}{W_S}\times 100\%$ 式中,W 为残渣的重量,g;W_S 为供试品的重量,g
8	结果判定	计算结果,按有效数字修约规则修约,使与标准中规定限度有效数位一致。实测数值在规定范围内,判为符合规定;否则,判为不符合规定

(四)常见问题与解决方法

问题情境

中药制剂成分中含有碱金属或氟元素时,可腐蚀瓷坩埚,应该如何解决?

解决方法:应使用铂坩埚。在高温条件下夹取热铂坩埚时,宜用钳头包有铂层的坩埚钳。

(五)学习结果评价

序 号	考核内容	技能要求	分 值	得 分
1	操作准备	实训用品准备齐全,处方分析正确	10	
2	操作	正确将空坩埚干燥至恒重	10	
		正确称取供试品	10	
		正确进行炭化	15	
		正确进行灰化	15	
		正确炽灼至恒重	10	
		正确计算	10	
3	记录	记录详尽、准确	10	
4	结果判定	结果判定正确	10	
	合 计		100	

五、课后作业

取黄连上清丸 1.0～2.0 g，置于已炽灼至恒重的坩埚内，精密称定。缓缓炽灼至完全炭化，放冷至室温。加硫酸 0.5～1 ml 使炭化物全部湿润，低温加热至硫酸蒸气除尽后，在 700～800 ℃炽灼，使供试品完全灰化。移置干燥器内，放冷至室温，精密称定后，再在 700～800 ℃炽灼直至恒重，即得。

实验数据：坩埚重量（W_0＝21.4289 g）、炽灼前供试品与坩埚的重量（W_1＝22.9613 g）、炽灼后残渣与坩埚的恒重量（W_2＝21.4336 g）。

计算炽灼残渣含量，判别是否符合规定。

核心能力三　能正确完成中药制剂灰分测定

一、学习目标

(1)能熟练进行中药制剂的总灰分测定。
(2)能熟练进行中药制剂的酸不溶性灰分测定。

扫码看课件

二、基本知识

灰分测定法包括总灰分测定法和酸不溶性灰分测定法。

1. 总灰分测定法　植物药、动物药经粉碎后，高温炽灼至灰化，在这个过程中，有机物全部氧化分解成二氧化碳、水蒸气等气体而逸出，而无机物成为灰烬而残留，称为总灰分。其中来源于药品本身的各种盐类成分，如夏枯草中的钾盐、大黄中的草酸钙等，称为生理灰分。

将供试品在 500～600 ℃高温炽灼，使其中有机物质完全分解逸出，而无机成分生成灰分残渣，根据残渣重量，即可计算出供试品中总灰分的含量。

同一种中药材或制剂，在没有外来掺杂物时，一般总灰分的含量范围是一定的，在此含量范围内的灰分不属于杂质。如果总灰分超过限度范围，则可能掺有外来杂质，最常见的是泥土、砂石等。因此，灰分检查对于保证药品品质和洁净度有着重要意义，《中国药典》对某些药材特别是根类药材及其制剂规定了此项目。

2. 酸不溶性灰分测定法　有些中药及其制剂的生理灰分本身差异较大，特别是组织中含草酸钙较多的中药材，如大黄的总灰分含量因生长条件不同可以为 8%～20%，这种情况下，通过测定总灰分就很难判断是否有过多的外来泥沙等杂质，因此，《中国药典》对该类药物规定了酸不溶性灰分测定。

酸不溶性灰分系指总灰分加盐酸处理后，得到的不溶于盐酸的灰分。由于草酸钙等生理灰分可溶于稀盐酸，而泥沙（主要为硅酸盐）等外来无机杂质难溶于稀盐酸，因此，对于生理灰分含量差异较大，特别是在组织中含草酸钙较多的中药（例如大黄）以及中药制剂，酸不溶性灰分能更准确反映其中泥沙等杂质的掺杂程度。

三、能力训练

(一)操作用物

标准筛（二号筛）、分析天平（感量 0.1 mg）、高温炉、恒温干燥箱（精确至±1 ℃）、坩埚等。

(二)注意事项

(1)洗净的坩埚应在 500～600 ℃的高温炉内灼烧至恒重。

(2)测定前检查干燥器的清洁度和密封性。
(3)严格控制灰化温度。
(4)移动坩埚应使用坩埚钳或厚纸条,不得徒手操作。灰分极易吸水,冷却及称重时应盖严坩埚盖,迅速称重。
(5)测定过程中,实验人员不得离去,并应注意防止供试品燃烧及其他事故。

(三)操作内容

1. 总灰分测定法

序号	操作步骤	操作要点
1	炽灼至坩埚恒重	将坩埚在500~600 ℃炽灼至恒重
2	加入供试品	测定用的供试品需粉碎,使能通过二号筛,混合均匀后,取供试品2~3 g,置炽灼至恒重的坩埚中,称定重量(准确至0.01 g)
3	炽灼	缓缓炽灼,注意避免燃烧,至完全炭化时,逐渐升高温度至500~600 ℃,使完全灰化
4	恒重	灰化至恒重
5	记录	记录炽灼温度、空坩埚恒重值、供试品重量、炽灼后残渣与坩埚的恒重值等
6	计算	总灰分含量 $=\dfrac{W}{W_s}\times 100\%$ 式中,W为总灰分重量,g;W_s为供试品重量,g
7	结果判定	计算结果,按有效数字修约规则修约,使与标准中规定限度有效数位一致。实测数值在规定范围内,判为符合规定;否则,判为不符合规定

2. 酸不溶性灰分测定法

序号	操作步骤	操作要点
1	炽灼至坩埚恒重	将坩埚在500~600 ℃炽灼至恒重
2	加入供试品	测定用的供试品需粉碎,使能通过二号筛,混合均匀后,取供试品3~5 g,置炽灼至恒重的坩埚中,称定重量(准确至0.01 g)
3	炽灼	缓缓炽灼,注意避免燃烧,至完全炭化时,逐渐升高温度至500~600 ℃,使完全灰化
4	恒重	灰化至恒重
5	加入盐酸	取所得的灰分,在坩埚中小心加入稀盐酸约10 ml,置水浴上加热10分钟

续表

序号	操作步骤	操作要点
6	洗涤	用 5 ml 热水冲洗表面皿,将洗液并入坩埚中,用无灰滤纸过滤,坩埚内的残渣用水洗于滤纸上,并洗涤至洗液不显氯化反应为止
7	炽灼至恒重	滤渣连同滤纸移至同一坩埚中,干燥,炽灼至恒重
8	记录	记录炽灼温度、空坩埚恒重值、供试品的重量、炽灼后残渣与坩埚的恒重值等
9	计算	酸不溶性灰分含量 $= \dfrac{W}{W_S} \times 100\%$ 式中,W 为酸不溶性灰分重量,g;W_S 为供试品重量,g
10	结果判定	计算结果,按有效数字修约规则修约,使与标准中规定限度有效数位一致。实测数值在规定范围内,判为符合规定;否则,判为不符合规定

(四)常见问题与解决方法

问题情境

供试品不易灰化,应该如何解决?

解决方法:可将坩埚放冷,加热水或 10% 硝酸铵溶液 2 ml,使残渣湿润,然后置水浴上蒸干,残渣照前法炽灼,至坩埚内容物完全灰化。

(五)学习结果评价

1. 总灰分测定法

序 号	考核内容	技能要求	分 值	得 分
1	操作准备	实训用品准备齐全,处方分析正确	10	
2	操作	正确将空坩埚干燥至恒重	10	
		正确加入供试品	10	
		正确进行炽灼	20	
		正确炽灼至恒重	20	
		正确计算	10	
3	记录	记录详尽、准确	10	
4	结果判定	结果判定正确	10	
		合 计	100	

2. 酸不溶性灰分测定法

序 号	考核内容	技 能 要 求	分 值	得 分
1	操作准备	实训用品准备齐全,处方分析正确	5	
2	操作	正确将空坩埚干燥至恒重	10	
		正确加入供试品	5	
		正确进行炽灼	20	
		第一次正确炽灼至恒重	10	
		正确加酸处理	5	
		正确洗涤	5	
		第二次正确炽灼至恒重	10	
		正确计算	10	
3	记录	记录详尽、准确	10	
4	结果判定	结果判定正确	10	
		合　　计	100	

四、课后作业

九味羌活丸

【处方】羌活 150 g,防风 150 g,苍术 150 g,细辛 50 g,川芎 100 g,白芷 100 g,黄芩 100 g,甘草 100 g,地黄 100 g。

【检查】总灰分：不得过 7.0％(通则 2302)。

酸不溶性灰分：不得过 2.0％(通则 2302)。

测定：取九味羌活丸 5 袋,粉碎后过二号筛,取供试品 3～5 g,置炽灼至恒重的坩埚(20.8374 g)中,称定重量(23.9089 g),缓缓炽热,注意避免燃烧,至完全炭化时,逐渐升高温度至 500～600 ℃,使完全灰化至恒重(21.0302 g),称定灰分重量,计算总灰分含量。将所得灰分置坩埚中,小心加入稀盐酸约 10 ml,用表面皿覆盖坩埚,置水浴上加热 10 分钟,表面皿用 5 ml 热水冲洗,洗液并入坩埚中,用无灰滤纸过滤,坩埚内的残渣用水洗于滤纸上,并洗涤至洗液不显氯化反应为止。滤渣连同滤纸移至同一坩埚中,干燥,炽灼至恒重(20.8761 g)。

实验数据：坩埚重量(20.8374 g)、炽灼前供试品与坩埚的重量(23.9089 g)、炽灼后残渣与坩埚的恒重(21.0302 g)、加盐酸处理炽灼后残渣与坩埚的恒重量(20.8761 g)。

计算：总灰分和酸不溶性灰分含量。

核心能力四　能正确完成中药制剂氯化物检查

一、学习目标

能熟练进行中药制剂的氯化物检查。

二、基本知识

氯化物广泛存在于自然界中,在药物的生产过程中极易引入。少量的氯化物虽对人体无害,但氯化物属于信号杂质,其存在量可以反映药物的纯净程度以及生产工艺和贮存条件是否正常,因此,控制氯化物的量有特殊的意义。

原理:氯化物在硝酸酸性条件下与硝酸银试液作用,生成氯化银白色浑浊,与一定量标准氯化钠溶液在相同条件下生成的氯化银浑浊比较,从而判断供试品中的氯化物是否超过限量。

$$Cl^- + Ag^+ \longrightarrow AgCl(白色浑浊)$$

三、能力训练

(一)操作用物

1. 仪器 分析天平(感量 0.1 mg)、量瓶(100 ml、1000 ml)、纳氏比色管(50 ml)、比色管架、滤纸、量筒(50 ml)、量杯(10 ml)、移液管、刻度吸管、计时器、烧杯及玻璃棒等。

2. 试剂 稀硝酸、硝酸银、标准氯化钠溶液(表 7-1)等。

表 7-1 标准氯化钠溶液制备

类 别	制 备 方 法
标准氯化钠贮备液	称取氯化钠 0.165 g,置 1000 ml 量瓶中,加水适量使溶解并稀释至刻度,摇匀,即得
标准氯化钠溶液(临用新配)	精密量取贮备液 10 ml,置 100 ml 量瓶中,加水稀释至刻度,摇匀,即得(每 1 ml 相当于 10 μg 的 Cl)

(二)注意事项

(1)纳氏比色管:纳氏比色管玻璃质量较好,应配对使用,每对比色管不得有色差。

(2)检查时,以 50 ml 中含 50~80 μg 的 Cl^- 为宜,在此范围内氯化物与硝酸银反应产生的浑浊梯度明显,便于比较。因此,在设计检查方法时应根据氯化物的限量考虑供试品的取用量。

(3)稀硝酸作用:消除 CO_3^{2-}、PO_4^{3-}、SO_4^{2-} 等的干扰;加速氯化银浑浊的生成;产生较好的乳浊。

(4)平行操作原则:供试品溶液与对照品溶液的操作应同时进行,加入试剂顺序应一致。

(三)操作内容

序 号	操作步骤	操 作 要 点
1	实验前准备	准备实验仪器、试剂
2	供试品溶液的制备	取各品种项下规定量的供试品,加水使溶解成 25 ml(溶液如显碱性,可滴加硝酸使成中性),再加稀硝酸 10 ml,溶液如不澄清,应过滤;置 50 ml 纳氏比色管中,加水使成约 40 ml,摇匀,即得
3	对照品溶液的制备	取各品种项下规定量的标准氯化钠溶液,置 50 ml 纳氏比色管中,再加稀硝酸 10 ml,加水使成约 40 ml,摇匀,即得
4	加比浊剂	于供试品溶液与对照品溶液中,分别加入硝酸银 1.0 ml,用水稀释为 50 ml,摇匀,在暗处放置 5 分钟

续表

序 号	操作步骤	操作要点
5	比浊	同置黑色背景上,从比色管上方向下观察,比较,即得
6	记录	记录供试品取样量、标准氯化钠溶液取用量、操作过程中使用的特殊试剂、试液名称和用量或对检查结果有影响的试剂用量、实验过程中出现的现象及实验结果等
7	结果判定	供试品溶液所显乳光浅于对照品溶液,判为符合规定;深于对照品溶液则判为不符合规定

(四)常见问题与解决方法

问题情境一

供试品溶液有颜色,无法进行比浊,应该如何解决?

解决方法:可以采用外消色法或内消色法。采用外消色法时可以在标准品溶液中加入稀焦糖或者指示剂调色。采用内消色法时取 2 份样品,其中一份加入稀硝酸、硝酸银,产生浑浊后过滤,滤液中加入标准氯化钠溶液作为标准品溶液,与另一份样品在相同实验条件下处理,比浊。

问题情境二

供试品溶液不澄清,无法进行比浊,应该如何解决?

解决方法:可预先用含硝酸的水洗净滤纸中的氯化物,再过滤供试品溶液,使其澄清。

(五)学习结果评价

序 号	考核内容	技 能 要 求	分 值	得 分
1	操作准备	实训用品准备齐全,处方分析正确	10	
2	操作	正确进行供试品溶液的制备	10	
		正确进行对照品溶液的制备	10	
		正确加比浊剂	20	
		正确进行比浊	20	
3	记录	记录详尽、准确	10	
4	结果判定	结果判定正确	20	
		合　计	100	

四、课后作业

(1)简述进行氯化物检查的意义。

(2)简述氯化物检查的原理。

核心能力五　能正确应用硫代乙酰胺法进行重金属检查

一、核心概念

重金属　在规定实验条件下能与硫代乙酰胺或硫化钠作用显色的金属杂质，包括 Ag、Pb、Hg、Cu、Cd、Bi、Zn、Co、Ni 等。

扫码看课件

二、学习目标

(1) 能熟练应用硫代乙酰胺法进行重金属检查。

(2) 能解决重金属检查中出现的问题。

三、基本知识

为保证药品的安全性，《中国药典》加强了重金属检查力度，对某些中成药尤其是含矿物类中药的品种，规定了重金属检查项目。例如黄连上清丸含重金属不得过 25 mg/kg，地奥心血康含重金属不得过 20 mg/kg。药物生产中，接触铅的机会较多，且铅易积蓄致中毒，故《中国药典》规定重金属检查以铅为代表。

《中国药典》收载有三种重金属检查法，包括第一法（硫代乙酰胺法）、第二法（炽灼残渣检查法）、第三法（硫化钠法），检查时，应根据《中国药典》品种项下规定的方法选用。三种方法均是利用重金属离子与显色剂反应生成不溶性的重金属硫化物微粒，比较供试品溶液和标准溶液所生成的重金属硫化物微粒均匀混悬在溶液中所呈现的颜色深浅，判断供试品中重金属的限量是否符合规定。

第一法（硫代乙酰胺法）

本法适用于溶于水、稀酸或乙醇的药品。供试品不经有机破坏而是直接在酸性溶液中进行显色反应，从而检查重金属。

原理：硫代乙酰胺在弱酸（pH 3.5）条件下水解，生成的硫化氢与供试品溶液中重金属离子生成有色的重金属硫化物的均匀混悬液。将这种混悬液与一定量标准铅溶液经同法处理所呈颜色进行对照比较以检查供试品中重金属是否超出限度。

$$CH_3CSNH_2 + H_2O \xrightarrow{pH3.5} CH_3CONH_2 + H_2S$$

$$Pb^{2+} + H_2S \xrightarrow{pH3.5} PbS + 2H^+$$

四、能力训练

（一）操作用物

1. 仪器　25 ml 纳氏比色管、分析天平（感量 0.1 mg）、量瓶（100 ml、1000 ml）、量筒、比色管架、白纸等。

2. 试药与试液　标准铅溶液（表 7-2）、4% 硫代乙酰胺水溶液、混合液（由 1 mol/L 氢氧化钠溶液 15 ml、水 5 ml 及甘油 20 ml 组成）、醋酸盐缓冲液（pH 3.5）、维生素 C、盐酸、硝酸铅、硝酸、氨试液、稀焦糖溶液等。

表 7-2 标准铅溶液制备

类　　别	制　备　方　法
标准铅贮备液	称取硝酸铅 0.160 g,置 1000 ml 量瓶中,加硝酸 5 ml 与水 50 ml 溶解后,用水稀释至刻度,摇匀,即得
标准铅溶液 (仅供当日使用)	精密量取贮备液 10 ml,置 100 ml 量瓶中,加水稀释至刻度,摇匀,即得(每 1 ml 相当于 10 μg 的 Pb)

(二)注意事项

(1)硫代乙酰胺试液与重金属反应受溶液的 pH 值、硫代乙酰胺试液加入量、显色时间等因素的影响。在重金属检查的实验中,经过优化,我们选择了加入 2 ml 醋酸盐缓冲液(pH 3.5)来调节溶液至最佳 pH 值。实验结果显示,显色剂硫代乙酰胺试液用量 2 ml,显色时间为 2 分钟,是最有利于显色反应进行、使呈色最深的条件,故配制醋酸盐缓冲液(pH 3.5)时,要用 pH 计调节溶液的 pH 值。应注意控制硫代乙酰胺试液加入量及硫代乙酰胺试液显色剂的显色时间。

(2)为了便于目视比较,标准铅溶液用量以 2 ml(相当于 20 μg 的 Pb)为宜,小于 1 ml 或大于 3 ml 时呈色太浅或太深,均不利于目视比较。故在检查时,如供试品的取样量与标准铅溶液的取用量均未指明时,常以标准铅溶液为 2 ml 来计算供试品的取样量,并进行实验。

(3)供试品中如含有高铁盐,在弱酸性溶液中会使硫代乙酰胺水解生成的硫化氢进一步氧化析出乳硫,影响检查,加入维生素 C 可将高铁离子还原为亚铁离子而消除干扰。

(4)检查时,标准管(甲管)、供试品管(乙管)与监测管(丙管)应平行操作,同时按顺序加入试剂,试剂加入量、操作条件等应一致。

(5)如在甲管中滴加稀焦糖溶液或其他无干扰的有色溶液,仍不能使颜色一致时,应取样按第二法重新检查。

(6)配制供试品溶液时,如使用的盐酸超过 1 ml(或与盐酸 1 ml 相当的稀盐酸),氨试液超过 2 ml,或加入其他试剂进行处理者,除另有规定外,甲管应取相同量的试剂置瓷皿中蒸干后,加醋酸盐缓冲液(pH 3.5)2 ml 与水 15 ml,微热溶解后,移至纳氏比色管中,加一定量标准铅溶液,再用水或各品种项下规定的溶剂稀释成 25 ml。

(三)操作内容

序号	操作步骤	操作要点
1	实验前准备	取 25 ml 纳氏比色管三支,编号为甲、乙、丙
2	甲管	加一定量的标准铅溶液与醋酸盐缓冲液(pH 3.5)2 ml,加水或各品种项下规定的溶剂稀释成 25 ml
3	乙管	加入按该品种项下规定的方法制成的供试品溶液 25 ml
4	丙管	加与乙管相同量的供试品,加配制供试品溶液的溶剂适量使之溶解,再加与甲管相同量的标准铅溶液与醋酸盐缓冲液(pH 3.5)2 ml 后,用溶剂稀释成 25 ml
5	显色	在甲、乙、丙三管中分别加硫代乙酰胺试液(易水解,需临用新配)各 2 ml,摇匀,放置 2 分钟

续表

序号	操作步骤	操作要点
6	观察现象	甲、乙、丙三管置同一白纸上,自上向下透视
7	记录	记录所采用的方法、供试品取样量、标准铅溶液取用量、操作过程中使用的特殊试剂、试液名称和用量或对检查结果有影响的试剂用量、实验过程中出现的现象及实验结果等
8	结果判定	当丙管中显出的颜色不浅于甲管,乙管中显出的颜色浅于甲管时,判为符合规定。如丙管显出的颜色浅于甲管,实验无效,应取样按第二法重新检查

(四)学习结果评价

序 号	考核内容	技 能 要 求	分 值	得 分
1	操作准备	实训用品准备齐全,处方分析正确	10	
2	操作	正确在甲管中加入试剂	10	
		正确在乙管中加入试剂	10	
		正确在丙管中加入试剂	10	
		正确进行显色	20	
		正确置白纸上,观察现象	20	
3	记录	记录详尽、准确	10	
4	结果判定	结果判定正确	10	
	合 计		100	

五、课后作业

(1)简述硫代乙酰胺法的原理。

(2)芒硝的重金属检查。

芒硝为硫酸盐类矿物芒硝族芒硝经加工精制而成的结晶体,主要含含水硫酸钠($Na_2SO_4 \cdot 10H_2O$)。《中国药典》规定,采用第一法检查重金属。

【检查】重金属:取本品 2.0 g,加稀醋酸 2 ml 与适量的水溶解使成 25 ml,依法检查(通则 0821 第一法),含重金属不得过 10 mg/kg。

甲、乙、丙管溶液的制备 取配对的 25 ml 纳氏比色管三支,编号为甲、乙、丙。

①甲管:加标准铅溶液 2 ml 与醋酸盐缓冲液(pH 3.5)2 ml,加水稀释成 25 ml。

②乙管:取芒硝 2.0 g,加稀醋酸 2 ml 与适量的水溶解使成 25 ml。

③丙管:取芒硝 2.0 g,加稀醋酸 2 ml 和适量水使溶解,再加标准铅溶液 2 ml 与醋酸盐缓冲液(pH 3.5)2 ml 后,用水稀释成 25 ml。

显色、比较 在甲、乙、丙三管中分别加硫代乙酰胺试液各 2 ml,摇匀,放置 2 分钟,同置白纸上,自上向下透视,比较。

结果 丙管中显出的颜色深于甲管,乙管中显出的颜色浅于甲管。

提问:①计算需加入标准铅溶液的体积;②判断是否符合规定。

核心能力六　能正确应用炽灼残渣法进行重金属检查

一、核心概念
重金属　在规定实验条件下能与硫代乙酰胺或硫化钠作用显色的金属杂质，包括 Ag、Pb、Hg、Cu、Cd、Bi、Zn、Co、Ni 等。

扫码看课件

二、学习目标
(1)能熟练应用炽灼残渣法进行重金属检查。
(2)能解决重金属检查中出现的问题。

三、基本知识
炽灼残渣法适用于需灼烧破坏的供试品，取炽灼残渣项下遗留的残渣，经处理后按第一法进行检查。

原理：取各品种项下规定量的供试品，按炽灼残渣检查法进行炽灼处理，使有机物分解，重金属游离出来。再与硫代乙酰胺水解产生的硫化氢生成有色金属硫化物的均匀混悬液，与一定量标准铅溶液经同法处理所呈颜色进行比较，从而判断供试品中重金属是否超限。大多数中成药采用此法检查重金属。

四、能力训练

(一)操作用物
1. 仪器　25 ml 纳氏比色管、分析天平(感量 0.1 mg)、量瓶(100 ml、1000 ml)、量筒、比色管架、白纸、恒温水浴锅、高温炉、坩埚、瓷皿等。

2. 试药与试液　硫酸、标准铅溶液(表 7-3)、4%硫代乙酰胺水溶液、混合液(由 1 mol/L 氢氧化钠液 15 ml、水 5 ml 及甘油 20 ml 组成)、醋酸盐缓冲液(pH 3.5)、盐酸、硝酸铅、硝酸、氨试液、酚酞等。

表 7-3　标准铅溶液制备

类　　别	制　备　方　法
标准铅贮备液	称取硝酸铅 0.160 g，置 1000 ml 量瓶中，加硝酸 5 ml 与水 50 ml 溶解后，用水稀释至刻度，摇匀，即得
标准铅溶液 (仅供当日使用)	精密量取贮备液 10 ml，置 100 ml 量瓶中，加水稀释至刻度，摇匀，即得(每 1 ml 相当于 10 μg 的 Pb)

(二)注意事项
(1)炽灼温度必须控制在 500～600 ℃。
(2)炽灼残渣加硝酸处理，是为了使有机物分解破坏完全，必须蒸干，至氧化氮蒸气除尽，否则会使硫代乙酰胺水解生成的硫化氢，因氧化析出乳硫，影响检查。蒸干后残渣加盐酸处理，使重金属转化为氯化物，在水浴上蒸干以赶除多余的盐酸。
(3)其他同第一法。

(三)操作内容

序　号	操作步骤	操 作 要 点
1	实验前准备	取 25 ml 纳氏比色管两支,编号为甲、乙
2	乙管	供试品按炽灼残渣检查法处理后,取残留的残渣,或直接取炽灼残渣项下遗留的残渣(如供试品为溶液,则取各品种项下规定量的溶液,蒸发至干,再按上述方法处理后取遗留的残渣),加硝酸 0.5 ml,蒸干,至氧化氮蒸气除尽后(或取供试品一定量,缓缓炽灼至完全炭化,放冷,加硫酸 0.5~1 ml,使恰湿润,低温加热至硫酸除尽后,加硝酸 0.5 ml,蒸干,至氧化氮蒸气除尽后,放冷,在 500~600 ℃炽灼使完全灰化),放冷,加盐酸 2 ml,置水浴上蒸干后加水 15 ml,滴加氨试液至酚酞指示液显微粉红色,再加醋酸盐缓冲液(pH 3.5)2 ml,微热溶解后,移置纳氏比色管(乙管)中,加水稀释成 25 ml,即得
3	甲管	取配制供试品溶液的试剂,置瓷皿中蒸干后,加醋酸盐缓冲液(pH 3.5)2 ml 与水 15 ml,微热溶解后,移置纳氏比色管(甲管)中,加一定量标准铅溶液,再用水稀释成 25 ml,即得
4	显色	在甲、乙管中分别加硫代乙酰胺试液(易水解,需临用新配)各 2 ml,摇匀,放置 2 分钟
5	观察现象	甲、乙管置同一白纸上,自上向下透视
6	记录	记录所采用的方法、供试品取样量、标准铅溶液取用量、操作过程中使用的特殊试剂、试液名称和用量或对检查结果有影响的试剂用量、实验过程中出现的现象及实验结果等
7	结果判定	甲管与乙管比较,乙管显出的颜色浅于甲管,判为符合规定;乙管显出的颜色深于甲管,判为不符合规定

(四)常见问题与解答

问题情境

重金属检查炽灼残渣法的温度是 500~600 ℃,为什么不是 700~800 ℃?

解答:炽灼温度在 700 ℃以上时,多数重金属盐都有不同程度的损失,以铅为例,在 700 ℃经 6 小时炽灼,损失达 68%。

(五)学习结果评价

序　号	考核内容	技 能 要 求	分　值	得　分
1	操作准备	实训用品准备齐全,处方分析正确	10	

续表

序号	考核内容	技能要求	分值	得分
2	操作	正确进行炽灼,在乙管中加入试剂	20	
		正确在甲管中加入试剂	10	
		正确进行显色	20	
		正确置白纸上,观察现象	20	
3	记录	记录详尽、准确	10	
4	结果判定	结果判定正确	10	
	合计		100	

五、课后作业

(1) 简述炽灼残渣法的原理。
(2) 简述炽灼残渣法的操作流程。

核心能力七　能正确应用硫化钠法进行重金属检查

一、核心概念

重金属　在规定实验条件下能与硫代乙酰胺或硫化钠作用显色的金属杂质,包括 Ag、Pb、Hg、Cu、Cd、Bi、Zn、Co、Ni 等。

二、学习目标

(1) 能熟练应用硫化钠法进行重金属检查。
(2) 能解决重金属检查中出现的问题。

扫码看课件

三、基本知识

硫化钠法适用于能溶于碱而不溶于稀酸(或在稀酸中即生成沉淀)的药品的重金属限量检查。

原理:在碱性条件下,某些重金属的溶解度增大,滴加硫化钠,其可与重金属离子生成有色硫化物的均匀混悬液,与一定量标准铅溶液经同法处理所呈颜色进行对比,从而检查供试品中重金属是否超出限度。

四、能力训练

(一) 操作用物

1. 仪器　25 ml 纳氏比色管、分析天平(感量 0.1 mg)、量瓶(100 ml、1000 ml)、量筒、比色管架、白纸等。

2. 试药与试液　标准铅溶液(表 7-4)、氢氧化钠试液、硫化钠试液等。

表 7-4　标准铅溶液制备

类　　别	制　备　方　法
标准铅贮备液	称取硝酸铅 0.160 g,置 1000 ml 量瓶中,加硝酸 5 ml 与水 50 ml 溶解后,用水稀释至刻度,摇匀,即得
标准铅溶液 (仅供当日使用)	精密量取贮备液 10 ml,置 100 ml 量瓶中,加水稀释至刻度,摇匀,即得(每 1 ml 相当于 10 μg 的 Pb)

(二)注意事项

(1)如供试品自身为金属盐,检查这类药品中的重金属时,必须先将供试品本身的金属离子除去,再进行检查。例如铁盐,利用 Fe^{3+} 在一定浓度的盐酸中形成 $HFeCl_6^{2-}$,用乙醚提取除去,再调节供试品溶液至碱性,用氰化钾试液掩蔽微量的铁后进行检查。

(2)药品本身生成的不溶性硫化物,影响重金属检查,可加入掩蔽剂以避免干扰。

(3)其他同第一法。

(三)操作内容

序　号	操作步骤	操作要点
1	实验前准备	取 25 ml 纳氏比色管两支,编号为甲、乙
2	乙管	除另有规定外,取规定量的供试品置乙管中,加氢氧化钠试液 5 ml 使溶解,再加水稀释使成 25 ml
3	甲管	取一定量的标准铅溶液置甲管中,加氢氧化钠试液 5 ml 并加水使成 25 ml
4	显色	在甲、乙两管中分别加硫化钠试液 5 滴,摇匀
5	观察现象	甲、乙管置同一白纸上,自上向下透视
6	记录	记录所采用的方法、供试品取样量、标准铅溶液取用量、操作过程中使用的特殊试剂、试液名称和用量或对检查结果有影响的试剂用量、实验过程中出现的现象及实验结果等
7	结果判定	甲管与乙管比较,乙管显出的颜色浅于甲管时判为符合规定;乙管显出的颜色深于甲管时判为不符合规定

(四)常见问题与解决方法

问题情境

如果中药制剂中药物的成分是硫化物,应该如何处理?

解决方法:应该加入掩蔽剂,避免干扰。

(五)学习结果评价

序号	考核内容	技能要求	分值	得分
1	操作准备	实训用品准备齐全,处方分析正确	10	
2	操作	正确在乙管中加入试剂	20	
		正确在甲管中加入试剂	10	
		正确进行显色	20	
		正确置白纸上,观察现象	20	
3	记录	记录详尽、准确	10	
4	结果判定	结果判定正确	10	
		合计	100	

五、课后作业

简述重金属检查的三种方法的适用范围和原理。

核心能力八　能正确应用古蔡氏法进行砷盐检查

一、核心概念

砷盐检查法　用于药品中微量砷盐(以 As 计算)限量检查的方法。

扫码看课件　　扫码看视频

二、学习目标

(1)能熟练应用古蔡氏法进行砷盐检查。
(2)能解决砷盐检查中出现的问题。

三、基本知识

中药制剂的原药材受到环境污染或农药污染而残存砷盐。砷盐毒性极强,危害生命安全。为保证药品的安全,《中国药典》对某些中药制剂规定了砷盐限量检查项目。例如甘露消毒丸中含砷盐不得过 10 mg/kg,黄连上清丸中含砷盐不得过 2 mg/kg。

《中国药典》收载了两种砷盐检查法:第一法(古蔡氏法),用于药品中砷盐的限量检查;第二法(二乙基二硫代氨基甲酸银法),既可检查药品中砷盐限量,又可用于砷盐的含量测定。两法并列,可根据需要选用。

第一法(古蔡氏法)

原理:古蔡氏法是利用金属锌与酸作用产生新生态的氢与药品中微量亚砷酸盐(AsO_3^{3-})反应生成具有挥发性的砷化氢(AsH_3),遇溴化汞($HgBr_2$)试纸产生黄色至棕色的砷斑,与同一条件下与定量标准砷溶液所产生的砷斑比较,以判定砷盐的限量。

$$AsO_3^{3-} + 3Zn + 9H^+ \longrightarrow AsH_3\uparrow + 3Zn^{2+} + 3H_2O$$

$$AsH_3 + 2HgBr_2 \longrightarrow 2HBr + AsH(HgBr)_2 (黄色)$$

$$AsH_3 + 3HgBr_2 \longrightarrow 3HBr + As(HgBr)_3 (棕色)$$

五价砷在酸性溶液中也可被金属锌还原为砷化氢,但速度比三价砷慢。为了防止五价砷的存在影响测定结果的稳定性,必须加入碘化钾、酸性氯化亚锡还原剂,将五价砷还原为三价砷。

$$AsO_4^{3-} + 2I^- + 2H^+ \longrightarrow AsO_3^{3-} + I_2 + H_2O$$

$$AsO_3^{3-} + Sn^{2+} + 2H^+ \longrightarrow AsO_3^{3-} + Sn^{4+} + H_2O$$

$$I_2 + Sn^{2+} \longrightarrow 2I^- + Sn^{4+}$$

$$4I^- + Zn^{2+} \longrightarrow [ZnI_4]^{2-}$$

四、能力训练

(一)操作用物

1. 仪器 古蔡氏法检查砷装置(图7-1)、分析天平(感量0.01 mg)、恒温水浴锅、高温炉、坩埚、干燥器、量瓶(100 ml、1000 ml)、量筒、定量滤纸等。

古蔡氏法检查砷装置中,D和E的孔径应与C内径一致,以免生成的色斑直径不同,影响比色的准确度;C管顶端与D有机玻璃旋塞、E有机玻璃旋塞盖间应紧密吻合,以防砷化氢泄漏。

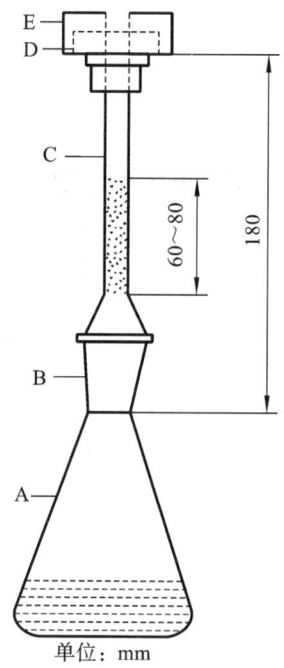

图7-1 古蔡氏法检查砷装置示意图

A. 锥形瓶;B. 磨口塞(中有一孔);C. 导气管(装入醋酸铅棉花60 mg);
D. 有机玻璃旋塞;E. 有机玻璃旋塞盖

2. 试药与试液 标准砷溶液(表7-5)、碘化钾试液、酸性氯化亚锡试液、溴化汞试液、锌粒、盐酸、醋酸铅棉花、变色硅胶、20%氢氧化钠溶液等。

表7-5 标准砷溶液制备

类 别	制 备 方 法
标准砷贮备液	称取三氧化二砷0.132 g,置1000 ml量瓶中,加20%氢氧化钠溶液5 ml溶解后,用适量的稀硫酸中和,再加稀硫酸10 ml,用水稀释至刻度,摇匀,即得

续表

类　　别	制　备　方　法
标准砷溶液（临用新配）	精密量取贮备液 10 ml，置 1000 ml 量瓶中，加稀硫酸 10 ml，用水稀释至刻度，摇匀，即得（每 1 ml 相当于 1 μg 的 As）

(二) 注意事项

(1) 所用仪器和试液等照本法检查，均不应生成砷斑，或经空白试验至多生成仅可辨认的斑痕。

(2) 新购置的仪器装置，在使用前应检查是否符合要求。可用仪器装置依法制备标准砷斑，所得砷斑应呈色一致。同一套仪器应能辨别出标准砷溶液 1.5 ml 与 2.0 ml 所呈砷斑的深浅。

(3) 制备标准砷斑或标准砷对照液，应与供试品检查同时进行。因砷斑不稳定，反应中应保持干燥及避光，并立即比较。标准砷溶液应于实验当天配制，标准砷贮备液存放时间一般不宜超过 1 年。

(4) 古蔡氏法反应灵敏度约为 0.75 μg（以 As 计），砷斑色泽的深度随砷化氢的量而定，《中国药典》规定标准砷斑为 2 ml 标准砷溶液（相当于 2 μg 的 As）所形成的色斑，此浓度得到的砷斑色度适中、清晰，便于分辨。供试品规定含砷限量不同时，采用改变供试品取用量的方法来适应要求，而不采用改变标准砷溶液取量的办法。

(5) 如供试品中存在锑盐，将干扰砷盐检查，所以本法不适用供试品含锑盐的砷盐检查。

(6) 供试品和锌粒中可能含有少量硫化物，在酸性溶液中产生 H_2S 气体，干扰实验，故用醋酸铅棉花吸收除去 H_2S；因此，导气管中的醋酸铅棉花，要保持疏松、干燥，不要塞入近下端。

(7) 浸入乙醇制溴化汞试液的滤纸必须选用质量较好、组织疏松的中速定量滤纸；溴化汞试纸一般宜新鲜制备。

(8) 锌粒大小影响反应速度，为使反应速度及产生砷化氢气体量适宜，需选用粒径为 2 mm 左右的锌粒。

(9) 如供试品为铁盐，需先加酸性氯化亚锡试液，将高铁离子还原为低价铁而除去干扰。如枸橼酸铁铵的砷盐检查。

(10) 中药材、中药制剂和一些有机药物中的砷因可能以共价键与杂环分子结合，需先行有机破坏，否则检出结果偏低或难以检出。进行有机破坏时，所用试剂的含砷量如超过 1 μg，除另有规定外，应取同量的试剂加入标准砷溶液一定量，按供试品同法处理，制备标准砷斑，再与供试品所生成砷斑的颜色比较。

(三) 操作内容

序　号	操 作 步 骤	操 作 要 点
1	装置的准备	(1) 取醋酸铅棉花适量（60~100 mg）撕成疏松状，每次少量，用细玻璃棒均匀地装入 C 中，松紧要适度，装管高度为 60~80 mm。 (2) 用玻璃棒夹取溴化汞试纸 1 片（其大小以能覆盖 D 顶端口径而不露出平面外为宜）置 D 顶端平面上，盖住孔径，盖上 E 并旋紧
2	标准砷溶液	精密量取标准砷溶液 2 ml，加盐酸 5 ml 与水 21 ml

续表

序 号	操作步骤	操作要点
3	供试品溶液	取按各品种项下规定方法制成的供试品溶液,加盐酸与水
4	显色反应	在标准砷瓶、供试品瓶中分别加碘化钾试液 5 ml 与酸性氯化亚锡试液 5 滴,在室温放置 10 分钟
		在标准砷瓶、供试品瓶中分别加锌粒 2 g,立即将准备好的 C 密塞于 A 上
		置 25~40 ℃水浴中,反应 45 分钟
		取出溴化汞试纸,观察
5	记录	记录采用的方法,供试品取样量,标准砷溶液取用量,操作过程,使用特殊试剂、试液的名称和用量,实验过程中出现的现象及实验结果等
6	结果判定	供试品生成的砷斑颜色比标准砷斑浅,判为符合规定;否则,判为不符合规定

(四)常见问题与解答

问题情境

实验过程中,导气管中醋酸铅棉花变黑,是正常现象吗?

解答:正常现象。当样品中存在硫化物时,硫化物与醋酸铅反应生成 PbS 黑色沉淀,因此棉花变黑。除去硫化物:使硫化物与溴化汞试纸反应,排除干扰。

(五)学习结果评价

序 号	考核内容	技能要求	分 值	得 分
1	操作准备	正确放入醋酸铅棉花、溴化汞试纸	20	
2	操作	正确加入标准砷溶液及试剂	10	
		正确加入供试品溶液及试剂	10	
		正确加入显色试剂	10	
		加入锌粒后,立即盖上导气管	10	
		正确水浴加热、取出试纸、观察现象	20	
3	记录	记录详尽、准确	10	
4	结果判定	结果判定正确	10	
	合 计		100	

五、课后作业

(1)简述古蔡氏法的原理。

(2)简述加入碘化钾试液、酸性氯化亚锡试液、醋酸铅棉花、溴化汞试纸的作用。

核心能力九　能正确应用二乙基二硫代氨基甲酸银法进行砷盐检查

一、核心概念
砷盐检查法　用于药品中微量砷盐(以 As 计算)限量检查的方法。

二、学习目标
(1)能熟练应用二乙基二硫代氨基甲酸银法进行砷盐检查。
(2)能解决砷盐检查中出现的问题。

三、基本知识
原理：利用金属锌与酸作用产生新生态氢,与药品中的微量亚砷酸盐反应生成具有挥发性的砷化氢,用二乙基二硫代氨基甲酸银试液吸收,使二乙基二硫代氨基甲酸银还原生成红色胶态银,与同条件下一定量标准砷溶液所产生的红色胶态银进行比较,从而判定砷盐的含量是否超出限度;或通过在 510 nm 处测其吸光度计算砷盐的含量。

四、能力训练

(一)操作用物
1.仪器　检砷装置(图 7-2)、分析天平(感量 0.1 mg)、恒温水浴锅、高温炉、坩埚、干燥器、量瓶(100 ml、1000 ml)、量筒、定量滤纸、恒温干燥箱(精确至±1 ℃)。

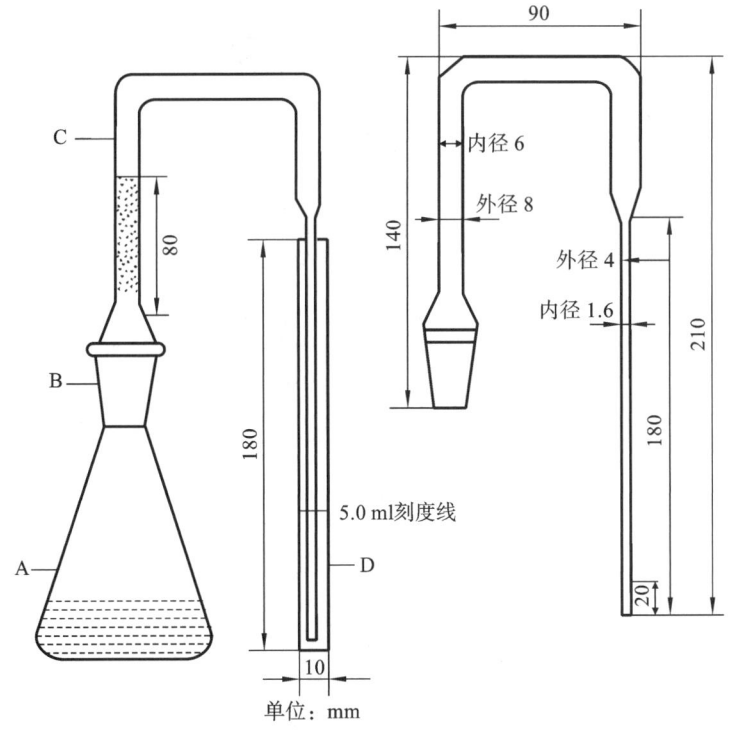

图 7-2　二乙基二硫代氨基甲酸银法检砷装置示意图

A 为 100 ml 标准磨口锥形瓶;B 为中空的标准磨口塞,上连导气管 C(一端外径为 8 mm,内径为 6 mm;另一端长为 180 mm,外径为 4 mm,内径为 1.6 mm,尖端内径为 1 mm);
D 为平底玻璃管(长为 180 mm,内径为 10 mm,于 5.0 ml 处有一刻度)。

2. 试药与试液 标准砷溶液(表 7-6)、盐酸、锌粒、碘化钾试液、酸性氯化亚锡试液、醋酸铅棉花、二乙基二硫代氨基甲酸银试液、三氯甲烷等。

表 7-6 标准砷溶液制备

类 别	制 备 方 法
标准砷贮备液	称取三氧化二砷 0.132 g,置 1000 ml 量瓶中,加 20%氢氧化钠溶液 5 ml 溶解后,用适量的稀硫酸中和,再加稀硫酸 10 ml,用水稀释至刻度,摇匀,即得
标准砷溶液（临用新配）	精密量取贮备液 10 ml,置 1000 ml 量瓶中,加稀硫酸 10 ml,用水稀释至刻度,摇匀,即得(每 1 ml 相当于 1 μg 的 As)

(二)注意事项

(1)制备标准砷对照液,应与供试品检查同时进行。

(2)本法所用锌粒应无砷,以能通过一号筛的细粒为宜,如使用的锌粒较大,用量应酌情增加,反应时间亦应延长为 1 小时。

(3)醋酸铅棉花：取脱脂棉 1.0 g,浸入醋酸铅试液与水的等容混合液 12 ml 中,湿透后,挤压除去过多的溶液,并使之疏松,在 100 ℃以下干燥后,贮于带玻璃塞的瓶中备用。

(三)操作内容

序 号	操作步骤	操作要点
1	装置的准备	(1)导气管 C 中装入醋酸铅棉花 60 mg(装管高度约 80 mm) (2)D 管中精密加入二乙基二硫代氨基甲酸银试液 5 ml
2	标准砷溶液	精密量取标准砷溶液 2 ml,加盐酸 5 ml 与水 21 ml
3	供试品溶液	取按各品种项下规定方法制成的供试品溶液,加盐酸与水
4	显色反应	在标准砷瓶、供试品瓶中分别加碘化钾试液 5 ml 与酸性氯化亚锡试液 5 滴,在室温放置 10 分钟
		在标准砷瓶、供试品瓶中分别加锌粒 2 g,立即将准备好的导气管 C 密塞于 A 瓶上
		置 25~40 ℃水浴中,反应 45 分钟
		取出 D 管,添加三氯甲烷至刻度,混匀,即得
		将所得溶液与标准砷对照液同置白色背景上,从 D 管上方向下观察、比较,所得溶液的颜色不得比标准砷对照液更深。 必要时,可将所得溶液转移至 1 cm 吸收池中,照紫外-可见分光光度法(通则 0401)在 510 nm 波长处以二乙基二硫代氨基甲酸银试液作空白,测定吸光度,与标准砷对照液按同法测得的吸光度比较,即得

续表

序号	操作步骤	操作要点
5	记录	记录采用的方法,供试品取样量,标准砷溶液取用量,操作过程,使用特殊试剂、试液的名称和用量,实验过程中出现的现象及实验结果等
6	结果判定	供试品溶液所得的颜色比标准砷对照液浅,判为符合规定;或在 510 nm 波长处测得吸光度小于标准砷对照液的吸光度,判为符合规定;否则,判为不符合规定

(四)常见问题与解答

问题情境

实验过程中,导气管中醋酸铅棉花变黑,是正常现象吗?

解答:正常现象。当样品中存在硫化物时,硫化物与醋酸铅反应生成 PbS 黑色沉淀,因此棉花变黑。除去硫化物:使硫化物与溴化汞试纸反应,排除干扰。

(五)学习结果评价

序号	考核内容	技能要求	分值	得分
1	操作准备	正确放入醋酸铅棉花、溴化汞试纸	20	
2	操作	正确加入标准砷溶液及试剂	10	
		正确加入样品及试剂	10	
		正确加入显色试剂	10	
		加入锌粒后,立即盖上导气管	10	
		正确水浴加热,取出 D 管,观察现象	20	
3	记录	记录详尽、准确	10	
4	结果判定	结果判定正确	10	
	合　　计		100	

五、课后作业

(1)简述二乙基二硫代氨基甲酸银法的原理。

(2)简述加入碘化钾试液、酸性氯化亚锡、醋酸铅棉花的作用。

核心能力十　能正确完成中药制剂农药残留量测定

一、学习目标

(1)能熟练进行有机氯类农药残留量测定。

(2)能熟练进行有机磷类农药残留量测定。

(3)能熟练进行拟除虫菊酯类农药残留量测定。

扫码看课件

二、基本知识

中药制剂的原料药材有很大一部分依靠人工栽培种植,为了减少病虫害,提高产量,往往需使用农药。长期大范围的应用农药会造成中药材及其制剂的农药残留问题。患者若长期服用残留农药的中药材及其制剂,会引起蓄积中毒。由于农药对人体危害极大,因此,控制中药材及其制剂中的农药残留量是非常必要的。农药种类比较多,目前《中国药典》规定的被检农药有有机氯类(六六六、DDT、五氯硝基苯等)、有机磷类(对硫磷、甲基对硫磷、乐果、氧化乐果、甲胺磷、久效磷、二嗪磷等)、拟除虫菊酯类(氯氰菊酯、氰戊菊酯、溴氰菊酯等)。

《中国药典》采用气相色谱法测定药材、饮片及制剂中部分有机氯、有机磷和拟除虫菊酯类农药,方法有四种,包括第一法(有机氯类农药残留量测定法——色谱法)、第二法(有机磷类农药残留量测定法——色谱法)、第三法(拟除虫菊酯类农药残留量测定法——色谱法)和第四法(农药多残留量测定法——质谱法)。

1. 有机氯类农药残留量测定　有机氯类农药是农药史中使用量最大、使用历史最长的一类农药,其化学性质稳定,脂溶性强,有效期长,易在脂肪组织中蓄积,造成慢性中毒,严重危及人体健康。《中国药典》(2000年版)一部开始收载有机氯类农药(六六六、DDT、五氯硝基苯等)残留量的测定方法,通过提取、净化和富集等步骤制备供试品溶液,采用气相色谱法,应用电子捕获检测器测定。

2. 有机磷类农药残留量测定　很多有机磷类农药具有毒性,严重危及人体健康。《中国药典》(2005年版)一部开始收载有机磷类农药(对硫磷、甲基对硫磷、乐果、氧化乐果、甲胺磷、久效磷、二嗪磷、乙硫磷、马拉硫磷、杀扑磷、敌敌畏、乙酰甲胺磷)的测定方法,通过提取、净化和富集等步骤制备供试品溶液,采用气相色谱法,应用氮磷检测器测定。

3. 拟除虫菊酯类农药残留量测定　拟除虫菊酯类农药与DDT同属轴突毒剂,其引起的中毒征象十分相似。拟除虫菊酯类农药的毒理作用迅速,比DDT复杂,严重危及人体健康。本法通过提取、净化和富集等步骤制备供试品溶液,采用气相色谱法,应用电子捕获检测器测定。

三、能力训练

(一)操作用物

气相色谱仪、超声仪、离心机、旋转蒸发仪、色谱柱、具塞刻度离心管、刻度浓缩瓶、具塞锥形瓶(100 ml)、移液管、分析天平(感量0.01 mg)、标准筛、小型粉碎机、恒温干燥箱、干燥器、研钵、恒温水浴锅、减压装置、量瓶等。

(二)注意事项

1. 有机氯类农药残留量测定

(1)本实验所用器皿应严格清洗(不能残存卤素离子)。

(2)供试品溶液制备时,有机相减压浓缩务必至近干,避免待测成分损失。

(3)为防止假阳性结果,可选择不同极性的色谱柱进行验证,有条件的可采用气质联用予以确认。

(4)如样品中其他成分有干扰,可适当改变色谱条件,但也需进行空白验证。

2. 有机磷类农药残留量测定

(1)所用玻璃仪器不能用含磷洗涤剂洗涤,应用洗液浸泡洗涤,使用前用丙酮荡洗并挥干溶剂。

(2)乙酸乙酯提取液减压浓缩时,水浴温度不能高于40 ℃,且减压浓缩务必至近干,避免待测成分损失。

(3)为防止假阳性结果,可选择不同极性的色谱柱进行验证,有条件的可采用气质联用予以确认。

(4)本项方法的加样回收率应为70%～110%。

3. 拟除虫菊酯类农药残留量测定

(1)本实验所用器皿应严格清洗(不能残存卤素离子)。

(2)供试品溶液制备时,有机相的减压浓缩务必至近干,避免待测成分损失。

(3)由于中药样品组成复杂,特殊样品要视具体情况适当改变提取、净化条件。

(4)为防止假阳性结果,可选择不同极性的色谱柱进行验证,有条件的可采用气质联用予以确认。

(三)操作内容

1. 有机氯类农药残留量测定

序号	操作步骤	操作要点
1	色谱条件与系统适用性试验	以(14%-氰丙基-苯基)甲基聚硅氧烷或(5%苯基)甲基聚硅氧烷为固定液的弹性石英毛细管柱(30 m×0.32 mm×0.25 μm),^{63}Ni-ECD电子捕获检测器。进样口温度230 ℃,检测器温度300 ℃,不分流进样。程序升温:初始100 ℃,每分钟10 ℃升至220 ℃,每分钟8 ℃升至250 ℃,保持10分钟。理论板数按α-BHC峰计算应不低于$1×10^6$,两个相邻色谱峰的分离度应大于1.5
2	对照品贮备液的制备	精密称取六六六(BHC)(α-BHC、β-BHC、γ-BHC、δ-BHC)、滴滴涕(DDT)(p,p′-DDE、p,p′-DDD、o,p′-DDT、p,p′-DDT)及五氯硝基苯(PCNB)农药对照品溶液适量,用石油醚(60～90 ℃)分别制成每1 ml含4～5 μg的溶液,即得
3	混合对照品贮备液的制备	精密量取上述各对照品贮备液0.5 ml,置10 ml量瓶中,用石油醚(60～90 ℃)稀释至刻度,摇匀,即得
4	混合对照品溶液的制备	精密量取上述混合对照品贮备液,用石油醚(60～90 ℃)制成每1 L分别含0 μg、1 μg、5 μg、10 μg、50 μg、100 μg和250 μg的溶液,即得
5	供试品溶液的制备	(1)药材或饮片:取供试品,粉碎成粉末(过三号筛),取约2 g,精密称定,置100 ml具塞锥形瓶中,加水20 ml浸泡过夜,精密加丙酮40 ml,称定重量,超声处理30分钟,放冷,再称定重量,用丙酮补足减失的重量,再加氯化钠约6 g,精密加二氯甲烷30 ml,称定重量,超声处理15分钟,再称定重量,用二氯甲烷补足减失的重量,静置(使分层)。将有机相迅速移入装有适量无水硫酸钠的100 ml具塞锥形瓶中,放置4小时,精密量取35 ml,于40 ℃水浴上减压浓缩至近干,加少量石油醚(60～90 ℃),如前反复操作至二氯甲烷及丙酮除净,用石油醚(60～90 ℃)溶解并转移至10 ml具塞刻度离心管中。加石油醚(60～90 ℃)精密稀释至5 ml,小心加入硫酸1 ml,振摇1分钟,离心(3000 r/min)10分钟。精密量取上清液2 ml,置刻度的浓缩瓶中,连接旋转蒸发器,40 ℃下(或用氮气)将溶液浓缩至适量,精密稀释至1 ml,即得。 (2)制剂:取供试品,研成细粉(蜜丸切碎,液体直接量取),精密称取适量(相当于药材2 g),然后按上述供试品溶液制备法制备,即得供试品溶液

续表

序号	操作步骤	操作要点
6	测定法	分别精密吸取供试品溶液和与之相对应浓度的混合对照品溶液各 1 μl,注入气相色谱仪
7	计算	按外标法计算供试品中 9 种有机氯农药残留量
8	记录	记录仪器型号、检测器及其灵敏度、色谱柱长与内径、柱填料与固定相、载气和流速、柱温、进样口与检测器的温度、供试品的预处理、供试品与对照品的称量(平行试验各 2 份)和配制过程、进样量、测定数据、计算式与结果,并附色谱图。标准中如规定有系统适用性试验,应记录该实验的数据(如理论板数、分离度、校正因子的相对标准偏差等)
9	结果判定	与药品标准进行比较,判别是否符合规定

2. 有机磷类农药残留量测定

序号	操作步骤	操作要点
1	色谱条件与系统适用性试验	以 50%苯基-50%二甲基聚硅氧烷或(5%苯基)甲基聚硅氧烷为固定液的弹性石英毛细管柱(30 m×0.25 mm×0.25 μm),氮磷检测器(NPD)或火焰光度检测器(FPD)。进样口温度 220 ℃,检测器温度 300 ℃,不分流进样。程序升温:初始 120 ℃,每分钟 10 ℃升至 200 ℃,每分钟 5 ℃升至 240 ℃,保持 2 分钟,每分钟 20 ℃升至 270 ℃,保持 0.5 分钟。理论板数按敌敌畏峰计算应不低于 6000,两个相邻色谱峰的分离度应大于 1.5
2	对照品贮备液的制备	精密称取对硫磷、甲基对硫磷、乐果、氧化乐果、甲胺磷、久效磷、二嗪磷、乙硫磷、马拉硫磷、杀扑磷、敌敌畏、乙酰甲胺磷农药对照品适量,用乙酸乙酯分别制成每 1 ml 约含 100 μg 的溶液,即得
3	混合对照品贮备液的制备	分别精密量取上述各对照品贮备液 1 ml,置 20 ml 棕色量瓶中,加乙酸乙酯稀释至刻度,摇匀,即得
4	混合对照品溶液的制备	精密量取上述混合对照品贮备液,用乙酸乙酯制成每 1 ml 分别含 0.1 μg、0.5 μg、1 μg、2 μg、5 μg 的浓度系列,即得
5	供试品溶液的制备——药材或饮片	取供试品,粉碎成粉末(过三号筛)约 5 g,精密称定,加无水硫酸钠 5 g,加入乙酸乙酯 50~100 ml,冰浴超声处理 3 分钟,放置;取上层液过滤,向药渣内加入乙酸乙酯 30~50 ml,冰浴超声处理 2 分钟,放置,过滤,合并两次滤液,用少量乙酸乙酯洗涤滤纸及残渣,与上述滤液合并。取滤液于 40 ℃下减压浓缩至近干,用乙酸乙酯转移至 5 ml 量瓶中,并稀释至刻度;精密吸取上述溶液 1 ml,置石墨化炭小柱(250 mg/3 ml 用乙酸乙酯 5 ml 预洗)上,用正己烷-乙酸乙酯(1:1)混合溶液 5 ml 洗脱,收集洗脱液,置氮吹仪上浓缩至近干,加乙酸乙酯定容至 1 ml,涡旋使溶解,即得
6	测定法	分别精密吸取供试品溶液和与之相对应浓度的混合对照品溶液各 1 μl,注入气相色谱仪
7	计算	按外标法计算供试品中 12 种有机磷农药残留量

续表

序号	操作步骤	操作要点
8	记录	记录仪器型号、检测器及其灵敏度、色谱柱长与内径、柱填料与固定相、载气和流速、柱温、进样口与检测器的温度、供试品的预处理、供试品与对照品的称量(平行试验各2份)和配制过程、进样量、测定数据、计算式与结果,并附色谱图。标准中如规定有系统适用性试验,应记录该实验的数据(如理论板数、分离度、校正因子的相对标准偏差等)
9	结果判定	与药品标准进行比较,判别是否符合规定

3. 拟除虫菊酯类农药残留量测定

序号	操作步骤	操作要点
1	色谱条件与系统适用性试验	以(5%苯基)甲基聚硅氧烷为固定液的弹性石英毛细管柱(30 m×0.32 mm×0.25 μm),^{63}Ni-ECD电子捕获检测器。进样口温度270 ℃,检测器温度330 ℃。不分流进样(或根据仪器设置最佳的分流比)。程序升温:初始160 ℃,保持1分钟,每分钟10 ℃升至278 ℃,保持0.5分钟,每分钟1 ℃升至290 ℃,保持5分钟。理论板数按溴氰菊酯峰计算应不低于$1×10^5$,两个相邻色谱峰的分离度应大于1.5
2	对照品贮备液的制备	精密称取氯氰菊酯、氰戊菊酯及溴氰菊酯农药对照品适量,用石油醚(60~90 ℃)分别制成每1 ml含20~25 μg的溶液,即得
3	混合对照品贮备液的制备	精密量取上述各对照品贮备液1 ml,置10 ml量瓶中,用石油醚(60~90 ℃)稀释至刻度,摇匀,即得
4	混合对照品溶液的制备	精密量取上述混合对照品贮备液,用石油醚(60~90 ℃)制成每1 L分别含0 μg、4 μg、8 μg、40 μg、200 μg的溶液,即得
5	供试品溶液的制备——药材或饮片	取供试品,粉碎成粉末(过三号筛),取1~2 g,精密称定,置100 ml具塞锥形瓶中,加石油醚(60~90 ℃)-丙酮(4:1)混合溶液30 ml,超声处理15分钟,过滤,对药渣再重复上述操作2次后,合并滤液,将滤液用适量无水硫酸钠脱水后,置100 ml圆底烧瓶中,于40~45 ℃减压浓缩至近干,用少量石油醚(60~90 ℃)反复操作至丙酮除净,用适量石油醚(60~90 ℃)溶解残渣,置混合小柱[从上至下依次为无水硫酸钠2 g、弗罗里硅土4 g、微晶纤维素1 g、氧化铝1 g、无水硫酸钠2 g,用石油醚(60~90 ℃)-乙醚(4:1)混合溶液20 ml预洗]上,用石油醚(60~90 ℃)-乙醚(4:1)混合溶液90 ml洗脱,收集洗脱液,于40~45 ℃减压浓缩至近干,再用石油醚(60~90 ℃)3~4 ml重复操作至乙醚除净,用石油醚(60~90 ℃)溶解并转移至5 ml量瓶中,并稀释至刻度,摇匀,即得
6	测定法	分别精密吸取供试品溶液和与之相对应浓度的混合对照品溶液各1 μl,注入气相色谱仪
7	计算	按外标法计算供试品中3种拟除虫菊酯农药残留量

续表

序号	操作步骤	操作要点
8	记录	记录仪器型号、检测器及其灵敏度、色谱柱柱长与内径、柱填料与固定相、载气和流速、柱温、进样口与检测器的温度、供试品的预处理、供试品与对照品的称量(平行试验各2份)和配制过程、进样量、测定数据、计算式与结果,并附色谱图。标准中如规定有系统适用性试验,应记录相关数据(如理论板数、分离度、校正因子的相对标准偏差等)
9	结果判定	与药品标准进行比较,判别是否符合规定

核心能力十一　能正确完成中药制剂二氧化硫残留量测定

一、学习目标

能熟练完成中药制剂二氧化硫残留量的测定。

二、基本知识

硫黄熏蒸中药材是传统习用且简便、易行的方法,硫黄燃烧生成的二氧化硫(SO_2)气体可以直接杀死药材内部的害虫,抑制细菌、霉菌的活性;也可以与潮湿药材的水分结合生成亚硫酸,进一步形成亚硫酸盐类物质,亚硫酸盐类物质具有抗氧化作用。适量且规范的硫黄熏蒸可以达到防腐、防虫的目的,但滥用或过度使用会对中药材及饮片质量产生影响。国家禁止以外观漂白为目的的硫黄熏蒸。

在硫黄熏蒸操作过程中,硫黄燃烧生成的二氧化硫被吸入人体后,易被湿润的黏膜表面吸收生成亚硫酸,对眼睛及呼吸道黏膜有强烈的刺激作用。大量吸入可引起肺水肿、喉水肿、声带痉挛而致窒息。长期接触低浓度二氧化硫气体,可有头痛、头昏、乏力等全身症状以及慢性鼻炎、咽喉炎、支气管炎、嗅觉及味觉减退等。制订二氧化硫残留限量标准是必要的,可以规范中药材产地初加工,保障作为原料药的中药材质量。

《中国药典》收载了酸碱滴定法、气相色谱法、离子色谱法分别作为第一法、第二法、第三法测定经硫黄熏蒸处理过的药材或饮片中二氧化硫的残留量。对于具体品种,可根据情况选择适宜方法进行二氧化硫残留量测定。

序　号	方　法	原　理
第一法	酸碱滴定法	本方法系将中药材以水蒸气蒸馏法进行处理。样品中的亚硫酸盐类物质加酸处理后转化为二氧化硫,随氮气流带入含有过氧化氢的吸收瓶中,过氧化氢将其氧化为硫酸根离子。采用酸碱滴定法测定,计算药材及饮片中的二氧化硫残留量 $$SO_3^{2-} + 2H^+ \longrightarrow SO_2 \uparrow + H_2O$$ $$SO_2 + H_2O_2 = H_2SO_4$$ $$2NaOH + H_2SO_4 = Na_2SO_4 + 2H_2O$$
第二法	气相色谱法	本法系用气相色谱法测定药材及饮片中的二氧化硫残留量

续表

序号	方法	原理
第三法	离子色谱法	本方法将中药材以水蒸气蒸馏法进行处理。样品中的亚硫酸盐类物质加酸处理后转化为二氧化硫,随水蒸气蒸馏,并被过氧化氢吸收、氧化为硫酸根离子后,采用离子色谱法检测,并计算药材及饮片中的二氧化硫残留量

三、能力训练

(一)操作用物

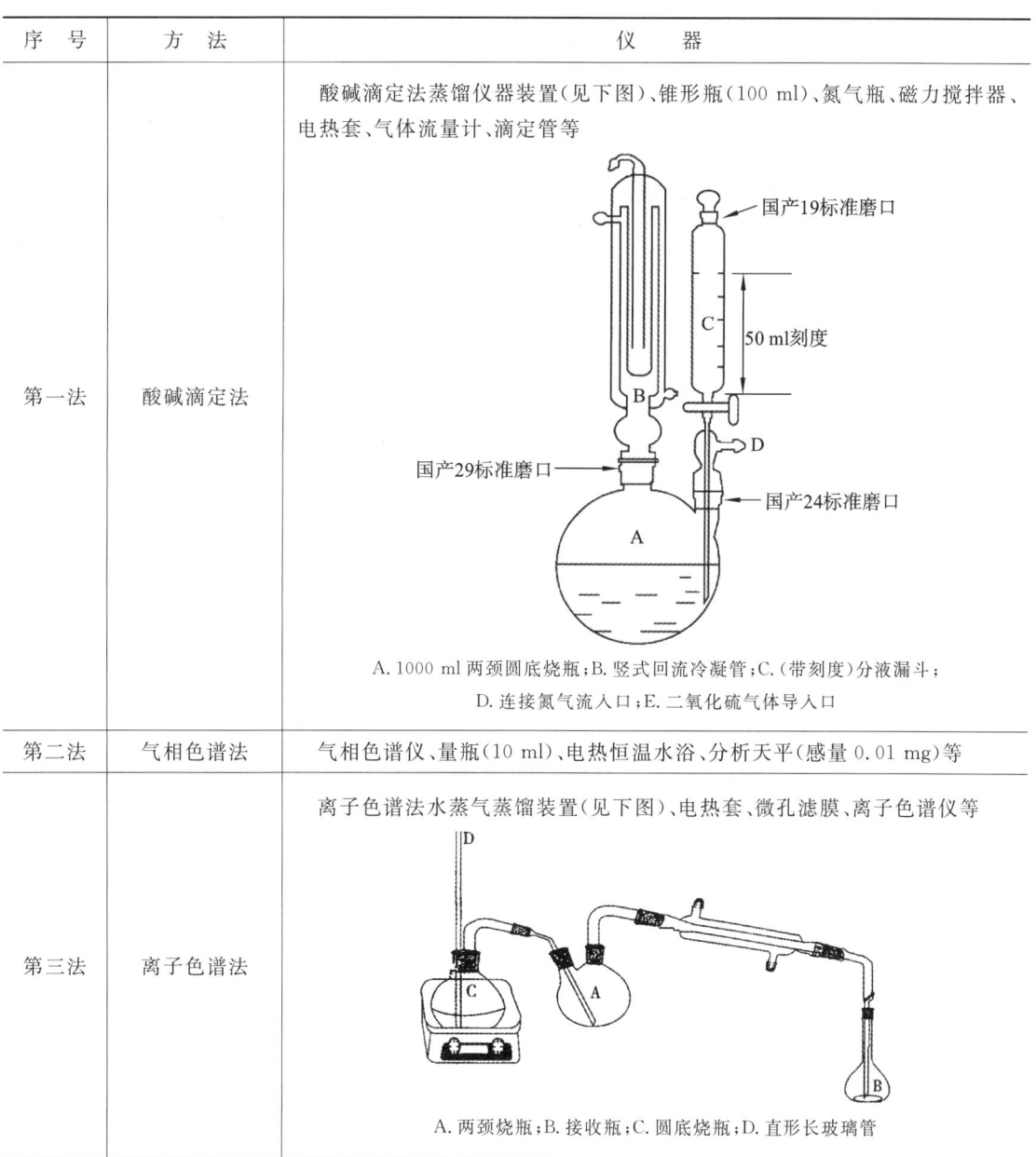

序号	方法	仪器
第一法	酸碱滴定法	酸碱滴定法蒸馏仪器装置(见下图)、锥形瓶(100 ml)、氮气瓶、磁力搅拌器、电热套、气体流量计、滴定管等 A. 1000 ml 两颈圆底烧瓶;B. 竖式回流冷凝管;C. (带刻度)分液漏斗;D. 连接氮气流入口;E. 二氧化硫气体导入口
第二法	气相色谱法	气相色谱仪、量瓶(10 ml)、电热恒温水浴、分析天平(感量 0.01 mg)等
第三法	离子色谱法	离子色谱法水蒸气蒸馏装置(见下图)、电热套、微孔滤膜、离子色谱仪等 A. 两颈烧瓶;B. 接收瓶;C. 圆底烧瓶;D. 直形长玻璃管

(二)注意事项

(1)使用前对吸收液进行滴定的目的是排除二氧化硫的干扰。

(2)含量测定中的"并将滴定的结果用空白试验校正",系指按供试品所耗滴定液的量(ml)与空白试验中所耗滴定液的量(ml)之差进行计算。

(三)操作内容

1. 酸碱滴定法

序号	操作步骤	操作要点
1	实验前准备	准备实验仪器、试剂、试药
2	操作	取药材或饮片细粉约10 g(如二氧化硫残留量较高,超过1000 mg/kg,可适当减少取样量,但应不少于5 g),精密称定,置两颈圆底烧瓶中,加水300~400 ml
		打开回流冷凝管开关给水,将冷凝管的上端E口处连接一橡胶导气管置于100 ml锥形瓶底部。锥形瓶内加入3%过氧化氢溶液50 ml作为吸收液(橡胶导气管的末端应在吸收液液面以下)
		使用前,在吸收液中加入3滴甲基红乙醇溶液指示剂(2.5 mg/ml),并用氢氧化钠滴定液(0.01 mol/L)滴定至黄色(即终点;如果超过终点,则应舍弃该吸收液)
		开通氮气,使用流量计调节气体流量至约0.2 L/min;打开分液漏斗C的活塞,使6 mol/L盐酸10 ml流入蒸馏瓶,立即加热两颈圆底烧瓶内的溶液至沸腾,并保持微沸;两颈圆底烧瓶内的水沸腾1.5小时后,停止加热
		吸收液放冷后,置于磁力搅拌器上不断搅拌,用氢氧化钠滴定液(0.01 mol/L)滴定,至黄色持续20秒不褪,并将滴定的结果用空白试验校正
3	计算	$$二氧化硫残留量(\mu g/g) = \frac{(A-B) \cdot c \times 0.032 \times 10^6}{W}$$ 式中,A为供试品溶液消耗氢氧化钠滴定液的体积,ml;B为空白试验消耗氢氧化钠滴定液的体积,ml;c为氢氧化钠滴定液物质的量浓度,mol/L;0.032为1 ml氢氧化钠滴定液(1 mol/L)相当的二氧化硫的重量,g;W为供试品的重量,g
4	记录	记录供试品重量、供试品溶液消耗氢氧化钠滴定液的体积、空白试验消耗氢氧化钠滴定液的体积等
5	结果判定	计算结果,按有效数字修约规则修约,使与标准中规定限度有效数位一致。若实测数值在规定范围内,判为符合规定;否则,判为不符合规定

2. 气相色谱法

序号	操作步骤	操作要点
1	实验前准备	准备实验仪器、试剂、试药
2	色谱条件与系统适用性试验	采用 GS-GasPro 键合硅胶多孔层开口管色谱柱(如 GS-GasPro,柱长 30 m,柱内径 0.32 mm)或等效柱,热导检测器(温度为 250 ℃)。程序升温:初始 50 ℃,保持 2 分钟,以每分钟 20 ℃升至 200 ℃,保持 2 分钟。进样口温度为 200 ℃,载气为氦气,流速为每分钟 2.0 ml。顶空进样,采用气密针模式(气密针温度为 105 ℃)的顶空进样,顶空瓶的平衡温度为 80 ℃,平衡时间均为 10 分钟。系统适用性试验应符合气相色谱法要求
3	对照品溶液的制备	精密称取亚硫酸钠对照品 500 mg,置 10 ml 量瓶中,加入含 0.5%甘露醇和 0.1%乙二胺四乙酸二钠的混合溶液溶解,并稀释至刻度,摇匀,制成每 1 ml 含亚硫酸钠 50.0 mg 的对照品贮备液。分别精密量取对照品贮备液 0.1 ml、0.2 ml、0.4 ml、1 ml、2 ml,置 10 ml 量瓶中,用含 0.5%甘露醇和 0.1%乙二胺四乙酸二钠的溶液分别稀释成每 1 ml 含亚硫酸钠 0.5 mg、1 mg、2 mg、5 mg、10 mg 的对照品溶液。分别准确称取 1 g 氯化钠和 1 g 固体石蜡(熔点 52~56 ℃)于 20 ml 顶空进样瓶中,精密加入 2 mol/L 盐酸 2 ml,将顶空瓶置于 60 ℃水浴中,待固体石蜡全部溶解后取出,放冷至室温,使固体石蜡凝固密封于酸液层之上(必要时用空气吹去瓶壁上冷凝的酸雾);分别精密量取上述 0.5 mg/ml、1 mg/ml、2 mg/ml、5 mg/ml、10 mg/ml 的对照品溶液各 100 μl 置于石蜡层上方,密封,即得
4	供试品溶液的制备	分别准确称取 1 g 氯化钠和 1 g 固体石蜡(熔点 52~56 ℃)于 20 ml 顶空进样瓶中,精密加入 2 mol/L 盐酸 2 ml,将顶空瓶置于 60 ℃水浴中,待固体石蜡全部溶解后取出,放冷至室温,使固体石蜡重新凝固。取供试品细粉约 0.2 g,精密称定,置于石蜡层上方,加入含 0.5%甘露醇和 0.1%乙二胺四乙酸二钠的混合溶液 100 μl,密封,即得
5	测定法	分别精密吸取经平衡后的对照品溶液和供试品溶液顶空瓶气体 1 ml,注入气相色谱仪,记录色谱图
6	计算	按外标工作曲线法定量,计算供试品中亚硫酸根含量,将测得结果乘以 0.5079,即为二氧化硫含量
7	记录	记录仪器型号、检测器及其灵敏度、色谱柱长与内径、柱填料与固定相、载气和流速、柱温、进样口与检测器的温度、供试品的预处理、供试品与对照品的称量和配制过程、进样量、测定数据、计算式与结果,并附色谱图。标准中如规定有系统适用性试验,应记录该实验的数据(如理论板数、分离度、校正因子的相对标准偏差等)
8	结果判定	计算结果,按有效数字修约规则修约,使与标准中规定限度有效数位一致。若实测数值在规定范围内,判为符合规定;否则,判为不符合规定

3. 离子色谱法

序号	操作步骤	操 作 要 点
1	实验前准备	准备实验仪器、试剂、试药
2	色谱条件与系统适用性试验	色谱柱采用以烷醇季铵为功能基的乙基乙烯基苯-二乙烯基苯聚合物树脂作为填料的阴离子交换柱(如 AS 11-HC, 250 mm×4 mm)或等效柱,保护柱使用相同填料的阴离子交换柱(如 AG 11-HC,50 mm×4 mm),洗脱液为 20 mmol/L 氢氧化钾溶液(由自动洗脱液发生器产生);若无自动洗脱液发生器,洗脱液采用终浓度为 3.2 mmol/L 的 Na_2CO_3、终浓度为 1.0 mmol/L 的 $NaHCO_3$ 的混合溶液;流速为 1 ml/min,柱温为 30 ℃。阴离子抑制器和电导检测器。系统适用性试验应符合离子色谱法要求
3	对照品溶液的制备	取硫酸根标准溶液,加水制成分别含硫酸根 1 μg/ml、5 μg/ml、20 μg/ml、50 μg/ml、100 μg/ml、200 μg/ml 的溶液,各进样 10 μl,绘制标准曲线
4	供试品溶液的制备	取供试品粗粉 5～10 g(不少于 5 g),精密称定,置瓶 A(两颈烧瓶)中,加水 50 ml,振摇,使分散均匀,接通圆底烧瓶 C。接收瓶 B(100 ml 纳氏比色管或量瓶)中加入 3% 过氧化氢溶液 20 ml 作为吸收液,吸收管下端插入吸收液面以下。A 瓶中沿瓶壁加入 5 ml 盐酸,迅速密塞,开始蒸馏,保持 C 沸腾并调整蒸馏火力,使吸收管端的馏出液的流出速率约为 2 ml/min。蒸馏至瓶 B 中溶液总体积约为 95 ml(时间为 30～40 分钟),用水洗涤尾接管并将其转移至吸收瓶中,并稀释至刻度,摇匀,放置 1 小时后,以微孔滤膜过滤,即得
5	测定法	分别精密吸取相应的对照品溶液和供试品溶液各 10 μl,进样,测定,计算样品中硫酸根含量
6	计算	按标准曲线法定量,计算样品中硫酸根含量,按照(SO_2、SO_4^{2-} 含量比为 0.6669)计算样品中二氧化硫的含量
7	记录	记录仪器型号、检测器、柱填料、流速、柱温、供试品的预处理、供试品与对照品的称量和配制过程、进样量、测定数据、计算式与结果,并附色谱图。标准中如规定有系统适用性试验,应记录该实验的数据
8	结果判定	计算结果,按有效数字修约规则修约,使与标准中规定限度有效数位一致。若实测数值在规定范围内,判为符合规定

(四)学习结果评价

序号	考核内容	技 能 要 求	分 值	得 分
1	操作准备	正确准备实验仪器、试剂、试药	10	
2	操作	正确设置色谱条件与进行系统适用性试验	10	
		正确进行对照品溶液的制备	10	
		正确进行供试品溶液的制备	10	
		正确进行测定	20	
		正确计算结果	20	

续表

序号	考核内容	技 能 要 求	分值	得 分
3	记录	记录详尽、准确	10	
4	结果判定	结果判定正确	10	
	合　计		100	

核心能力十二　能正确完成中药制剂黄曲霉毒素测定

一、核心概念

黄曲霉毒素　由曲霉菌黄曲霉、寄生曲霉等4种真菌产生,是一组化学结构类似的二呋喃香豆素的衍生物。

二、学习目标

(1)能熟练应用第一法测定中药制剂中黄曲霉毒素。
(2)能熟练应用第二法测定中药制剂中黄曲霉毒素。

三、基本知识

中药在贮藏、制备、运输过程中如保存不当,有受潮霉变而污染黄曲霉毒素的可能。黄曲霉毒素是目前世界上已知的毒性较强的化合物之一,其致癌性肯定。对大枣、水蛭、地龙、肉豆蔻、全蝎、决明子、麦芽、远志、陈皮、使君子、柏子仁、胖大海、莲子、桃仁、蜈蚣、槟榔、酸枣仁、僵蚕、薏苡仁等中药中的黄曲霉毒素残留量进行严格控制对保证药品安全具有重要意义。《中国药典》收载有两种方法。

序号	方　法	原　理
1	第一法	本法系用高效液相色谱法测定药材、饮片及制剂中的黄曲霉毒素(以黄曲霉毒素 B_1、黄曲霉毒素 B_2、黄曲霉毒素 G_1 和黄曲霉毒素 G_2 总量计)
2	第二法	本法系用高效液相色谱-串联质谱法测定药材、饮片及制剂中的黄曲霉毒素(以黄曲霉毒素 B_1、黄曲霉毒素 B_2、黄曲霉毒素 G_1 和黄曲霉毒素 G_2 总量计)

四、能力训练

(一)操作用物

序号	方　法	仪　器
1	第一法	高速匀浆器、振荡器、高效液相色谱系统、柱后衍生系统、光化学衍生器、离心机、超纯水处理系统、超声波提取器、黄曲霉(B_1、B_2、G_1、G_2)、免疫亲和柱、固相萃取装置、离心管、具塞锥形瓶、刻度浓缩瓶、移液管、量瓶等
2	第二法	高效液相色谱-串联质谱系统、超纯水处理系统、移液管、量瓶等

(二)注意事项

序号	方法	注意事项
1	第一法	(1)本实验应有相应的安全、防护措施,并不得污染环境。 (2)残留有黄曲霉毒素的废液或废渣的玻璃器皿,应置于专用贮存容器(装有10%次氯酸钠溶液)内,浸泡24小时以上,再用清水将玻璃器皿冲洗干净。 (3)当测定结果超出限度时,采用第二法进行确认
2	第二法	(1)本实验应有相应的安全、防护措施,并不得污染环境。 (2)残留有黄曲霉毒素的废液或废渣的玻璃器皿,应置于专用贮存容器(装有10%次氯酸钠溶液)内,浸泡24小时以上,再用清水将玻璃器皿冲洗干净

(三)操作内容

1. 第一法

序号	操作步骤	操作要点
1	实验前准备	准备实验仪器、试剂、试药
2	色谱条件与系统适用性试验	以十八烷基硅烷键合硅胶为填充剂,以甲醇-乙腈-水(40:18:42)为流动相,采用柱后衍生法检测。①碘衍生法:衍生溶液为0.05%的碘溶液(取碘0.5 g,加入甲醇100 ml使溶解,用水稀释至1000 ml制成),衍生化泵流速为每分钟0.3 ml,衍生化温度为70 ℃。②光化学衍生法:光化学衍生器(254 nm);以荧光检测器检测,激发波长λ_{ex} = 360 nm(或365 nm),发射波长λ_{em} = 450 nm。两个相邻色谱峰的分离度应大于1.5
3	混合对照品溶液的制备	精密量取黄曲霉毒素混合对照品溶液(黄曲霉毒素B_1、黄曲霉毒素B_2、黄曲霉毒素G_1、黄曲霉毒素G_2标示浓度分别为1.0 μg/ml、0.3 μg/ml、1.0 μg/ml、0.3 μg/ml)0.5 ml,置10 ml量瓶中,用甲醇稀释至刻度,作为贮备液。精密量取贮备液1 ml,置25 ml量瓶中,用甲醇稀释至刻度,即得
4	供试品溶液的制备	取供试品粉末约15 g(过二号筛),精密称定,置于均质瓶中,加入氯化钠3 g,密加入70%甲醇溶液75 ml,高速搅拌2分钟(搅拌速度大于11000 r/min),离心5分钟(离心速度为2500 r/min),精密量取清液15 ml,置50 ml量瓶中,用水稀释至刻度,摇匀,用微孔滤膜(0.45 μm)过滤,量取续滤液20 ml,通过免疫亲和柱,流速每分钟3 ml,用水20 ml洗脱,弃去洗脱液,使空气进入柱子,将水挤出柱子,再用适量甲醇洗脱,收集洗脱液,置2 ml量瓶中,并用甲醇稀释至刻度,摇匀,即得

续表

序号	操作步骤	操作要点
5	测定法	分别精密吸取上述混合对照品溶液 5 μl、10 μl、15 μl、20 μl、25 μl，注入液相色谱仪，测定峰面积，以峰面积为纵坐标，进样量为横坐标，绘制标准曲线。另精密吸取上述供试品溶液 20~25 μl，注入液相色谱仪，测定峰面积，从标准曲线上读出供试品中相当于黄曲霉毒素 B_1、黄曲霉毒素 B_2、黄曲霉毒素 G_1、黄曲霉毒素 G_2 的量，计算，即得
6	计算	计算含量
7	记录	记录仪器型号、检测器及其灵敏度、色谱柱长与内径、柱填料、流动相和流速、供试品的预处理、供试品与对照品的称量和配制过程、进样量、测定数据、计算式与结果，并附色谱图。标准中如规定有系统适用性试验，应记录该实验的数据
8	结果判定	计算结果，按有效数字修约规则修约，使与标准中规定限度有效数位一致。若实测数值在规定范围内，判为符合规定

2. 第二法

序号	操作步骤	操作要点
1	实验前准备	准备实验仪器、试剂、试药
2	色谱条件与系统适用性试验	以十八烷基硅烷键合硅胶为填充剂；以 10 mmol/L 醋酸铵溶液为流动相 A，以甲醇为流动相 B；柱温 25 ℃；流速为每分钟 0.3 ml；按下表中的规定进行梯度洗脱。 **梯度洗脱的时间及流动相的比例** 	时间/分钟	流动相 A 比例/(%)	流动相 B 比例/(%)
0~4.5	65→15	35→85
4.5~6	15→0	85→100
6~6.5	0→65	100→35
6.5~10	65	35 | 以三重四极杆串联质谱仪检测；采用电喷雾离子源(ESI)，采集模式为正离子模式。各化合物监测离子对和碰撞电压(CE)见下表。 **黄曲霉毒素 B_1、黄曲霉毒素 B_2、黄曲霉毒素 G_1、黄曲霉毒素 G_2 对照品的监测离子对、碰撞电压(CE)参考值** | 编号	中文名	英文名	母离子	子离子	CE/V
---	---	---	---	---	---
1	黄曲霉毒素 G2	Aflatoxin G2	331.1	313.1	33
			331.1	245.1	40
2	黄曲霉毒素 G1	Aflatoxin G1	329.1	243.1	35
			329.1	311.1	50
3	黄曲霉毒素 B2	Aflatoxin B2	315.1	259.1	35
			315.1	287.1	40
4	黄曲霉毒素 B1	Aflatoxin B1	313.1	241.0	50
			313.1	285.1	40	

续表

序号	操作步骤	操作要点
3	系列混合对照品溶液的制备	精密量取黄曲霉毒素混合对照品溶液(黄曲霉毒素 B_1、黄曲霉毒素 B_2、黄曲霉毒素 G_1、黄曲霉毒素 G_2 的标示浓度分别为 1.0 μg/ml、0.3 μg/ml、1.0 μg/ml、0.3 μg/ml)适量,用 70%甲醇溶液稀释成黄曲霉毒素 B_2、黄曲霉毒素 G_2 浓度为 0.04~3 ng/ml,黄曲霉毒素 B_1、黄曲霉毒素 G_1 浓度为 0.12~10 ng/ml 的系列对照品溶液,即得(必要时可根据样品实际情况,制备系列基质对照品溶液)
4	供试品溶液的制备	取供试品粉末约 15 g(过二号筛),精密称定,置于均质瓶中,加入氯化钠 3 g,精密加入 70%甲醇溶液 75 ml,高速搅拌 2 分钟(搅拌速度大于 11000 r/min),离心 5 分钟(离心速度 2500 r/min),精密量取上清液 15 ml,置 50 ml 量瓶中,用水稀释至刻度,摇匀,用微孔滤膜(0.45 μm)过滤,量取续滤液 20 ml,通过免疫亲和柱,流速每分钟 3 ml,用水 20 ml 洗脱,洗脱液弃去,使空气进入柱子,将水挤出柱子,再用适量甲醇洗脱,收集洗脱液,置 2 ml 量瓶中,并用甲醇稀释至刻度,摇匀,即得
5	测定法	精密吸取上述系列混合对照品溶液各 5 μl,注入高效液相色谱-串联质谱仪,测定峰面积,以峰面积为纵坐标,进样浓度为横坐标,绘制标准曲线。另精密吸取上述供试品溶液 5 μl,注入高效液相色谱-串联质谱仪,测定峰面积,从标准曲线上查出供试品中相当于黄曲霉毒素 B_1、黄曲霉毒素 B_2、黄曲霉毒素 G_1、黄曲霉毒素 G_2 的浓度,计算,即得
6	计算	计算含量
7	记录	记录仪器型号、检测器及其灵敏度、色谱柱长与内径、柱填料、流动相和流速、供试品的预处理、供试品与对照品的称量和配制过程、进样量、测定数据、计算式与结果,并附色谱图。标准中如规定有系统适用性试验,应记录该实验的数据
8	结果判定	计算结果,按有效数字修约规则修约,使与标准中规定限度有效数位一致。若实测数值在规定范围内,判为符合规定

(四)学习结果评价

序号	考核内容	技能要求	分值	得分
1	操作准备	正确准备实验仪器、试剂、试药	10	
2	操作	正确设置色谱条件与进行系统适用性试验	10	
		正确进行对照品溶液的制备	10	
		正确进行供试品溶液的制备	10	
		正确进行测定	20	
		正确计算结果	20	
3	记录	记录详尽、准确	10	
4	结果判定	结果判定正确	10	
		合　　计	100	

核心能力十三　能正确完成中药制剂特殊杂质检查

一、核心概念

特殊杂质　在某药物制剂的生产和贮存过程中,由于药物本身的性质、生产方式及工艺条件可能引入的杂质。

扫码看课件

二、学习目标

能熟练进行特殊杂质检查。

三、基本知识

特殊杂质的检查一般根据药物和杂质在物理、化学性质上的差异,采用物理的、化学的、药理的、微生物的方法来检查。由于药物品种不同,所含的特殊杂质不同,检查方法也不同,故特殊杂质的检查方法列在有关品种的检查项下。

序号	特殊杂质检查		具 体 内 容
1	生物碱的检查	乌头碱类	乌头类药物有川乌、草乌、附子等。乌头类药物含有多种生物碱,其中乌头碱型生物碱中的羟基常和乙酸、苯甲酸生成双酯型生物碱。双酯型生物碱亲酯性强,有麻辣味,毒性大,是乌头类药物大毒的主要成分。因此,为保证用药安全有效,应对乌头类药物及其成方制剂(包括附子理中丸等几十种中药制剂)进行乌头碱类酯型生物碱的限量检查
		其他生物碱	除了乌头碱类的检查外,还包括总生物碱限量(风湿定片等)、莨菪碱限量(复方苦参肠炎康片等)、士的宁限量(复方夏天无片、风寒双离拐片等)、盐酸罂粟碱和吗啡限量(咳喘宁口服液)等检查
2	土大黄苷的检查		正品大黄含痕量或少量土大黄苷及其苷元,土大黄苷元为二苯乙烯衍生物,属氧蒽中的酚苷。劣等大黄中土大黄苷的含量高,通常认为含有土大黄苷的大黄质量较次,不少国家药典中规定大黄中不得检出土大黄苷。 《中国药典》规定对大黄药材及其制剂应检查土大黄苷,包括大黄、大黄流浸膏、大黄浸膏、九味肝泰胶囊、三黄片、致康胶囊等
3	猪去氧胆酸和猪胆的检查		天然牛黄和熊胆均含有胆酸类成分,但不含猪去氧胆酸,猪去氧胆酸是猪(羊、牛等)胆汁的主要成分。《中国药典》对含天然牛黄和熊胆的药物要进行猪去氧胆酸(十香返生丸、六应丸、西黄丸、安宫牛黄丸、安宫牛黄散、局方至宝散、梅花点舌丸等)、猪胆(熊胆胶囊等)以及猪、牛、羊胆(比拜克胶囊等)等检查。检查时多选择色谱法

四、能力训练

操作内容如下表。

序号	特殊杂质检查		应用实例
1	生物碱的检查	乌头碱类	附子理中丸 【处方】附子(制)100 g,党参200 g,炒白术150 g,干姜100 g,甘草100 g。 【检查】乌头碱限量:取本品水蜜丸适量,研碎,取25 g;或取小蜜丸或大蜜丸适量,取36 g,加氨试液4 ml,拌匀,放置2小时,加乙醚60 ml,振摇1小时,放置24小时,过滤,滤液蒸干,残渣用无水乙醇溶解使成1 ml,作为供试品溶液。取乌头碱对照品适量,加无水乙醇制成每1 ml含1.0 mg的溶液,作为对照品溶液。照薄层色谱法(通则0502),吸取供试品溶液12 μl,对照品溶液5 μl,分别点于同一硅胶G薄层板上,以二氯甲烷(经无水硫酸钠脱水处理)-丙酮-甲醇(6:1:1)为展开剂,展开,取出,晾干,喷以稀碘化铋钾试液。供试品色谱中,在与对照品色谱相应位置上出现的斑点应小于对照品的斑点,或不出现斑点
1	生物碱的检查	其他生物碱	咳喘宁口服液 【处方】麻黄134 g,石膏67 g,苦杏仁133 g,桔梗67 g,百部67 g,罂粟壳67 g,甘草133 g。 【检查】盐酸罂粟碱和吗啡限量:取本品25 ml,加浓氨试液调节pH值至9～10,用三氯甲烷振摇提取3次,每次40 ml,合并三氯甲烷液,蒸干,残渣用甲醇溶解使成10 ml,作为供试品溶液。另取盐酸罂粟碱对照品和吗啡对照品,分别加甲醇制成每1 ml各含5.0 mg和2.0 mg的溶液,作为对照品溶液。照薄层色谱法(通则0502),吸取供试品溶液4 μl、盐酸罂粟碱对照品溶液10 μl与吗啡对照品溶液6 μl,分别点于同一用2%氢氧化钠溶液制备的硅胶G薄层板上,以甲苯-丙酮-乙醇-浓氨试液(20:20:3:1)为展开剂,展开,取出,晾干,喷以稀碘化铋钾试液,在日光下检视。供试品色谱中,在与对照品色谱相应的位置上,出现的斑点应小于对照品斑点
2	土大黄苷的检查		大黄流浸膏 【检查】土大黄苷:取本品0.2 ml,加甲醇2 ml,温浸10分钟,放冷,取上清液10 μl,点于滤纸上,以45%乙醇展开,取出,晾干,放置10分钟,置紫外光灯(365 nm)下观察,不得显持久的亮紫色荧光
3	猪去氧胆酸和猪胆的检查		安宫牛黄丸 【处方】牛黄100 g,麝香或人工麝香25 g,朱砂100 g,黄连100 g,栀子100 g,冰片25 g,水牛角浓缩粉200 g,珍珠50 g,雄黄100 g,黄芩100 g,郁金100 g。 【检查】猪去氧胆酸:取重量差异项下本品,剪碎,加入等量硅藻土,研细,加乙醇20 ml,加热回流提取1小时,放冷,过滤,滤液作为供试品溶液。另取猪去氧胆酸对照品,加乙醇制成每1 ml含0.5 mg的溶液,作为对照品溶液。照薄层色谱法(通则0502),吸取上述两种溶液各6 μl,分别点于同一硅胶G薄层板上,以环己烷-乙酸乙酯-醋酸-甲醇(20:25:2:3)的上层溶液为展开剂,展开,取出,晾干,喷以10%硫酸乙醇溶液,在105 ℃加热至斑点显色清晰。供试品色谱中,在与对照品色谱相应位置上,不得显相同颜色的斑点

工作任务八

中药制剂的含量测定

核心能力一　能正确运用紫外-可见分光光度法进行含量测定

一、核心概念

1. 分光光度法　通过测定被测物质在特定波长处或一定波长范围内的吸光度或发光强度,对该物质进行定性或定量分析的方法。在可见光区,除某些物质对光有吸收外,很多物质本身并没有吸收,但可在一定条件下加入显色剂或经过一定的处理使其显色后再测定,故又可称比色分析。

扫码看课件　　扫码看视频

2. 紫外-可见分光光度法(UV-Vis)　也称为紫外-可见吸收光谱法,是研究物质分子对紫外-可见光(190~800 nm)的吸收而建立起来的分析方法。

二、学习目标

(1)能熟练使用紫外-可见分光光度法进行中药制剂的含量测定。
(2)能熟练使用紫外-可见分光光度计。

三、基本知识

通常将波长190~400 nm 范围的光称为紫外光;人眼能感受到的光的波长为400~800 nm。紫外-可见分光光度法就是利用物质分子吸收190~800 nm 光谱区的辐射来进行分析测定的一种方法。

(一)原理:朗伯-比尔定律

紫外-可见分光光度法的定量分析依据是朗伯-比尔定律,其物理意义:当一束平行的单色光通过均匀、非散射体系的低浓度溶液时,在单色光强度、溶液温度等条件不变的情况下,吸光度与吸收池(液层)的厚度(光路长度)和吸光物质的浓度的乘积成正比。其数学表达式如下:

$$A = \lg \frac{1}{T} = K \cdot C \cdot L$$

式中,A 为吸光度;T 为透光率;K 为吸收系数;C 为吸光物质的浓度;L 为吸收池厚度。

在给定波长、介质和温度等条件下,吸收系数是物质的特性常数,表示物质对某一特定波长光的吸收能力。不同物质对同一波长的单色光可有不同的吸收系数。吸收系数越大,表示该物质对特定波长的光的吸收能力越强,测定的灵敏度越高,所以吸收系数是定性和定量的依据。

吸收系数可分为百分吸收系数和摩尔吸收系数两种。百分吸收系数又称为比吸收系数,指在一定波长下,溶液浓度为1%(g/100 ml)、吸收池厚度为1 cm 时的吸光度,用 $E_{1\ cm}^{1\%}$ 表示;摩尔吸收系数指在一定波长下,溶液浓度为 1 mol/L、液层厚度为 1 cm 时的吸光度,用 ε 表示。

两种吸收系数之间的关系:

$$\varepsilon = \frac{M}{10} \cdot E_{1\ \mathrm{cm}}^{1\%}$$

式中,M 为待测物质的摩尔质量,g/mol。

吸收系数不能直接测定,需配制准确浓度的待测物质标准品或对照品溶液,测定其吸光度,再进行换算求得。

(二)偏离朗伯-比尔定律的因素

引起偏离朗伯-比尔定律的原因主要有三个方面,包括朗伯-比尔定律本身的局限性引起的偏离、介质不均匀引起的偏离和仪器引起的偏离。

四、能力训练

(一)操作用物

常用的紫外-可见分光光度计通常由五部分组成:光源、单色器、吸收池、检测器和数据处理系统(图 8-1,表 8-1、表 8-2)。

图 8-1　紫外-可见分光光度计基本结构示意图

表 8-1　紫外-可见分光光度计基本结构简介

序号	仪器组成	简　　介
1	光源	仪器的光源应能在工作的光谱区域内发射连续的电磁辐射,有足够的辐射强度和良好的稳定性(辐射能量随波长的变换而波动小)。紫外-可见分光光度计中常用的光源有热辐射光源和气体放电光源两类。热辐射光源用于可见光区,如钨灯、卤钨灯等;气体放电光源用于紫外光区,如氢灯和氘灯等。 (1)可见光区:常用的是钨灯和卤钨灯,它们可发射波长为 325～2500 nm 的连续电磁辐射,可用稳定光源的波长为 400～780 nm。这类光源的辐射能量与外加电压有关,必要时可通过配备稳压装置,增强光源的稳定性。 (2)紫外光区:常用氢、氘等放电光源。氢灯和氘灯可使用的电磁辐射的波长范围为 160～375 nm,氘灯的灯管内充有氢的同位素氘,其强度比同功率的氢灯大 3～5 倍,是紫外光区最常用的光源
2	单色器	单色器是能将复合光分散成单色光的光学装置。一般由入射狭缝、准光器、色散原件、聚焦元件和出射狭缝等部分组成。其主要作用是产生纯度高并在紫外-可见光区域内任意可调的单色光。单色器的色散率影响单色光的纯度,进而也影响测定方法的选择性、灵敏度,还会影响浓度与吸光度曲线之间的线性关系等。 (1)棱镜单色器:色散原理是依据光的折射率不同,将其分成不同波长的单色光,常见的有玻璃棱镜和石英棱镜两种。玻璃棱镜可色散波长范围为 350～3200 nm 的光,可色散可见、红外两个区域的光;石英棱镜可色散波长范围为 185～4000 nm 的光,可色散可见、紫外、红外三个区域的光。 (2)光栅单色器:色散原理是光的衍射和干涉作用。它能色散紫外、可见和近红外等区域的光,具有分辨率高、色散光域宽、成本低等优点,是常用的色散元件

续表

序号	仪器组成	简 介
3	吸收池	吸收池又称为比色皿,是紫外-可见分光光度计中盛放被测溶液的容器,一般有石英吸收池和玻璃吸收池两种。石英吸收池适用于可见光区和紫外光区,玻璃吸收池只能用于可见光区。挑选配对的吸收池
4	检测器	检测器的功能是检测光信号和测量单色光透过被测溶液后光强度的变化。常用的检测器是光电倍增管等。它通过光电效应将照射到检测器的光信号转换成电信号。对检测器的要求:灵敏度高,响应时间短,响应的线性关系好,对不同波长的光具有相同的响应可靠性,噪声水平低,有良好的稳定性
5	数据处理系统	信号处理系统的作用是放大信号并以适当的方式指示或记录下来。常用的数据处理系统有直读检流计、电位调节指零装置以及数字显示或自动记录装置等。现在很多型号的紫外-可见分光光度计能连接计算机,一方面通过工作站对光度计进行操作控制,另一方面可以进行数据处理

表8-2 紫外-可见分光光度计常见类型

序号	仪器类型	简 介
1	单光束紫外-可见分光光度计	单光束紫外-可见分光光度计只有一束单色光。测定参比溶液和样品溶液时,在同一位置用同一束单色光先后进行。单光束紫外-可见分光光度计结构简单,操作简便,但对光源强度的稳定性要求较高
2	双光束紫外-可见分光光度计	双光束紫外-可见分光光度计的光路经过单色器后再通过反射镜,被分解为强度相等的两束光,一束通过参比池,另一束通过样品池。检测器在不同的瞬间接收和处理参比信号和样品信号,其信号差经过信号处理系统后得出相应的结果。双光束紫外-可见分光光度计不仅可以自动扫描绘制样品的吸收光谱,而且可以减少或消除因光源强度不稳而引起的误差。仪器示意图见下图: 光源 → 单色器 → 切换装置 → 参比池/样品池 → 切换装置 → 检测器
3	双波长紫外-可见分光光度计	双波长紫外-可见分光光度计具有两并列的单色器,用两束不同的单色光交替照射样品溶液,测定样品溶液中待测组分在这两个波长下的吸光度差值,再根据吸光度差值求出样品溶液中待测组分的浓度。仪器示意图见下图: 光源 → 单色器 λ_1 / 单色器 λ_2 → 切光器 → 吸收池 → 检测器

(二)注意事项

(1)所用的量瓶、移液管及吸收池均应经洗净后使用。

(2)在使用紫外-可见分光光度计前,应对吸收池、最大吸收波长、杂散光、狭缝宽度、吸光度的准确度等进行校正和检定,方法见含量测定中紫外-可见分光光度计的校正项下。

(3)测定制剂含量时,应使供试品溶液与对照品溶液具有相同的pH值。

(三)操作内容

1. 实验前准备

操作前准备		技 能 要 求
紫外-可见分光光度计的校正和检定	波长	由于环境因素对机械部分的影响,仪器的波长经常会略有变动,因此除应定期对所用仪器进行全面校正检定外,还应于测定前校正测定波长。常用汞灯中的较强谱线 237.83 nm、253.65 nm、275.28 nm、296.73 nm、313.16 nm、334.15 nm、365.02 nm、404.66 nm、435.83 nm、546.07 nm 与 576.96 nm,或用仪器中氘灯的 486.02 nm 与 656.10 nm 谱线进行校正;钬玻璃在波长 279.4 nm、287.5 nm、333.7 nm、360.9 nm、418.5 nm、460.0 nm、484.5 nm、536.2 nm 与 637.5 nm 处有尖锐吸收峰,也可用于波长校正,但因来源不同或随着时间的推移会有微小的变化,使用时应注意。近年来,常使用高氯酸钬溶液校正双光束紫外-可见分光光度计,以 10% 高氯酸溶液为溶剂,配制含氧化钬(Ho_2O_3)4%的溶液,该溶液的吸收峰波长为 241.13 nm、278.10 nm、287.18 nm、333.44 nm、345.47 nm、361.31 nm、416.28 nm、451.30 nm、485.29 nm、536.64 nm 和 640.52 nm。 仪器波长的允许误差:紫外光区±1 nm,500 nm 附近±2 nm
	吸光度的准确度	可用重铬酸钾的硫酸溶液检定。取在 120 ℃ 干燥至恒重的基准重铬酸钾约 60 mg,精密称定,用 0.005 mol/L 硫酸溶液溶解并稀释至 1000 ml,在规定的波长处测定并计算其吸收系数,并与规定的吸收系数比较,应符合规定 | 波长/nm	235(最小)	257(最大)	313(最小)	350(最大) | |---|---|---|---|---| | 吸收系数($E_{1cm}^{1\%}$)的规定值 | 124.5 | 144.0 | 48.6 | 106.6 | | 吸收系数($E_{1cm}^{1\%}$)的许可范围 | 123.0~126.0 | 142.8~146.2 | 47.0~50.3 | 105.5~108.5 |
	杂散光检查	可按下表中试剂及浓度,配制成水溶液,置 1 cm 石英吸收池中,在规定的波长处测定透光率,应符合规定 | 试剂 | 浓度/(%)或(g/ml) | 测定用波长/nm | 透光率/(%) | |---|---|---|---| | 碘化钠 | 1.00 | 220 | <0.8 | | 亚硝酸钠 | 5.00 | 340 | <0.8 |
	吸收池的校正	分别在两个洁净的统一规格、同一材料的吸收池中装入同一溶剂(一般可用水),将比色皿按相同方向放入吸收池架上,用同一波长的光(电磁辐)测定透光率,如透光率之差在 0.3% 以下,可配对使用

续表

操作前准备	技 能 要 求
狭缝宽度的选择	狭缝宽度应小于供试品吸收峰半高宽度的十分之一,否则测得的吸光度值会偏低;选择狭缝宽度时,应以减小狭缝宽度时供试品的吸光度不再增大为准。对于《中国药典》中记载的紫外-可见分光光度法测定的大部分品种,可以使用 2 mm 狭缝宽度。当吸收峰的半高宽小于 20 mm 时,则应使用较窄的狭缝,例如青霉素钾(钠)的吸光度检查需用 1 mm 狭缝宽度或更窄的狭缝,否则其 264 nm 处的吸光度会偏低
最大吸收波长的选择	除另有规定外,应以配制供试品溶液的同批溶剂为空白对照,采用 1 cm 的石英吸收池,在规定的吸收峰±2 nm 处,测几个不同浓度的吸光度,或由仪器在规定波长附近自动扫描测定,以核对供试品的吸收峰位置是否正确。除另有规定外,吸收峰波长应在该品种项下规定的波长±2 nm 以内,并以吸光度最大的波长作为测定波长。一般供试品溶液的吸光度读数,以在 0.3~0.7 之间为宜。如果最大吸收波长不在该品种项下规定的波长±2 nm 之内,应检测试样的同一性、纯度以及仪器波长的准确度
供试品溶液的制备	中药制剂化学成分比较复杂,且待测组分往往含量较低,因此需按照药品标准的规定对待测供试品进行前处理,提取待测组分,制备成相应的供试品溶液后才能进行检测。前处理时一定要细心操作,要将待测组分定量转移富集到待测溶液中,从而保证测定的准确性
溶剂	含有杂原子的有机溶剂,通常具有很强的末端吸收。因此,当作溶剂使用时,它们的使用范围均不能小于截止使用波长。例如甲醇、乙醇的截止使用波长为 205 nm。另外,当溶剂不纯时,也可能增加吸收干扰。因此,在测定供试品前,应先检查所用的溶剂在供试品所用的波长附近是否符合要求,即将溶剂置 1 cm 石英吸收池中,以空气为空白(空白光路中不置任何物质),测定其吸光度。溶剂和吸收池的吸光度,在 220~240 nm 范围内不得超过 0.40,在 241~250 nm 范围内不得超过 0.20,在 251~300 nm 范围内不得超过 0.10,在 300 nm 以上时不得超过 0.05

2. 紫外-可见分光光度计使用

序号	操 作 流 程
1	仪器接通电源,预热
2	根据测定波长,选择相应光源,继续预热(各型号仪器在操作顺序上略有区别)
3	将灵敏度钮置 1 挡
4	将盛有供试品溶液及空白(参比)溶液的吸收池放入吸收池架,将空白(参比)溶液置光路位置,盖好供试品池盖
5	量程选择钮置 T 挡
6	断开光路,调节仪器零点使显示为 0;打开光路,调节仪器透光率使显示为 100%
7	量程选择钮置 A 挡

续表

序号	操 作 流 程
8	将供试品溶液置于光路中,读取供试品溶液的吸光度值
9	仪器使用完毕,取出吸收池,关机,登记

不同型号的紫外-可见分光光度计的操作方法和要求有所不同,使用前应详细阅读使用说明书。

3. 数据处理

(1)单组分供试品的定量分析。

序号	方　　法	操作步骤及公式
1	吸收系数法	按药品标准规定的方法配制供试品溶液,在规定的波长处测定其吸光度(A)。$$A = K \cdot C \cdot L$$ 根据药品标准规定的被测物质的吸收系数 $E_{1cm}^{1\%}$,计算供试品溶液的浓度 $C_{供}$(g/100 ml)
2	外标一点法(对照品比较法)	按药品标准的规定,分别配制供试品溶液和对照品溶液,在相同条件下,在规定波长处分别测定供试品溶液和对照品溶液的吸光度,按下式计算供试品溶液中待测组分的浓度。$$C_X = \frac{A_X}{A_R} \times C_R$$ 式中,A_R 为对照品溶液的吸光度;A_X 为供试品溶液的吸光度;C_R 为对照品溶液的浓度;C_X 为供试品溶液的浓度
3	标准曲线法(工作曲线法)	配制一系列不同浓度的对照品溶液,选择合适的参比溶液,在相同条件下分别测定各标准溶液的吸光度。以吸光度为纵坐标,浓度为横坐标,绘制 A-C 曲线,称为标准曲线或工作曲线。然后在完全相同的条件下测定供试品溶液的吸光度,从标准曲线(或工作直线)上查出供试品溶液的对应浓度,或代入回归方程,求出供试品溶液的浓度。在做精密测量时,用对照品溶液的浓度与相应的吸光度进行线性回归,求出回归直线方程(相关系数 $r \geq 0.999$),绘出回归直线(代替标准曲线),以尽量消除偶然误差。 亦可利用计算器将一系列对照品溶液的浓度与相应的吸光度进行一元线性回归,求出回归方程(相关系数 $r \geq 0.999$),将供试品溶液的吸光度代入回归方程,算出供试品溶液的浓度。回归方程:$$A = a + b \cdot C$$ 式中,A 为被测溶液吸光度;C 为被测溶液浓度,g/ml;a 为截距;b 为斜率。 标准曲线法多用于紫外-可见分光光度法,由于显色时影响颜色深浅的因素较多,有的仪器单色光纯度较差,故测定时应用对照品同时操作。本法适用于批量供试品的分析,当仪器和测定条件固定时,标准曲线可多次使用

(2)仪器分析法部分含量计算公式。

药　物	含量计算公式	含量表示形式
固体	含量 $= \dfrac{C_{供} \cdot D \cdot V}{W} \times 100\%$	百分含量
固体制剂	含量 $= \dfrac{C_{供} \cdot D \cdot V}{W}$	每一计量单位(1 g,1 mg等)的重量计
固体制剂	含量 $= \dfrac{C_{供} \cdot D \cdot V}{W} \cdot \overline{W}$	每一计量单位(1 片、1 丸、1 袋等)的重量计
固体制剂	含量 $= \dfrac{\frac{C_{供} \cdot D \cdot V}{W} \cdot \overline{W}}{标示量} \times 100\%$	标示百分含量
液体制剂	含量 $= C_{供} \cdot D$	每一计量单位(1 ml、1 L等)的重量计
液体制剂	含量 $= C_{供} \cdot D \cdot \overline{V}$	每一计量单位(1 支、1 瓶等)的重量计

式中,$C_{供}$ 为供试品溶液的浓度;D 为稀释倍数;V 为固体药物由固态变成液态的体积,ml;W 为供试品取用量,g;$\overline{W}$ 为平均重量,克/丸(粒、袋等);$\overline{V}$ 为装量体积,毫升/支(瓶等)。

(四)常见问题与解决方法(解答)

问题情境一

日常在使用紫外-可见分光光度计时,是否要经常进行仪器波长准确度的检查?

解答:否。当在日常测定中发现仪器测定灵敏度下降时才应进行波长准确度的检查。最简易的检查方法(粗检):仪器开机后,调节波长为580 nm,在吸收池座的通光道中插入一张白色卡片纸,若能观察到一长方形的黄色光斑,说明波长准确度属正常范围,否则就应进行波长校正。

问题情境二

吸收池使用时有哪些注意事项?

解答:(1)吸收池的润洗:如果初次用干的吸收池装待测溶液,特别是有色溶液时,从维护保养吸收池的角度讲,为减小其干玻面对颜色的吸附能力,便于用后吸收池的清洗,建议先用纯水润洗一遍,再用待装溶液润洗2~3遍;若之后再用此吸收池装浓度相近或更高浓度的溶液(如从小到大测定标准系列溶液的吸光度),则直接用待装溶液润洗2~3遍即可。

使用标准曲线法定量时,如果是先测定标准系列溶液的吸光度,当测到供试品溶液时,由于测定的供试品溶液浓度比最后一个标准溶液的浓度低或不可知,建议先用纯水润洗一遍,再用待装溶液润洗2~3遍。

(2)吸收池润洗完成后注入待测溶液至池高的2/3~3/4。

(3)吸收池成套性检验及处理:新吸收池或吸收池使用一段时间后都必须进行成套性检验。

问题情境三

同一溶液在不同时间测定结果存在偏差,实验重复性不好,应该如何解决?

解决方法:①可能是仪器预热时间不够或预热方式不对所造成的,应该延长预热时间或采用正确的预热方法。②光电转换器(如光电管)因长时间使用,其光电转换效率发生变化,使吸光度变小,因此,一般仪器连续使用不应超过 3 小时。

(五)学习结果评价

序号	考核内容	技 能 要 求	分值	得分
1	操作准备	正确校正紫外-可见分光光度计波长等参数	10	
		正确设置仪器参数	10	
		正确配制对照品溶液、供试品溶液	10	
2	操作	正确开机、预热	5	
		正确设置波长、选择光源	5	
		正常将对照品溶液、供试品溶液加入比色皿中	10	
		正确在 T 挡校正仪器	10	
		正确在 A 挡测定	10	
		正确进行计算和数据处理	10	
3	记录	记录内容完整、准确、无漏项,报告清晰	10	
4	结果判定	结果判定准确	10	
		合　　计	100	

五、课后作业

1. 小儿七星茶口服液中总黄酮的测定

芦丁

【处方】薏苡仁 417 g,稻芽 417 g,山楂 208 g,淡竹叶 313 g,钩藤 156 g,蝉蜕 52 g,甘草 52 g。

【含量测定】

对照品溶液的制备　取芦丁对照品 50 mg,精密称定,置 25 ml 量瓶中,加 70%乙醇 20 ml,置水浴上微热使溶解,放冷,加 70%乙醇至刻度,摇匀。精密量取 5 ml,置 50 ml 量瓶中,加水至刻度,摇匀,即得(每 1 ml 含芦丁 0.2 mg)。

标准曲线的制备　精密量取对照品溶液 1.0 ml、2.0 ml、3.0 ml、4.0 ml、5.0 ml 和 6.0 ml,分别置 25 ml 量瓶中,各加水至 6.0 ml,加 5%亚硝酸钠溶液 1 ml,混匀,放置 6 分钟,加 10%硝酸铝溶液 1 ml,混匀,放置 6 分钟,加氢氧化钠试液 10 ml,再加水至刻度,摇匀,放置 15 分钟,以相应的试剂作空白,照紫外-可见分光光度法(通则 0401),在 505 nm 波长处测定吸光度,以吸光度为纵坐标、对照品溶液浓度为横坐标绘制标准曲线。

测定法　取装量项下的本品,混匀,精密量取 5 ml,置 50 ml 量瓶中,加水至刻度,摇匀。精密量取 2 ml,置 25 ml 量瓶中,照标准曲线的制备项下的方法,自"加水至 6.0 ml"起依法测定吸光度,从标准曲线上读出供试品溶液中芦丁的量,计算,即得。

本品每 1 ml 含总黄酮以芦丁($C_{27}H_{30}O_{16}$)计,不得少于 3.0 mg。

【操作步骤】

对照品溶液的制备 取芦丁对照品 49.86 mg,依法操作,即得。

标准曲线溶液的制备 精密量取对照品溶液 1 ml、2 ml、3 ml、4 ml、5 ml 和 6 ml,分别置 25 ml 量瓶中,依法操作,即得。

测定 取装量项下的本品,混匀,精密量取 5 ml,置 50 ml 量瓶中,加水至刻度,摇匀。精密量取 2 ml,置 25 ml 量瓶中,照标准曲线的制备项下的方法,自"加水至 6.0 ml"起依法测定吸光度,从标准曲线上读出供试品溶液中芦丁的量,计算,即得。

实验数据 $W_{对}$ =49.86 mg、A_i(表 8-3)、$A_{供}$ =0.486。

表 8-3 一系列对照品溶液的浓度值及对应吸光度值

量取体积/ml	1	2	3	4	5	6
浓度/(μg/ml)	7.976	15.95	23.93	31.90	39.88	47.86
A_i	0.115	0.226	0.349	0.475	0.607	0.769

绘制标准曲线 标准曲线见图 8-2。

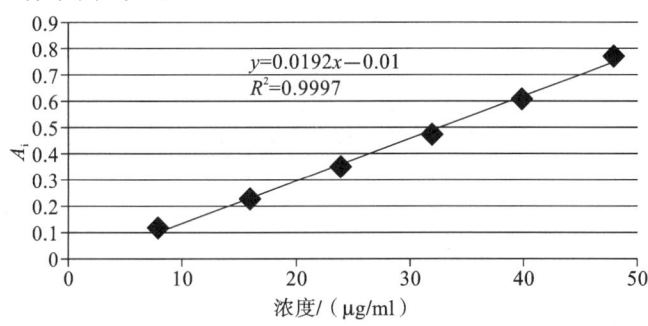

图 8-2 小儿七星茶口服液标准曲线图

计算样品中总黄酮的含量(mg/ml),并判定是否符合规定。

2. 黄杨宁片中环维黄杨星 D 的测定 环维黄杨星 D 为甾体类生物碱,《中国药典》采用酸性染料比色法测定其含量。在 pH 6.8 缓冲液中,环维黄杨星 D 能与溴麝香草酚蓝定量地结合成有色络合物(离子对),此离子对可溶于三氯甲烷,并在 410 nm 下有最大吸收,故可通过测定离子对的吸光度,计算环维黄杨星 D 的含量。

环维黄杨星 D

【处方】环维黄杨星 D 0.5 g。

【含量测定】

对照品溶液的制备 取环维黄杨星 D 对照品约 25 mg,精密称定,置 250 ml 量瓶中,加甲醇 70 ml 使溶解,用 0.05 mol/L 磷酸二氢钠缓冲液稀释至刻度,摇匀,精密量取 10 ml,置 100

ml 量瓶中,用 0.05 mol/L 磷酸二氢钠缓冲液稀释至刻度,摇匀,即得(每 1 ml 含环维黄杨星 D 10 μg)。

供试品溶液的制备 取本品 20 片,精密称定,研细,精密称取适量(约相当于环维黄杨星 D 0.5 mg),置 50 ml 量瓶中,加 0.05 mol/L 磷酸二氢钠缓冲液至近刻度,80 ℃水浴温浸 1.5 小时后取出,冷却至室温,加 0.05 mol/L 磷酸二氢钠缓冲液至刻度,摇匀,离心 6 分钟(转速为每分钟 3000 转),取上清液,即得。

测定法 精密量取对照品溶液与供试品溶液各 5 ml,分别置分液漏斗中,各精密加入溴麝香草酚蓝溶液(取溴麝香草酚蓝 18 mg,置 250 ml 量瓶中,加甲醇 5 ml 使溶解,加 0.05 mol/L 磷酸二氢钠缓冲液至刻度,摇匀,即得)5 ml,摇匀,立即分别精密加入三氯甲烷 10 ml,振摇 2 分钟,静置 1.5 小时,分取三氯甲烷层,置含 0.5 g 无水硫酸钠的具塞试管中,振摇,静置,取上清液,照紫外-可见分光光度法(通则 0401),在 410 nm 的波长处分别测定吸光度,计算,即得。

本品每片含环维黄杨星 D($C_{26}H_{46}N_2O$),应为标示量的 90.0%～110.0%。

【规格】每片含环维黄杨星 D 0.5 mg。

实验数据:$W_{20}=2.1096$ g,$W_{对}=24.80$ mg,$W_S=0.1051$ g,$A_{对}=0.510$,$A_{供}=0.476$。

计算:本品中含环维黄杨星 D 的标示量(%),并判定是否符合规定。

核心能力二 能正确运用薄层扫描法进行含量测定

一、核心概念

薄层扫描法 供试品经薄层分离后,用一束波长、强度一定的紫外光或可见光对薄层板进行扫描,通过测定薄层板上的斑点对光的吸收强度或斑点经激发后所产生的荧光强度,根据扫描得到的图谱及积分数据进行定量的方法。

二、学习目标

(1)能熟练使用薄层扫描法进行中药制剂的含量测定。
(2)能熟练操作薄层扫描仪。

三、基本知识

薄层扫描法具有设备简单、操作方便、分离快速、灵敏度及分辨率高、显色剂选择范围广、适用于多组分及微量组分定量等优点,在中药制剂检测中得到广泛的应用。如六味地黄丸制剂中山茱萸、山楂化滞丸制剂中山楂的含量测定等均采用双波长扫描法,导赤丸制剂中黄连、黄柏的含量测定采用的是薄层荧光扫描法。

薄层扫描法的测定原理是用长宽可以调整的一束波长、强度固定的光,对薄层板上的斑点进行扫描,通过测量光束经过斑点后的强度变化,求出待测组分含量。薄层扫描法可分为薄层吸收扫描法和薄层荧光扫描法。

1. 薄层吸收扫描法 用可见-紫外光的单色光对薄层板上色谱斑点进行扫描,根据扫描获得的吸光度随展开距离变化的图谱及积分数据进行定量的方法。根据测光的方式不同,薄层吸收扫描法又分为透射法和反射法两种。透射法是通过测定光透过供试品斑点后的吸收情况进行定量的方法;反射法是通过测定供试品斑点对光的反射情况进行定量的方法,其中以反射法应用较为普遍。

由于光的吸收定律要求光通过的供试品是均匀、无散射的介质,而薄层板是由许多细小的吸附剂颗粒组成的半透明物体,当光照射到薄层板表面时,光除被吸收以外,还会产生透射、反射及散射等现象,使供试品的吸光度与物质的浓度及液层厚度不呈线性关系,给定量分析工作带来了困难,为此可采用以下三种方法解决。

(1)选择曲线中的直线部分进行定量分析:可利用在低浓度范围内,薄层板上斑点的供试品量与测得值呈线性关系进行定量分析。但线性范围较窄,应用上受到一定限制。此法简便,是没有线性化功能的仪器最常使用的方法。

(2)采用库贝尔卡-蒙克方程:库贝尔卡及蒙克对光照到薄层板上的行为进行分析实验,从理论上推导出简化的方程式,应用到扫描仪上。当光照射到薄层板上的斑点时,光除了被供试品吸收、反射、散射、透射外,还被空白薄层板(吸附剂、黏合剂、玻璃板等)吸收、反射、散射、透射。在实际测量时,为了消除空白薄层板对测定结果的影响,通常先对空白薄层板进行扫描,将空白薄层板的影响值作为基准,测定斑点的相对透光率或相对反射率,计算薄层板上斑点的吸收度及含量。

在一些仪器中有线性化器,可根据库贝尔卡-蒙克方程将曲线校正为直线,用校正后的直线定量。

(3)利用非线性方程定量:利用计算机先求出非线性方程,然后将供试品的测定值输入计算机,由此方程求出供试品的浓度。

2. 薄层荧光扫描法 通过仪器对供试品吸收可见-紫外光后发射的荧光强度进行扫描以得到吸收光谱及积分数据,从而求出供试品含量的方法。其灵敏度比薄层吸收扫描法高1~3个数量级,但适用范围较窄,可通过荧光衍生化反应扩大应用范围。

在薄层荧光扫描法中,当点加的样品量很少时,斑点中组分的浓度与荧光强度呈线性关系,可按下述公式计算:

$$F = 2.3 K/I_0 \cdot E \cdot C \cdot L \quad \text{或} \quad F = K' \cdot C$$

式中,F 为荧光物质的荧光强度;I_0 为入射光强度;C 为待测组分的浓度;E 为吸收系数;K 和 K' 为常数(与荧光效率有关);L 为薄层厚度;$K' = 2.3K/I_0 \cdot E \cdot L$。

在薄层荧光扫描法中,常用斑点荧光强度的积分值(色谱峰面积)代替公式中的 F,斑点中组分的含量代替公式中的 C 进行计算。

四、能力训练

(一)操作用物

序号	仪器组成	简 介
1	光源	光源是能提供稳定的、具有一定强度的所需波长范围内的连续光源,包括紫外光源氘灯(200~370 nm);可见光源钨灯(370~700 nm);荧光光源氙灯或汞灯(200~700 nm),其中汞灯为线光源,可提供特征辐射光谱
2	单色器	单色器可以将光源发出的连续光分解为单色光。其主要由入射狭缝、出射狭缝、色散元件、平行光装置(准直镜)等部分构成。薄层扫描仪多采用光栅为色散元件
3	薄层板台	薄层板台包括薄层板台架及驱动装置。扫描时薄层板固定于薄层板台架上,薄层板台架可进行横向、纵向移动,使薄层板做 X 轴和 Y 轴方向的移动,完成对供试品斑点的透射光、反射光及发出荧光的扫描工作

序号	仪器组成	简　介
4	检测器	检测器是用来检测和放大由供试品斑点透射、反射或发出荧光强度的装置。 薄层扫描仪的检测器多为光电倍增管。主要有检测入射光用的参比光电倍增管、检测荧光用的光电倍增管、检测反射光用的光电倍增管及检测透射光用的光电倍增管。光电倍增管通过将光信号转变为电信号后,通过一系列的倍增过程将这些电信号放大,从而实现对光强度的检测。 检测反射光时,光被分成两束强度相等的光,一束光由石英窗板反射到检测用光电倍增管;另一束光照射到供试品斑点上,一部分被供试品吸收,另一部分发生散射,散射光被反射用光电倍增管所接收。检测用光电倍增管与反射用光电倍增管输出信号之比,经对数转换器转换为吸收度信号。 检测透射光时,由透射用光电倍增管代替反射用光电倍增管。它的输出信号与检测用光电倍增管的输出信号之比,经对数转换器转换后得到透射测定的吸收度信号
5	工作站	具有设定仪器参数、控制仪器工作条件和信号采集、处理计算和打印输出等功能

(二)注意事项

(1)除另有规定外,薄层扫描法含量测定应使用市售薄层板。

(2)薄层色谱分析的各个步骤如点样、展开等,均会影响薄层扫描结果的准确性与重现性,因此在检测的各个步骤应规范操作。

(3)扫描时应沿展开方向自下而上进行扫描,不能横向扫描。

(4)测定记录中应包含薄层扫描图、峰面积积分值、工作曲线、回归方程和相关系数及测定结果计算等。

(5)根据实际情况,可调整供试品溶液及对照品溶液的点样量,以便于测定。

(6)为保证测定结果的准确性,采用外标一点法测定时,供试品斑点应与对照品斑点的峰面积的值接近;采用外标两点法测定时,供试品斑点的峰面积应在两个对照品斑点的峰面积值之间。

(三)操作内容

序号	操作步骤	技能要求
1	测试溶液的制备	将对照品及供试品按《中国药典》标准中各项下的规定进行配制,一般应取2份溶液进行平行操作。应用外标一点法时只需一种浓度的对照品及供试品溶液,应用外标两点法时可配制一种或两种浓度对照品溶液
2	薄层色谱操作	(1)外标一点法:用点样器分别将一种浓度的供试品溶液与对照品溶液交叉点于同一薄层板上,原点直径2 mm左右,供试品与对照品的斑点数目不得少于4个,每个斑点的点样量要相同 (2)外标两点法:用点样器分别将一种浓度的供试品溶液与两种浓度或重量的对照品溶液交叉点于同一薄层板上,原点直径2 mm左右。供试品的斑点不得少于4个,同一浓度或质量的对照品斑点不得少于2个。供试品每个斑点的点样量要相同,同一浓度对照品的点样量要相同
3	展开	除另有规定外,按药品标准中各品种项下的具体规定展开操作

序号	操作步骤	技能要求
4	系统适用性试验	(1)灵敏度:限量检查时,被测组分能被检出的最低量。一般采用对照品溶液与稀释若干倍的对照品溶液在规定色谱条件下,在同一薄层板上点样、展开后进行检视,显清晰的斑点的最低浓度溶液的点样量即为灵敏度 (2)分离度:用于鉴别时,对照品溶液与供试品溶液色谱中相应的主斑点,均应显示两个清晰分离的斑点。用于限量检查或含量测定时,要求定量峰与相邻峰之间有较好的分离度。分离度(R)的计算公式为 $$R=2(d_1-d_2)/W_1+W_2$$ 式中:d_1 为相邻两峰中前一峰与原点的距离;d_2 为相邻两峰中后一峰与原点的距离;W_1、W_2 为相邻两峰各自的峰宽。 除另有规定外,分离度应大于1.0 (3)重复性:同一薄层板上相同浓度的同一供试品溶液数个斑点,扫描结果的偏差。如薄层板展开后直接扫描,同一薄层板上平行点样的待测组分斑点(不少于4个点)的峰面积测量值的相对标准偏差不应大于3.0%;如需显色后扫描,其相对标准偏差不应大于5.0%
5	上机扫描	(1)选择检测方法:检测方法有薄层吸收扫描法和薄层荧光扫描法。在紫外或可见光区有吸收的组分可选用薄层吸收扫描法,有荧光或经适当处理后可形成荧光的组分可选择薄层荧光扫描法 (2)选择测定方式:薄层吸收扫描法的测光方式有反射法和透射法。反射法是将光束照射到薄层板上,测量反射光的强度;透射法是测量透射光的强度。由于薄层材料多为白色固体,对光的通透性不好,测定结果的误差大,另外,玻璃板对小于330 nm 波长的紫外光有吸收,所以不能用透射法测定对330 nm 波长以下有吸收的物质。由于反射法测量的是反射光,玻璃板及薄层厚度的微小变化对测定结果影响不大,所以在定量分析中多采用反射法 (3)选择扫描波长:薄层扫描可使用单波长和双波长进行测定。 ①单波长扫描法:用一种波长的光线对薄层进行扫描,一般选择 λ_{max} 为照射波长,根据扫描时光的形式不同,又分成单光束及双光束两种形式。其中单波长、单光束扫描对于薄层板厚度不均匀、显色不均匀或其他因素造成的背景不均匀等影响无法消除。因此对薄层板的要求较高,适用于扫描基线平稳、无背景干扰的薄层的测定。 ②双波长扫描法:采用两束不同波长的单色光,先后扫描所要测定的斑点,以斑点对两束不同光的吸收度差值进行定量。可分为双波长、双光束扫描法和双波长、单光束扫描法。一般选择被扫描斑点的最大吸收波长为测定波长(λ_S),用该斑点无吸收或最小吸收的波长为参比波长(λ_R)。此法可消除背景干扰,减少分离度欠佳的两个斑点之间的相互干扰,扫描基线较为平稳,测定精密度得到改善。适用于背景不均匀的薄层板的扫描。 ③薄层荧光扫描波长的选择:由于薄层荧光扫描中斑点的荧光积分值与组分的含量呈线性关系,因此,应关闭线性化器。薄层荧光扫描时选用单波长激发荧光,一般是选择荧光激发光谱中的最大激发波长作为激发波长

续表

序号	操作步骤	技 能 要 求
5	上机扫描	(4)选择扫描方式:根据扫描时光束的轨迹不同,扫描方式有直式扫描、锯齿扫描、圆形扫描、倾斜扫描及多通道自动扫描。实际工作中,大多采用锯齿扫描。 扫描时,应自下而上扫描,不可横向扫描。扫描光束(点)的形状和大小,可通过调整狭缝的高度和宽度实现。 ①直式扫描(线性扫描):以一定波长和宽度的光束照在薄层板的一端,薄层板相对于光束做等速直线移动至另一端。 进行直式扫描时,光束应略宽于斑点的直径,将整个斑点包括在内,并使斑点在光束的中心。由于斑点的中心浓度大、边缘浓度小,所以扫描得到的是光束在各个部分的吸光度之和。该方法具有扫描速度快、装置简单的特点。 若斑点形状不规则,则不能使用直式扫描。对于外形规则的圆形斑点、条状斑点及荧光扫描法的斑点,采用直式扫描比较简单。 ②锯齿扫描(飞点扫描):用一定大小的正方形截面积的光束照射斑点的前端,将薄层板做 X 轴的等速直线移动的同时做 Y 轴的等幅摆动,使光束的轨迹呈锯齿状或矩形。做锯齿扫描时,由于光束来回通过斑点,因此,斑点的吸光度积分值比直式扫描大、重现性好,能消除分布误差,适用于外形不规则斑点的扫描。 一般锯齿扫描的光点高 1.25 mm,宽 1.25 mm,若为高效薄层扫描,可调至高 0.6 mm,宽 0.6 mm。 ③圆形扫描:用于圆心式或向心式展开后所得的圆形色谱的扫描测定。 a.径向扫描:光束由圆心向圆周方向径向扫描,扫描轨迹。 b.圆周扫描:光束沿一定半径的圆周方向移动,光束长轴可与圆周一致,也可与圆周垂直,扫描轨迹。 ④倾斜扫描:当展开通道发生倾斜时,扫描就应沿着倾斜后的通道进行。 ⑤多通道自动扫描:仪器提供的程序方式,可完成多通道自动扫描。需要设定七种参数,即波长 λ_S 及 λ_R、扫描通道的 X 位置、通道 Y 方向的起点位置与终点位置、通道间距离以及一次自动扫描的通道数目。一次最多可扫描 30 个通道,每扫描完 1 个通道,就可打印出最多 10 个色谱峰的峰面积
6	含量计算	(1)外标一点法:当标准曲线通过原点(截距为零)时,用外标一点法定量。计算公式: $$C = F_1 \cdot A$$ 式中:C 为被测组分的浓度或重量,A 为被测组分的峰面积,F_1 为直线的斜率或比例常数。 首先通过对照品溶液的浓度或重量与对照品的峰面积求出 F_1,再根据供试品的峰面积和 F_1(直线的斜率或比例常数)求出供试品的浓度或重量。 (2)外标两点法:当标准曲线不通过原点时,用外标两点法定量。计算公式: $$C = F_1 \cdot A + F_2$$ 式中:C 为被测组分的浓度或重量,A 为被测组分的峰面积,F_1 为直线的斜率或比例常数,F_2 为直线在纵轴或横轴上的截距。 首先根据对照品的两种浓度(C_1、C_2)的溶液及其吸收峰的峰面积(A_1、A_2)求出 F_1 和 F_2,然后利用下式,根据供试品的峰面积求出供试品溶液的浓度或重量

续表

序号	操作步骤	技能要求
6	含量计算	由 $C_1=F_1 \cdot A_1+F_2 \quad C_2=F_1 \cdot A_2+F_2$ 得 $F_1=\dfrac{C_1-C_2}{A_1-A_2}$ 或 $F_1=\dfrac{C_2-C_1}{A_2-A_1}$
7	记录	记录仪器型号、薄层条件、仪器参数、相关数据等
8	结果判定	将测定结果与法定药品标准相关品种含量测定项下标准进行对比,符合要求即为合格

(四)常见问题与解答

问题情境

为了保证数据准确性,如何校正薄层扫描仪?

解答:(1)背景漂移:仪器选用光谱测量方法和反射测定方式,分别用钨灯和氘灯作光源,将空白薄层板置于样品台上,分别扫描 190~340 nm、340~800 nm,记录背景漂移值。

(2)基线噪声:按(1)条件,将波长分别调至 250 nm 和 650 nm 处,进行时间扫描 30 s,记录基线上最大的峰(谷)值即为基线噪声。

(3)波长示值误差。

①选择低压汞灯时,选用光谱测量方法和荧光测定方式,将空白薄层板置于样品台上,在 200~800 nm 范围内扫描汞灯谱线,从汞灯谱线中任意选取 5 条均匀分布的特征谱线作参考波长,重复测量 3 次,检出峰值波长 λ_i。

②选择氘灯时,选用光谱测量方法和透射测定方式,样品台上不放薄层板,扫描氘灯 486.0 nm 和 656.1 nm 两条谱线,重复测量 3 次,检出峰值波长 λ_i。

③选择波长标准滤光片时,测量条件与②相同,分别将各标准滤光片放入样品池内相应位置,根据标准滤光片的峰值波长设定扫描范围,进行扫描,重复测量 3 次,检出峰值波长 λ_i。

(五)学习结果评价

序号	考核内容	技能要求	分值	得分
1	测试溶液的制备	正确配制溶液	10	
2	薄层色谱操作	正确选择或制备薄层板	10	
		正确进行点样	10	
3	展开	正确进行展开	10	
4	系统适用性试验	正确进行灵敏度的检测	5	
		分离度的检测:分离度应大于1.0	5	
		重复性的检测:同一薄层板上平行点样的待测组分斑点(不少于4个点)的峰面积测量值的相对标准偏差不应大于3.0%;如需显色后扫描,其相对标准偏差不应大于5.0%	5	

续表

序号	考核内容	技能要求	分值	得分
5	上机扫描	正确选择检测方法	5	
		正确选择测定方式	5	
		正确选择扫描波长	5	
		正确选择扫描方式	5	
6	含量计算	正确计算	10	
7	记录	记录详尽、准确	5	
8	结果判定	正确进行结果判定	10	
	合　　计		100	

五、课后作业

简述薄层扫描法的操作流程及注意事项。

核心能力三　能正确运用高效液相色谱法进行含量测定

一、核心概念

1. 高效液相色谱法　采用高压输液泵将流动相泵入装有填充剂的色谱柱进行分离并测定含量的方法。

2. 色谱流出曲线和色谱峰　由检测器输出的信号强度与时间作图,所得的曲线称为色谱流出曲线。曲线上突起部分为色谱峰。

扫码看课件

3. 基线　在操作条件下,色谱柱中仅有流动相通过时,检测器响应信号的记录值称为基线。稳定的基线应是一条与横轴平行的直线。基线能反映仪器(主要为检测器)的噪声随时间的变化。

4. 峰高(h)　色谱峰顶点与基线的垂直距离称为峰高(h),可用于被测组分的定量计算。

5. 峰面积(A)　色谱峰的积分面积称为峰面积,可用于被测组分的定量计算。

6. 保留时间(t_R)　从进样到被测组分在柱后出现色谱峰极大值时所经历的时间称为保留时间。保留时间可以用于被测组分的定性。

7. 半峰宽($W_{1/2}$)　峰高一半处对应的峰宽称为半峰宽,$W_{1/2}=2.355\sigma$。

8. 峰宽(W)　通过色谱峰两侧的拐点作切线,在基线上的截距称为峰宽,$W=4\sigma=1.699W_{1/2}$(图 8-3)。

二、学习目标

能熟练使用高效液相色谱法进行中药制剂的含量测定。

三、基本知识

高效液相色谱法具有分离效能高、选择性好、灵敏度高、分析速度快、适用范围广(供试品不需气化,只需制成溶液即可)、流动相选择性大、流出组分易收集、色谱柱可反复使用的特点,对于挥发性低、热稳定性差、分子量大、离子型化合物尤为适宜。科学技术在高效液相色谱法中的应用,为高效液相色谱法控制中药及中药制剂的质量提供了科学基础和广阔的前景。高效液相

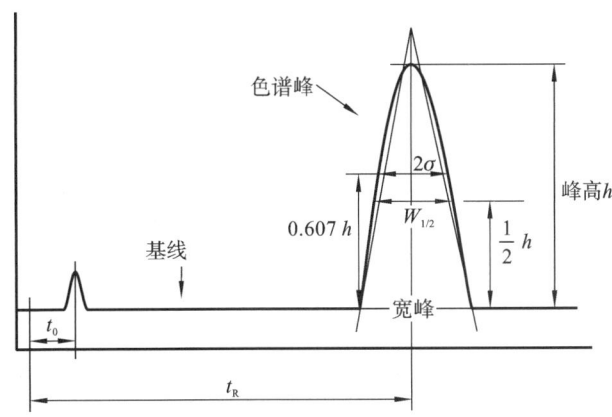

图 8-3 色谱流出曲线

色谱法已成为中药及中药制剂含量测定最常用的分析方法。

四、能力训练

(一)操作用物

高效液相色谱仪一般由高压输液系统、进样系统、色谱分离系统、检测系统和数据记录与处理系统组成。所用仪器应定期检定并符合有关规定(图 8-4、表 8-4)。

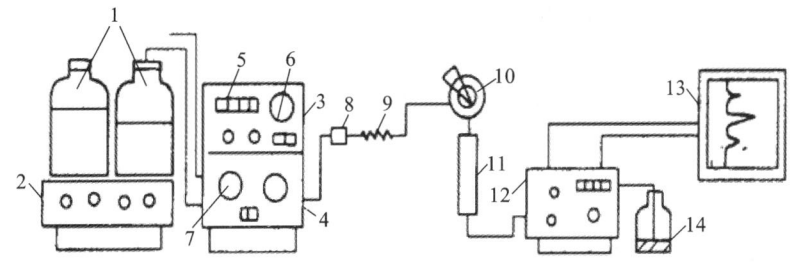

图 8-4 高效液相色谱仪示意图

1.贮液罐;2.脱气装置;3.梯度洗脱系统;4.高压输液泵;5.流动相流量显示;6.柱前压力表;7.输液泵头;
8.过滤器;9.阻尼器;10.进样装置;11.色谱柱;12.检测器;13.数据处理系统;14.废液贮罐

表 8-4 仪器简介

序号	仪 器	仪 器 简 介
1	高压输液系统	(1)贮液罐:由玻璃、不锈钢或氟塑料等化学惰性、耐腐蚀材料制成,有无色及棕色两种贮液罐。贮液罐的位置应高于泵体,以保持输液静压差。为防止因溶剂蒸发而引起流动相组成的改变和气体进入贮液罐,在使用过程中应密闭 (2)脱气装置:贮液罐配有抽真空及吹入惰性气体的脱气装置。脱气装置能除去流动相液体中的气泡。如果流动相中含有气泡,在分离的过程中,气泡在高压下会自溶剂中逸出,影响高压泵的正常工作和检测器的灵敏度。脱气的方法有加热回流法、抽真空脱气法、吹惰性气体脱气法、超声脱气法和在线真空脱气法等 (3)高压输液泵:高效液相色谱仪的关键部件之一,用以完成流动相的输送任务。对泵的要求:耐腐蚀,耐高压,无脉冲,输出流量范围宽,流速恒定,且泵体易于清洗和维修。高压输液泵可分为恒压泵和恒流泵两类,常使用恒流泵(其压力随系统阻力改变而流量不变)

续表

序号	仪 器	仪器简介
1	高压输液系统	(4)过滤器:在流动相进入色谱柱之前,用于除去流动相中固体颗粒杂质的直径 0.45 μm 的滤膜装置 (5)梯度洗脱系统:按一定程序改变混合流动相的组成,使流动相强度(极性、pH 或离子强度等)进行程序性改变的装置。根据加压的方式和溶剂混合顺序,可分为高压与低压两种梯度洗脱系统。高压梯度洗脱系统是按预先设计的梯度程序,通过控制溶剂贮器阀驱动器的开闭时间,使高压泵按比例将不同贮液器中的溶剂输入混合器,溶剂在混合器中混合成流动相后进入色谱柱。低压梯度洗脱系统是在常压下用比例阀将多种溶剂按比例混合后,再用泵增压后送入色谱柱。低压梯度洗脱系统价格便宜,较易实现多元梯度洗脱。目前多采用低压梯度洗脱系统
2	进样系统	(1)高压进样阀:有流动相和进样两个标识,当将高压进样阀的阀门切至流动相位置时,高压进样阀将流动相引入柱中,此时,可用微量注射器将供试品注入供试品环管,环管通常被充满到供试品已经溢出的程度。当供试品环管被注满后,将阀口切至进样位置,流动相进入供试品管,将供试品冲洗入柱中。应仔细校准供试品环管使其容纳固定体积(一般为 10 μl~2 ml),如需改变进样体积,可更换能容纳适当体积的供试品环管 (2)六通阀进样器:用六通阀进样器进样时,先将六通阀进样器手柄置于采样位置(LOAD),此时进样系统与定量环接通,处于常压状态,用微量注射器(体积应大于定量环体积)注入供试品溶液,使供试品停留在定量环中。然后转动手柄至进样位置(INJECT),使定量环与输液管路接通,高压流动相进入定量环,将供试品带入色谱柱中 (3)自动进样器:通过微机处理控制进样阀采样、进样和清洗等操作。把装有不同浓度的供试品小瓶按一定顺序放到供试品架上(转盘式或排式),输入进样次数、分析周期等程序后,仪器将自动运行
3	色谱分离系统	(1)保护柱:装在进样器与色谱柱之间的消耗性柱,具有防止供试品和进样阀垫圈中的固体颗粒进入分析柱的作用。保护柱的填料与分析柱的填充剂相同,柱长为 5 cm 左右,在分析 50~100 个供试品之后需要更换保护柱芯 (2)色谱柱:色谱柱是高效液相色谱仪的重要部件,由柱管、柱接头和过滤片组成。 ①柱管:柱管多为内部抛光的不锈钢管,能承受高压,具有化学惰性。柱内的填充剂有两种类型,一是全多孔大颗粒无定形硅胶或氧化铝填料;二是化学键合相,化学键合相中有十八烷基硅烷键合硅胶(又称ODS柱或C18柱)、辛基硅烷键合硅胶(C8柱)、氨基或氰基键合相硅胶等。 一般色谱柱的内径为 1~1.5 mm,柱长为 10~20 cm;毛细管柱内径为 0.05~1 mm,柱长为 3~10 cm;实验室用制备型柱内径为 20~40 mm,柱长为 10~30 cm。 填充剂的性能(载体的形状、表面积、粒径、孔径、键合基团表面的覆盖度、含碳量和键合类型等)以及色谱柱的填充情况,直接影响分离效果和待测组分的保留行为。 一般来说,孔径在 15 nm 以下的填充剂,适合分离分子量小于 2000 的化合物,孔径在 30 nm 以上的填充剂,适合分离分子量大于 2000 的化合物。在中药制剂的定量分析中,多使用 ODS 为填充剂的色谱柱和极性溶剂为流动相的反相色谱法。

续表

序号	仪器	仪器简介
3	色谱分离系统	②柱接头:连接流动相管路与色谱柱过滤片之间的连接管。柱接头相当于液流分配器,具有耐高压的特点、保护固定相的填充形状不发生改变及使流动相匀速平稳进入分析柱的功能。柱接头的死体积指流动相管路、柱接头和过滤片连接处的空体积。该体积不能超过色谱柱体积的1‰,否则会使色谱峰变宽、分离度变小,影响分离效果。目前,大多数色谱柱已经采用内接式柱头连接。 ③过滤片:色谱柱顶端的一块多孔性的金属烧结隔膜或多孔聚四氟乙烯片,用以阻止填充物逸出或从进样系统进入固体颗粒杂质 (3)恒温装置(恒温箱):精确控制色谱柱温度的装置,有调节温度的功能
4	检测系统	(1)紫外-可见分光检测器:高效液相色谱法中使用最广的选择性检测器。紫外-可见分光检测器可分为固定波长、可变波长和二极管阵列检测器三种类型,以可变波长紫外-可见分光检测器应用最广。紫外-可见分光检测器由光源、流通池和记录器组成,其工作原理是进入检测器的组分对特定波长的紫外-可见光能产生选择性吸收,其吸收度与浓度的关系符合光吸收定律。紫外-可见分光检测器具有噪声低、灵敏度高、重现性好、线性范围宽、无破坏性、对流动相流速和温度波动不敏感等优点及使用范围窄、流动相选择受限制等缺点。紫外-可见分光检测器适用于梯度洗脱及制备色谱。 ①固定波长检测器:以低压汞灯为光源,能发出90%的波长254 nm的光(其他波长为313 nm、365 nm、405 nm、436 nm、546 nm和579 nm)。因为得到的是固定波长的光,故不需要单色器。具有单色性好、光强度大、灵敏度高等优点,适合于多数芳香族、芳杂环、稠芳杂环以及芳香氨基酸、核酸等的检测。但其适用范围窄。 ②可变波长检测器:光路系统类似紫外-可见分光光度计,使用的是一个连续的光源及光栅。一般采用氘灯或卤灯等为光源,光束经单色器分光后可"停流扫描",选择组分的最大吸收波长为检测波长,能提高检测灵敏度,可用于检查峰的纯度。 ③二极管阵列检测器:在晶体硅胶上紧密排列一系列光电二极管,每一个二极管相当于一个单色器的出口狭缝,二极管越多,分辨率越高,一般一个二极管对应接受光谱上一个纳米带宽的单色器。工作原理:复色光通过供试品池被组分选择性吸收后再进入单色器,照射在二极管阵列装置上,使每个纳米波长的光强度转变为相应的电信号强度,获得组分的吸收光谱,从而获得待测组分的结构信息。许多色谱工作站可将两张图谱绘在一张三维坐标上从而获得三维光谱-色谱图。进行峰纯度检查时,用峰纯度值说明某个色谱峰的纯度,数值越高,色谱峰为单峰的可能性大;数值越低,色谱峰为重叠峰的可能性大,用于指导色谱分离 (2)荧光检测器:依据光的吸收定律,通过测定待测组分吸收一定波长的光后发出的荧光的强度,求出待测组分的含量。该方法用于检测能产生荧光的物质和能进行荧光衍生化的物质,如氨基酸、多环芳烃、维生素、甾体化合物及酶。荧光检测器是微量组分和体内药物分析常用的检测仪器,具有灵敏度高、选择性好的优点以及受溶剂的纯度、pH值、供试品浓度、检测温度等波动影响较大等缺点

续表

序号	仪 器	仪 器 简 介
4	检测系统	(3)电化学检测器(ECD):测量物质电信号变化的检测器,适用于具有氧化还原性质的化合物,如含硝基、氨基等有机化合物及无机物的阴、阳离子等物质的检测。具有灵敏度高、适用于测定痕量组分等优点以及干扰多和对温度、流动相流速、流动相中氧气变化比较敏感等缺点。该类检测器主要有极谱、库仑、安培和电导检测器等类型,其中极谱、库仑、安培为伏安检测器,用于检测有氧化还原性的化合物;电导检测器可用于检测离子型化合物。电导检测器在两电极之间施加一恒定电位,当电活性组分经过电极表面发生氧化还原反应(电极反应)时产生电位差,电位差的大小与待测组分的浓度或重量有关;通过检测电位差的大小给出待测组分的色谱峰,进行含量测定 (4)质谱检测器(MSD):将质谱检测器连接在高校液相色谱仪的分离系统之后,经高校液相色谱仪分离的组分流出后进入质谱检测器,组分在一定条件下离子化后,按离子的质荷比将离子分离。采用选择离子监测模式,可得到某种质荷比的碎片离子的色谱图;根据色谱图的信息进行定量。质谱检测器适用于测定组分的结构、药物代谢分析和及微量痕量组分的定量分析,具有灵敏度高、选择性好、能同时给出组分结构信息的优点,但响应信号受组分的离子化效率的影响,而且仪器价格昂贵,需要专人使用和维护 (5)蒸发光散射检测器(ELSD):先将色谱洗脱液引入雾化器,在雾化器中洗脱液与匀速流动的高纯度氢气或空气混匀成微小液滴,然后进入加热的恒温漂移管中。在恒温漂移管中流动相被蒸发除去,待测组分形成气溶胶(不挥发的微小颗粒)进入检测室。此颗粒在强光或激光照射下产生光散射(丁达尔效应),用光电二极管检测散射光的强度,将光强度放大后转变为电信号;色谱工作站依据散射光的对数响应值与组分重量的对数呈线性的关系,绘制出色谱曲线及分析结果 (6)示差折光检测器:利用响应信号与仪器常数、待测组分的浓度及待测组分与流动相的折光率之差成正比的关系,通过示差折光检测器,将产生的折射光的强度放大后转变成电信号,进行含量测定。示差折光检测器属于通用型浓度检测器,只组分和流动相的折光率有足够的差别,就能用示差折光检测器检测相应信号的强度。主要适用于无紫外吸收化合物的分析,如糖类、磷脂、维生素、氨基酸、甘油三酯、皂苷等化合物的分析
5	数据记录与处理系统	数据记录与处理系统是对色谱系统的检测信号进行记录和处理成分析结果的装置,现在多用色谱工作站记录和处理色谱分析的数据。色谱工作站是由一台微型计算机控制色谱仪器,并进行数据采集和处理的一个系统,具有识别色谱峰,校正基线,解析重叠峰和畸形峰,计算保留时间、峰高、峰面积、半峰宽等峰参数,以及定量计算组分含量的功能

(二)注意事项

1. 色谱柱使用和维护的注意事项

(1)色谱柱与进样器及其出口端与检测器之间应尽量减少死体积连接,减少扩散对分离的影响。

(2)避免压力急剧变化及任何机械振动。开启输液泵时,要逐步加大至所需流速,避免流速急剧变化造成柱压突然变大,造成色谱柱固定相物理损坏;柱压的突然降低也会冲动柱内填料,因此在调节流速时应该缓慢进行。避免色谱柱从高处掉下,影响柱内的固定相(如产生裂缝)。

(3)应逐渐改变溶剂的组成,特别是反相色谱中,不应直接从有机溶剂改变为全部是水,反之亦然。

(4)一般而言,色谱柱不能反冲,只有生产者指明该柱可以反冲时,才可以反冲除去留在柱头的杂质。否则反冲会迅速降低柱效。

(5)在对新柱或被污染柱进行冲洗时,应将其出口端与检测器脱开,避免污染检测器。

(6)根据流动相的性质(尤其是 pH)选择使用适宜的色谱柱,以避免固定相被破坏。以硅胶为基质的填料,流动相的 pH 应控制在 2~8 间。当 pH>8 时,可使载体硅胶溶解;当 pH<2 时,与硅胶相连的化学键合相易水解脱落。当色谱系统中需使用 pH>8 的流动相时,应选用耐碱填充剂的色谱柱,当需使用 pH<2 的流动相时,应选用耐酸填充剂的色谱柱。

(7)以硅胶为载体的键合固定相的使用温度通常不超过 40 ℃,为改善分离效果,可适当提高色谱柱的使用温度,但不宜超过 60 ℃。如果超过 60 ℃,可能会导致色谱柱损坏而无法使用。

(8)避免将基质复杂的样品尤其是生物样品直接注入柱内,需要对样品进行预处理或者在进样器和色谱柱之间连接一保护柱。保护柱一般是填有相似固定相的短柱。保护柱可以而且应该经常更换。

(9)保存 C18 色谱柱时应使柱内充满乙腈或甲醇,柱接头要拧紧,防止溶剂挥发干燥,柱床收缩或干枯。绝对禁止将缓冲液留在柱内静置过夜或更长时间。

2. 泵的注意事项

(1)防止任何固体微粒进入泵体,因为尘埃或其他任何杂质微粒都会磨损柱塞、密封环、缸体和单向阀,因此应预先除去流动相中的任何固体微粒。流动相除去颗粒物质的方法是用0.45 μm 滤膜过滤。

(2)泵的入口应连接砂滤棒(或片),输液泵的滤器应经常清洗或更换。

(3)流动相不应含有任何腐蚀性物质,含有缓冲液的流动相不应保留在泵内。如果将含缓冲液的流动相留在泵内,由于蒸发或泄漏,甚至只是由于溶液的静置,就可能析出盐的微细晶体。这些晶体将损坏密封环和柱塞等。

(4)泵工作时要防止溶剂瓶内的流动相被用完,否则,空泵运转会磨损柱塞、缸体或密封环,最终导致漏液。

(5)输液泵的工作压力决不要超过规定的最高压力,否则会使高压密封环变形,导致漏液。

3. 六通阀进样器使用注意事项

(1)手柄处于 LOAD 和 INJECT 之间时,由于暂时堵住了流路,流路中压力骤增,再转到进样位,过高的压力在柱头上引起损坏,所以应尽快转动阀,不能停留在中途。

(2)高效液相色谱仪进样使用的注射器针头是平头注射器。一方面,针头外侧紧贴进样器密封管内侧,密封性能好,不漏液,不引入空气;另一方面,也防止了针头刺坏密封组件及定子。

(3)六通阀进样器的进样方式有部分装液法和完全装液法两种。

(4)使用微量注射器定量时,进样量不宜超过定量环体积的50%,如20 μl的定量环最多进10 μl的样品,并且要求每次进样体积准确、相同;使用定量环进样时,进样量最少为定量环体积的3~5倍,即20 μl的定量环最少进样60~100 μl的样品,这样才能完全置换样品定量环内残留的溶液,达到所要求的精密度及重现性。推荐采用100 μl的平头进样针配合20 μl的定量环满环进样。

(5)进样样品要求无微粒,样品溶液均要用0.45 μm的滤膜过滤。

4. 其他注意事项

(1)配制流动相应用色谱纯试剂和高纯水。应用0.45 μm滤膜过滤除去颗粒物质后还应脱气,以免在泵内产生气泡,影响流量的稳定性;如果有大量气泡,泵就无法正常工作;若气泡进入色谱柱和检测器,会出现柱压不稳和基线不稳,严重时无法正常检测。

(2)使用的流动相应能与仪器系统的原保存溶剂互溶,如不互溶,则先取下上次的色谱柱,用异丙醇冲洗过渡,进样器和检测器的流通池也注入异丙醇进行过渡,过渡完毕后,接上相应的色谱柱,换上本次使用的流动相,再进行操作。

(3)在分析完毕后,应充分冲洗色谱流路系统(从泵、进样器、色谱柱到检测器流通池),特别是用过含盐流动相的,更应注意先用水,再用甲醇-水充分冲洗。如发现泵漏液等较严重的情况,应请有经验的维修人员进行检查、维修。

(4)操作结束后应填写仪器使用记录和各色谱柱的使用记录,并记录本次测试药品及柱中的保存溶剂。

(三)操作内容

序 号	考核内容	技 能 要 求
1	操作准备	对照品、供试品溶液的配制:按质量标准要求制备供试品溶液和对照品溶液。定量测定时,对照品溶液和供试品溶液均应分别配制2份。供试品溶液在注入色谱仪前,应经过0.45 μm滤膜过滤。必要时,在配制供试品溶液前,供试品需经提取净化,以免对色谱系统产生污染和干扰
		流动相的配制:流动相应用高纯度的试剂配制,一般使用色谱纯的试剂,必要时照紫外-可见分光光度法进行溶剂检查,应符合要求;水应为新鲜制备的高纯水,可用超纯水器制得或用重蒸馏水。对规定pH值的流动相,应使用精密pH计进行调节。
		配制好的流动相应用0.45 μm滤膜过滤。过滤时要分清水膜和有机膜,过滤水用水膜,过滤有机溶剂用有机膜。如用水膜过滤有机溶剂可能导致膜溶解,对有机溶剂造成污染,如果出现此情况,有机溶剂一定不能再用于实验,否则会污染色谱柱。
		流动相在使用前必须脱气,否则很易在系统的低压部分逸出气泡。气泡的出现不仅影响柱分离效率,还会影响检测器的灵敏度甚至导致检测器不能正常工作。脱气的方法有加热回流法、抽真空脱气法、超声脱气法和在线真空脱气法等。实验室制备流动相时,常用的脱气方法是用0.45 μm滤膜过滤后再进行超声脱气。
		配制的流动相应足够使用或稍有富余,避免测定过程中再次配制流动相。再次配制流动相除了过滤、脱气麻烦外,更换新流动相后还要对仪器色谱系统重新进行平衡,因此,流动相要一次配制足量

续表

序号	考核内容	技能要求
2	仪器操作	(1)开机前准备:根据需要选择合适的色谱柱,在容器中放入已过滤脱气好的流动相,把吸滤头放入容器中 (2)开机:打开仪器的电源开关,仪器自检通过后,打开色谱工作站 (3)设置仪器参数 (4)泵的操作。 ①用流动相冲洗滤器,再把滤器浸入流动相中,启动泵。 ②打开泵的排放阀,用专用注射器从阀口抽出流动相约 20 ml,设置高流速(如 9 ml/min)或按冲洗键进行泵排气,观察出口处流动相呈连续液流后,将流速逐步回零或停止冲洗,关闭排放阀。 ③将流速调节至分析用流速,对色谱柱进行平衡,同时观察压力指示(应稳定),用干燥滤纸片的边缘检查柱管各连接处(应无渗漏)。初始平衡一般需约30 分钟。如为梯度洗脱,应在程序器上设置梯度状态,用初始比例的流动相对色谱柱进行平衡 (5)开启检测器电源开关,选择光源(钨灯或氘灯),选定检测波长,待稳定后,测试参比和供试品光路的信号(应符合要求),设置吸收度方式和检测响应时间(一般不大于 1 秒),设置满刻度吸收值(适用于记录仪) (6)进样:待色谱柱平衡,基线稳定后,设置好样品信息,开始样品分析与数据采集。 ①六通阀进样器。 a.进样手柄置采样位置(LOAD)。 b.用供试品溶液清洗配套的注射器,再抽取适量,如用定量环载样,则注射器抽取量应不少于定量环容积的 5 倍,用微量注射器定容进样时,进样量不得多于定量环容积的 50%。在排除气泡后方能向进样器中注入供试品溶液。 c.把注射器的平头针直插至进样器底部,注入供试品溶液,除另有规定外,注射器不应取下。 d.将手柄转至进样位置(INJECT),供试品溶液被流动相带入色谱柱。 ②自动进样:在程序控制器或微机控制下,可进行自动取样、进样、清洗等一系列操作。常见的自动进样器有圆盘式自动进样器、链式自动进样器、坐标式自动进样器等,操作者按仪器说明将供试品溶液装入贮样室内即可。 a.将供试品溶液用 0.45 μm 滤膜过滤,取续滤液至进样瓶中,盖上带有垫片的瓶盖,顺时针方向旋紧。为避免堵塞进样器以及损伤进样器,一般应选择与自动进样器型号相配套的进样瓶。 b.将进样瓶依次放入贮样室内,记录瓶位置号。如果自动进样器有控温装置,根据检测要求和供试品性质,设置温度参数。 c.对自动进样器进行检查校正,使自动进样器为默认位置、进样针冲洗系统正常、管路内无气泡、具有足够的冲洗液和流动相。 d.设定自动进样参数:设定供试品溶液自动进样的起始位置、进样体积、稀释倍数、数据文件名等,按"START"启动自动进样过程

续表

序　号	考核内容	技　能　要　求
3	数据处理	(1)进样的同时启动数据处理机,开始采集和处理色谱信息,如使用记录仪,则进样同时按记号键以作为起始记号。 (2)最后一峰出完后应继续走一段基线,确认再无组分流出后方能结束记录。 (3)根据第一张预试的色谱图,适当调整衰减、纸速、记录时间等参数,使色谱峰信号在色谱图上有一定强度。定量测定中,一般峰顶不超过记录满量程。再按上述步骤正式分析操作。如果要用处理机进行运算,还可按第一张色谱图的参数,参照说明书,对参与运算的色谱峰进行鉴别,然后进行正式分析。 (4)用于含量测定的对照品溶液和供试品溶液每份至少进样2次,由全部进样结果($n \geq 4$)求得平均值,相对标准偏差(RSD)不应大于1.5%。 (5)系统适用性试验应符合《中国药典》规定
4	清洗关机	(1)分析完毕,先关检测器和数据处理机,再用经过滤和脱气的适当溶剂清洗色谱系统,正相柱用正己烷,反相柱如使用过含盐流动相,则先用水冲洗,然后用甲醇-水冲洗。冲洗前先按上述操作通法项下泵的操作,再用分析流速冲洗,各种冲洗剂一般冲洗15～30分钟,特殊情况可延长冲洗时间,尤其是用过含盐流动相的柱子,有时需冲洗数小时甚至更长时间。 (2)冲洗完毕后逐步降低流速至0,关泵。进样器也应该用相应溶剂冲洗,可用进样阀所附专用冲洗接头。 (3)关闭电源,做好使用记录,内容包括日期、检品、色谱柱、柱压、使用时间(小时)及仪器使用前后的状态等
5	计算	(1)外标一点法:当供试品中待测组分的标准曲线通过原点时,用一种浓度的对照品溶液与供试品溶液在相同条件下多次进样,测得峰面积或峰高的平均值,按下面公式计算供试品中待测组分的含量。 $$C_{供} = C_{对} \times \frac{A_{供}}{A_{对}}$$ (2)标准曲线法:配制一系列不同浓度的对照品溶液,测得不同浓度对照品溶液的峰面积或峰高,以浓度为横坐标、峰面积或峰高为纵坐标绘制标准曲线。再按相同的方法测得供试品溶液的峰面积或峰高,根据对照品的峰面积或峰高从标准曲线上查出供试品中被测组分的浓度
6	记录	记录仪器型号、色谱柱类型和规格、流动相流速、检测波长、放大器灵敏度及衰减、进样量、色谱图及相关数据等
7	结果判定	比较供试品与对照品色谱图,若供试品呈现与对照品保留时间相同的色谱峰,则判断为符合药品标准规定

系统适用性试验　在测定供试品之前,要用规定的对照品溶液对仪器进行检测,以检查色谱条件是否符合《中国药典》各品种项下的规定,如果不符合药典规定的条件,要对色谱条件进行重新调整,直到达到药典规定的条件。系统适用性试验的内容包括理论板数、分离度、重复性和拖尾因子等数值的测试。其中,分离度和重复性是系统适用性试验中具有实际意义的参数。

续表

序号	参　数	参　数　内　容	要　　求
1	色谱柱的理论板数(n)	在规定的条件下,注入供试品溶液或各品种项下规定的内标物溶液,记录色谱图,通过供试品主成分或内标物峰的保留时间 t_R(以分钟或长度计,下同,但应取相同单位)和半峰宽 $W_{1/2}$,按下式计算: $$n=5.54\left(\frac{t_R}{W_{1/2}}\right)^2$$ 若测得的理论板数低于标准规定的最小理论板数,可通过改变某些条件(如柱长、载体性能、色谱柱充填的优劣等)使理论板数达到要求	按各品种项下要求
2	分离度(R)	无论是定性鉴别还是定量分析,均要求待测峰与其他峰、内标物峰或特定的杂质对照峰之间有较好的分离度,分离度的计算公式为 $$R=\frac{2(t_{R_2}-t_{R_1})}{W_1+W_2}$$ 式中,t_{R_2} 为相邻两峰中后一峰的保留时间;t_{R_1} 为相邻两峰中前一峰的保留时间;W_1、W_2 为相邻两峰的峰宽	除另有规定外,分离度应大于1.5
3	重复性	取各品种项下的对照品溶液,连续进样5次,计算峰面积测量值的相对标准偏差。 也可按各品种校正因子测定项下的标准,配制相当于80%、100%和120%的对照品溶液,加入规定量的内标溶液,配成3种不同浓度的溶液,分别至少进样2次,计算平均校正因子	除另有规定外,峰面积测量值的相对标准偏差应不大于2.0%
4	拖尾因子(T)	为保证分离效果和测量精度,应检查待测组分的吸收峰的拖尾因子(T)是否符合各品种项下的规定,拖尾因子可按下式计算: $$T=\frac{W_{0.05h}}{2d_1}$$ 式中,$W_{0.05h}$ 为0.05峰高处的峰宽;d_1 为峰极大至峰前沿之间的距离	除另有规定外,T 应在0.95～1.05之间

(四)常见问题与解决方法

同"能运用高效液相色谱法进行中药制剂的鉴别"常见问题与解决方法。

(五)学习结果评价

序号	考核内容	技　能　要　求	分值	得分
1	操作准备	正确进行实训用品准备	5	

续表

序号	考核内容	技能要求	分值	得分
2	操作	(1)开机前准备:色谱柱安装正确,流动相配制正确,流动相过滤、脱气操作正确,流动相安装正确	10	
		(2)开机:正确打开仪器的电源开关,仪器自检通过后,正确打开色谱工作站	10	
		(3)正确设置仪器参数	10	
		(4)样品分析与数据采集:正确进行色谱柱平衡,使基线稳定;正确设置样品信息;进样操作正确;色谱峰峰形、分离度符合要求	30	
		(5)正确打印报告	5	
		(6)关机:正确冲洗色谱柱,正确用水冲洗泵的柱塞杆,正确使泵停止,退出工作站,关闭仪器电源	10	
3	记录	正确记录仪器型号、色谱柱类型和规格、流动相流速、检测波长、放大器灵敏度及衰减、进样量、色谱图及相关数据等	10	
4	结果判定	正确进行结果判定	10	
		合　　计	100	

五、课后作业

(1)简述高效液相色谱仪的操作流程及注意事项。

(2)双黄连口服液中黄芩苷的测定。

双黄连口服液是由金银花、黄芩、连翘三味中药饮片制成的液体制剂。黄芩苷是黄芩的主要有效成分,属黄酮类化合物,具有一定的极性和酸性,略溶于水、甲醇、乙醇,在 274 nm 处具有最大吸收峰。《中国药典》采用高效液相色谱法测定黄芩中黄芩苷的含量。

黄芩苷

【处方】金银花 375 g,黄芩 375 g,连翘 750 g。

【含量测定】黄芩含量照高效液相色谱法(通则 0512)测定。

(1)色谱条件与系统适用性试验:以十八烷基硅烷键合硅胶为填充剂;以甲醇-水-冰醋酸(50∶50∶1)为流动相;检测波长为 274 nm。理论板数按黄芩苷峰计算应不低于 1500。

(2)对照品溶液的制备:取黄芩苷对照品适量,精密称定,加 50%甲醇制成每 1 ml 含 0.1 mg 的溶液,即得。

(3)供试品溶液的制备:精密量取本品 1 ml,置 50 ml 量瓶中,加 50%甲醇适量,超声处理 20 分钟,放置至室温,加 50%甲醇稀释至刻度,摇匀,即得。

(4)测定法:分别精密吸取对照品溶液与供试品溶液各 5 μl,注入液相色谱仪,测定,即得。本品每 1 ml 含黄芩以黄芩苷($C_{21}H_{18}O_{11}$)计,不得少于 10.0 mg。

【规格】每支装

(1)10 ml(每 1 ml 相当于饮片 1.5 g)。

(2)20 ml(每 1 ml 相当于饮片 1.5 g)。

(3)10 ml(每 1 ml 相当于饮片 3.0 g)。

【测定】

(1)流动相的配制:取甲醇(色谱纯)200 ml、冰醋酸(色谱纯)200 ml 和重蒸馏水 40 ml 混合均匀,用 0.45 μm 的滤膜过滤,超声处理 30 分钟,即得。

(2)对照品溶液的制备:精密称取黄芩苷对照品 25 mg,置 25 ml 量瓶中,加 50%甲醇适量溶解并稀释至刻度,摇匀,精密量取 1 ml,置 10 ml 量瓶中,加 50%甲醇至刻度,摇匀,即得。

(3)供试品溶液的制备:取本品 10 支内容物,摇匀,精密量取 1 ml,置 50 ml 量瓶中,加 50%甲醇适量,超声处理 20 分钟,放置至室温,加 50%甲醇稀释至刻度,摇匀,即得。

(4)测定:上机操作,即得。

(5)实验数据:$W_{对}=0.02510$ g,$A_{供}=38001.8$,$A_{对}=16981.7$。

计算双黄连口服液中黄芩苷的含量。

核心能力四　能正确运用气相色谱法进行含量测定

一、核心概念

1.气相色谱法　采用气体为流动相(载气)流经色谱柱进行分离测定的色谱方法。物质或其衍生物汽化后,被载气带入色谱柱进行分离,各组分先后进入检测器。用数据处理系统记录色谱信号,根据色谱信号进行定性定量分析。

扫码看课件

2.系统适用性试验　为了保证检测结果的准确性,在采用气相色谱法测定时,需进行系统适用性试验。色谱系统的适用性试验参数通常包括理论板数、分离度、灵敏度、重复性和拖尾因子。

二、学习目标

能熟练运用气相色谱法进行中药制剂的含量测定。

三、基本知识

气相色谱法具有分离效能高、选择性好、灵敏度高、分析速度快等特点,适用于沸点较低,且在操作温度下有良好稳定性的中小分子化合物的分析。该法在中药制剂检验中主要用于挥发油或其他挥发性成分的含量测定,也可用于水分测定、乙醇量测定、甲醇量检查和农药残留量的检测等。

气相色谱法的测定方法有内标法、外标法、面积归一化法和标准溶液加入法。《中国药典》一部多采用内标法测定含量,如西瓜霜润喉片中冰片,麝香舒活搽剂中樟脑、薄荷脑、冰片,冰硼散中冰片,十滴水软胶囊中樟脑等。

四、能力训练

(一)操作用物

气相色谱仪:载气源(氢气、氮气或氦气作为载气)、进样系统、色谱柱(填充柱或毛细管柱)、柱温箱、检测器(氢火焰离子化检测器、电子捕获检测器等)、温度控制系统、数据处理系统等(图8-5、表8-5)。

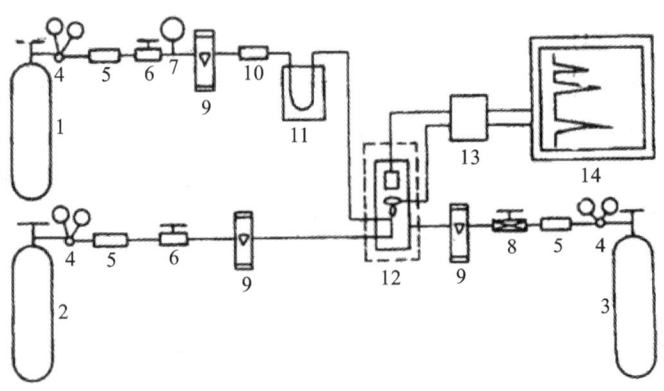

图 8-5　气相色谱仪示意图

1.载气钢瓶(氮气);2.氢气钢瓶;3.空气钢瓶;4.减压阀;5.干燥器;6.稳压阀;7.压力表;8.针形阀;9.转子流量计;10.进样器及气化室;11.色谱柱;12.氢火焰离子化检测器(虚线表示恒温室);13.微电流放大器;14.记录器

表 8-5　气相色谱仪简介

序号	仪 器	仪 器 简 介
1	气流控制系统	(1)气源及净化:气源(载气)是气相色谱仪载气和辅助气的来源,可以是高压气钢瓶、氢气发生器以及空气压缩机。常用氮、氦、氢、氩等作载气,空气作辅助气。热导检测器多用氦气或氢气;氢离子火焰检测器多用氢气、氮气或氦气;电子捕集检测器多用氮气或混有5%甲烷气体的氢气。一般在药物分析中主要使用氮气为载气(含99.9%的纯氮或99.99%的高纯氮),如果缺乏氮气,可用氢气代替。目前氮气和氢气气源主要有高压气瓶和气体发生器两种,高压气瓶的气体纯度高,质量好,但是更换不方便,气瓶压力低于 20 kg/cm² 时应停止使用。气体发生器使用较方便。空气可以用空气压缩机或高压空气钢瓶。由于空气压缩机是以实验室空气为气体来源,可能将油带入气体,所以有机杂质含量高,纯度低,因此,若使用空气压缩机,要及时更换净化装置。 (2)减压阀:连接在高压钢瓶和气体流路之间的减压装置,将由高压钢瓶供给的气体压力降至 0.2~0.5 MPa。用于氢气的减压阀俗称氢气表,用于氮气和氦气的减压阀叫氧气表。如果采用高压钢瓶作气源,在安装气瓶减压阀时,应先将瓶口连接处的灰尘擦干净,使瓶口向外,旋转阀门开关放气数次,吹出灰尘,将减压阀用扳手拧紧,再用连接管将减压阀出口连接到气相色谱仪。用检漏液(表面活性剂溶液)检查连接处气密性

续表

序号	仪 器	仪 器 简 介
1	气流控制系统	(3)稳压阀:又称压力调节器。为后面的针形阀提供稳定的气压,或为后面的稳流阀提供恒定的参考压力。旋转调节手柄,即可通过弹簧将针阀2旋到一定的开度,当压力达到一定值时就处于平衡状态,当气体进口压力P_1稍有增加时,P_2处的压力也增加,波纹管就向右移动,并带动三根连动阀杆(图中只画出一根)也向右移动,使阀开度变小,使出口压力P_3维持不变,反之亦然。 (4)压力表:压力显示器,指示和监测载气流量的仪器。气体的流速是以单位时间内通过色谱柱或检测器的体积来表示(ml/min)。现代仪器有电子流量监测器和电子压力控制器,可通过编程控制柱头压力和载气流量。 (5)净化装置:连接在气源与仪器之间的净化载气中的杂质和水分的装置,一般为装有5A或13X分子筛的金属或塑料管(内径为20~25 cm)。气体中的杂质主要是一些永久性气体、低分子有机化合物和水蒸气,分子筛中的过滤器可以吸附有机杂质,变色硅胶可以除去水蒸气。大部分GC仪器本身有气体净化器,但要定期更换净化装置中的填料。分子筛可以重新活化后使用,活化方法是将分子筛从过滤装置中取出,置于坩埚中,在马弗炉内加热到400~600 ℃,活化4~6小时。硅胶颜色变红时也要进行活化,方法:在烘箱中140 ℃左右加热2小时即可。 (6)气体流量调节阀(稳流阀):为调节载气流量、稳定气体压力的装置。程序升温用气相色谱仪通常还配有稳流阀,以维持柱升降温时气流的稳定。其工作原理是针阀在输入压力保持不变的情况下旋到一定的开度,使流量维持不变。当进口压力P_1稳定,针阀两端的压力差$\triangle P = P_1 - P_2$,当$\triangle P$等于弹簧压力时,膜片两边达到平衡。当柱温升高时,气体阻力增加,出口压力P_4增加,流量降低。因为P_1是恒定的,所以$P_1 - P_2$小于弹簧压力,这时弹簧向上压动膜片,球阀开度增大,出口压力P_4增大,流量增加,P_2也相应下降,直至$P_1 - P_2$等于弹簧压力时,膜片又处与平衡,使气体流量维持不变。 (7)转子流量计:测定并显示载气流速的仪器,载气流速对色谱柱的分离效能和检测器的灵敏度均有很大影响,是色谱分析的重要操作条件之一
2	进样系统	进样系统包括供试品引入装置(进样器)、气化室(进样系统)和温度控制装置。进样量的大小、进样时间的长短直接影响到柱的分离和最终定量结果
3	分离系统	(1)色谱柱:色谱柱按柱内径的大小和长度,可分为填充柱和毛细管柱,前者的内径在2~4 mm,长度为1~10 m;后者内径在0.2~0.5 mm,长度为25~100 m。柱形有螺旋形、U形。 ①填充柱:填充柱管的材质为不锈钢或玻璃。不锈钢柱管坚固耐用,但不适宜不稳定化合物分离,玻璃柱管无以上缺点,但易碎,柱长一般为2~3 m。柱内径一般为2~4 mm,细柱径比粗柱径分离效果好。柱形有螺旋形、U形,U形柱的柱效高。 ②色谱柱填料:色谱柱内填料分为吸附剂类载体、高分子多孔微球和涂布固定液的硅藻土类载体。在药物分析检验中,主要使用经酸洗并硅烷化处理的硅藻土(白色载体)或高分子多孔微球作载体。

续表

序号	仪 器	仪 器 简 介
3	分离系统	③固定液:要求固定液在操作范围内具备蒸气压低、热稳定性好、对供试品各组分有足够的溶解能力、选择性高、不与供试品发生化学反应等性质。如果组分的结构、性质及极性与固定液相似,组分在固定液中的溶解度就大,保留时间长,有利于相互分离;反之,则溶解度小,保留时间短,不利于分离。常用固定液有甲基聚硅氧烷(如 SE-30、OV-17 等)、聚乙二醇(如 PEG-20W 等)。固定液涂布浓度一般为5%～25%。 ④毛细管柱:毛细管柱的材质为玻璃或石英,内壁或载体经涂渍或交联固定液,内径一般为 0.25 mm、0.32 mm 和 0.53 mm,柱长 5～60 m,固定液膜厚 0.1～5.0 μm,常用的固定液有甲基聚硅氧烷、不同比例组成的苯基甲基聚硅氧烷、聚乙二醇等,新填充柱和毛细管柱在使用前需老化以除去残留溶剂及低分子量的聚合物,色谱柱如长期未用,使用前应进行老化处理,使基线稳定。 (2)柱室:色谱柱内没有被固定相填充的空间。 (3)柱温箱:设置、控制、测量色谱柱温度的装置。正确选择和精密控制温度是顺利完成分析任务的重要条件。特别是柱温控制精度应在±1 ℃,且波动小于每小时 0.1 ℃。温度控制系统分为恒温控制和程序升温两种,前者用于单组分分析,后者用于复杂多组分分析
4	检测系统	(1)积分型检测器:这类检测器显示的信号是组分积分随时间的积分量,可直接得出组分的含量,通常用来测定色谱柱后流出物的总量。 (2)微分型检测器:这类检测器显示的信号是组分随时间的瞬时量的变化,曲线上的各点表示该瞬间某组分的量,整个峰面积才表明某组分的总量。 (3)浓度型检测器:浓度型检测器输出的信号的大小与载气中组分的浓度有关,当载气的流量不同,组分的进样量一定时,色谱峰高在一定范围内变化很小,色谱峰随载气流量增大而减小。此类检测器有热导检测器及电子捕获检测器。 (4)热导检测器:利用待测组分与载气的热导率不同检测组分浓度的变化。具有结构简单、线性范围宽、测定范围广、热稳定性好、供试品不易被破坏等优点。缺点是灵敏度低、噪声大。 (5)质量型检测器:质量型检测器输出的信号的大小与组分在单位时间内进入检测器的量有关,与浓度关系不大。当载气的流量不同,进样量一定时,色谱峰的面积在一定范围内不变,色谱峰峰高随载气流量增大而变大。此类检测器有氢火焰离子化检测器和火焰光度检测器(FPD)等。 (6)温度控制系统:设置、控制、测量检测器温度的装置
5	数据记录与处理系统	由放大器、记录仪、积分仪、数据处理系统组成。数据处理机或色谱工作站接收经处理放大的供试品浓度或质量的信号(色谱图信息),打印出操作条件,由积分仪给出定性和定量分析结果。由于微电子技术的不断发展,特别是计算机的出现,现代色谱仪采用计算机(色谱工作站)进行数据采集和处理,同时也对色谱仪的自动进样器、柱温、检测器、载气流速和压力等进行设定和控制

(二)注意事项

同"能运用气相色谱法进行中药制剂的鉴别"注意事项。

(三)操作内容

序号	操作步骤	操作要点
1	操作准备	供试品溶液和对照品溶液的制备 仪器检查:检查仪器的使用记录和状态,仪器的开关、指示灯等应正常。选好合适的色谱柱,柱的两端应堵有盲堵。装好,以不漏气为合适。换下的色谱柱,应堵上盲堵保存。开启载气钢瓶上总阀,调节减压阀至规定压力。用肥皂水或其他检漏液检查各连接处,应无泄漏 系统适用性试验: (1)色谱柱的理论板数(n):按各品种项下规定。 (2)分离度(R):除另有规定外,分离度应大于1.5。 (3)灵敏度:通常以信噪比表示,定性测定时,信噪比不小于3。 (4)拖尾因子(T):除另有规定外,T值应在0.95~1.05之间。 (5)重复性:采用外标法,对照品溶液连续进样5次,除另有规定外,峰面积测量值的相对标准偏差(RSD)应不大于2.0%。采用内标法时,通常配制相当于80%、100%和120%的对照品溶液,加入规定量的内标溶液,配制3种不同浓度的溶液,分别至少进样2次,计算平均校正因子,其相对标准偏差不大于2.0%
2	操作	(1)开启载气钢瓶总阀及分压阀,打开各部分电路开关,开启色谱工作站,设定气化室、柱温箱、检测器温度和载气流量等色谱参数,并开始加热。 (2)待各部分设定的参数恒定后,开启氢气钢瓶总阀和空气压缩机总阀,操作同载气。 (3)按下点火按钮(有些仪器在检测器温度达到一定温度后有自动点火功能),应有"扑"的点火声,将玻璃片置离子捕获检测器气体出口处,检视玻璃片上有水雾,表示已点着火,同时显示屏上应有响应信号。 (4)调节仪器的放大器、灵敏度等,走基线,待基线平稳度达到可以接受的范围内,即可进样分析。 (5)气相色谱常用的进样方法有手动进样、自动进样、顶空进样(多为自动进样)等。操作要求如下(针对常规液体样品)。 ①手动进样:选用合适体积尖头微量进样器,由于气相色谱法进样量一般较少(与高效液相色谱法相比),要用待测溶液充分润洗,排气泡后,快速注射,在用微量注射器手动进样时,精密度决定于操作的熟练程度,各步操作应尽量一致。 ②自动进样及顶空进样:将按标准规定处理好的样品装入专用小瓶中,设定程序后仪器自动进样,精密度一般较高,顶空进样还可消除或减少样品中某些组分对被测组分的影响。 (6)分析完毕后,待各组分流出后,先关闭氢气和空气,再进行降温操作,将进样口、柱温箱、检测器以及顶空进样器的温度均设为40 ℃或更低,待各组件的温度降到40 ℃以下时,依次关闭载气、工作站、气相色谱仪。如果要取下色谱柱,则取下后应将柱两端用盲堵堵上,放在盒内,妥善保存

续表

序号	操作步骤	操作要点
3	计算	(1)内标法:包括校正因子的计算和浓度的计算。 ①校正因子的计算:按各品种项下规定的方法制备校正因子测定用溶液。取一定量注入气相色谱仪,记录色谱图,测定对照品和内标物的峰面积或峰高,计算校正因子(f): $$f = \frac{A_内 / C_内}{A_对 / C_对}$$ 式中,$A_内$ 为内标物的峰面积或峰高;$C_内$ 为内标物的浓度;$A_对$ 为对照品的峰面积或峰高;$C_对$ 为对照品的浓度。 ②浓度的计算: $$C_供 = f \cdot C_内' \cdot \frac{A_供}{A_内'}$$ 式中,f 为校正因子;$A_供$ 为供试品的峰面积;$C_内'$ 为内标物的浓度;$A_内'$ 为内标物的峰面积。 (2)外标法:见高效液相色谱法
4	记录	应注明仪器型号、色谱柱型号、规格及批号,进样口、柱温箱和检测器温度,载气流速和压力,进样体积,以及进样方式,并附色谱图及打印结果
5	结果判定	比较供试品与对照品色谱图,供试品呈现与对照品保留时间相同的色谱峰,则判断为符合药品标准规定

(四)常见问题与解决方法

同"能运用气相色谱法进行中药制剂的鉴别"常见问题与解决方法。

(五)学习结果评价

序号	考核内容	技 能 要 求	分值	得分
1	操作准备	正确配制供试品溶液和对照品溶液	5	
		正确进行仪器检查、无遗漏	10	
		系统适用性试验参数符合要求	10	
2	操作	(1)正确开启载气钢瓶总阀及分压阀,打开各部分电路开关,开启色谱工作站,设定仪器参数	10	
		(2)正确开启氢气钢瓶总阀和空气压缩机总阀	5	
		(3)正确按下点火按钮	10	
		(4)正确设置仪器的放大器、灵敏度等参数,基线平稳	5	
		(5)进样操作规范、准确	10	
		(6)关机操作顺序正确、准确无误	10	
3	计算	正确计算	10	
4	记录	记录内容完整、准确、无漏项;报告清晰	5	
5	结果判定	结果判定准确	10	
		合　　计	100	

五、课后作业

(1) 简述气相色谱仪的操作流程及注意事项。

(2) 川贝枇杷糖浆中薄荷脑的含量测定。

川贝枇杷糖浆由川贝母流浸膏、桔梗、枇杷叶、薄荷脑四味中药制备而成。薄荷脑具局麻作用,有薄荷的特殊香气,味初灼热后清凉,可掩盖苦味;在乙醇、三氯甲烷、乙醚中极易溶解,在水中极微溶解。《中国药典》采用挥发油测定法(通则2204),用环己烷为溶剂提取,采用气相色谱法测定薄荷脑含量。

检验依据

【**处方**】川贝母流浸膏 45 ml,桔梗 45 g,枇杷叶 300 g,薄荷脑 0.34 g。

【**含量测定**】照气相色谱法(通则0521)测定。

色谱条件与系统适用性试验 改性聚乙二醇毛细管柱(柱长为 30 m,内径为 0.32 mm,膜厚度为 0.25 μm),柱温为 110 ℃;分流进样,分流比为 25:1,理论板数按萘峰计算应不低于 5000。

校正因子测定 取萘适量,精密称定,加环己烷制成每 1 ml 含 15 mg 的溶液,作为内标溶液。另取薄荷脑对照品 75 mg,精密称定,置 5 ml 量瓶中,用环己烷溶解并稀释至刻度,摇匀。精密量取 1 ml,置 20 ml 量瓶中,精密加入内标溶液 1 ml,加环己烷至刻度,摇匀。吸取 1 μl,注入气相色谱仪,计算校正因子。

测定法 精密量取本品 50 ml,加水 250 ml,照挥发油测定法(通则2204),自测定器上端加水使充满刻度部分并溢流入烧瓶为止,加环己烷 3 ml,连接回流冷凝管,加热至沸并保持微沸 4 小时,放冷,将测定器中的液体移至分液漏斗中,冷凝管及挥发油测定器内壁用少量环己烷洗涤,并入分液漏斗中,分取环己烷液,水液再用环己烷提取 2 次,每次 3 ml,用铺有无水硫酸钠 0.5 g 的漏斗过滤,合并环己烷液,置 20 ml 量瓶中,精密加入内标溶液 1 ml,加环己烷至刻度,摇匀,即得。吸取 1 μl,注入气相色谱仪,测定,即得。

本品每 1 ml 含薄荷脑($C_{10}H_{20}O$)应不少于 0.20 mg。

测定

(1) 校正因子测定:精密称取萘 75.15 mg,置 5 ml 量瓶中,加环己烷适量溶解并稀释至刻度,作为内标溶液。另精密称取薄荷脑对照品 73.26 mg,置 5 ml 量瓶中,加环己烷溶解并稀释至刻度,摇匀。精密量取 1 ml,置 20 ml 量瓶中,精密加入内标溶液 1 ml,加环己烷至刻度,摇匀。吸取 1 μl,注入气相色谱仪,计算校正因子。

(2) 测定法:依法测定,即得。

(3) 计算:实验数据如下。$W_{内}=75.15$ mg,$W_{对}=73.26$ mg,$A_{内}=851302.0$,$A_{对}=798023.5$,$A'_{内}=841603.2$,$A_{供}=814180.5$。

核心能力五　能正确运用容量分析法进行含量测定

一、核心概念

容量分析法 又称滴定分析法,系将一种已知准确浓度的滴定液加到被测物质溶液中,直到两者完全反应,根据滴定液的浓度及消耗的体积确定被测物含量的方法。各种滴定法的原理见表8-6。

表 8-6　各种滴定法的原理

序号	项目	原理
1	酸碱滴定法	又称中和法，系以酸碱中和反应为基础的一种滴定方法。可以用酸作标准溶液，测定碱及碱性物质的含量；也可以用碱作标准溶液，测定酸及酸性物质的含量。对于 $K \cdot C \geqslant 10^{-8}$ 的酸、碱组分，可在水溶液中直接确定。如《中国药典》收载的止喘灵注射液、北豆根片、颠茄酊中生物碱的含量测定。而对于 $K \cdot C < 10^{-8}$ 的弱有机酸、生物碱或水中溶解度很小的酸、碱，只能采用间接滴定或非水滴定法测定
2	沉淀滴定法	以沉淀反应为基础的一种滴定方法。其实质是离子与离子形成难溶性的盐，可分为银量法、四苯硼钠法和亚铁氰化钾等。在中药制剂分析中最常用的是银量法，用硝酸银标准溶液测定卤化物的含量，主要用于测定制剂中生物碱、生物碱的氢卤酸盐及含卤素的其他有机成分的含量
3	氧化-还原滴定法	以氧化-还原反应为基础的一种滴定方法，有碘量法、高锰酸钾法及亚硝酸钠法等。可用氧化剂作标准溶液，测定还原性物质；也可用还原剂作标准溶液，测定氧化性物质。适用于测定含酚类、糖类、Fe、As 等具有氧化还原性成分的中药制剂
4	配位滴定法	以配位反应为基础的一种滴定方法，包括乙二胺四乙酸（EDTA）法和硫氰酸铵法等。适用于测定制剂中鞣质、生物碱及含 Ca^{2+}、Fe^{3+}、Hg^{2+} 等矿物药中金属离子的含量

二、学习目标

能熟练使用容量分析法进行中药制剂的含量测定。

三、基本知识

容量分析法根据滴定液与被测物发生的化学反应类型不同，可分为酸碱滴定法、沉淀滴定法、配位滴定法和氧化还原滴定法。

在中药制剂的含量测定中，容量分析法常被用来测定总生物碱的含量以及某些矿物药（如雄黄、朱砂）的含量（表 8-7）。

表 8-7　容量分析法用于测定总生物碱、雄黄、朱砂含量的原理

序号	项目	原理
1	总生物碱	生物碱是一类含氮的有机化合物，具有一定的碱性，通常能和酸结合成盐，故可用酸碱中和法进行滴定。用于生物碱含量测定的容量分析法有水溶液中的酸碱滴定法和非水酸碱滴定法。一般用强酸或强碱为滴定液，以直接或间接方式测定。如果生物碱可溶于水或水-醇溶液中，且生物碱碱性较强（$K \cdot C \geqslant 10^{-8}$），则可用强酸滴定液直接测定；如果生物碱在水中溶解度较小，可先将其溶解在一定量过量的酸标准溶液中，再用强碱滴定液回滴剩余的酸，即用反滴定法测其含量，如北豆根片（胶囊）、止喘灵注射液中总生物碱的含量测定均采用此法

续表

序号	项目	原理
2	雄黄	中药雄黄主要成分为 As_2S_2,对其进行含量测定多采用直接碘量法,以硫酸分解,使转变成亚砷酸。中和后,加淀粉作为指示剂,用碘滴定液滴定至溶液显蓝色。分解样品时,可在硫酸中加入碱金属硫酸盐以提高沸点。 $As_2S_2 + 11H_2O_2 =\!=\!= 2H_3AsO_4 + 2H_2SO_4 + 6H_2O$ $H_3AsO_4 + 2KI + H_2SO_4 =\!=\!= H_3AsO_3 + K_2SO_4 + I_2 + H_2O$ $I_2 + 2Na_2S_2O_3 =\!=\!= 2NaI + Na_2S_4O_6$
3	朱砂	中药朱砂主要成分为 HgS,对其进行含量测定多采用硫氰酸盐滴定法,以硫酸铁铵或硝酸铁为指示剂,用硫氰酸铵或硫氰酸钾标准溶液滴定。滴定反应如下: $Hg^{2+} + 2SCN^- \longrightarrow Hg(SCN)_2 \downarrow$(白色) $Fe^{3+} + SCN^- \longrightarrow FeSCN^{2+}$(浅棕红色) 氯离子能与汞形成配离子,干扰测定,因此样品分解多选用硫酸-硝酸钾。溶液中的硝酸盐需用高锰酸钾氧化除尽以去除干扰,过量的高锰酸钾再用硫酸亚铁还原。测定时溶液温度不宜超过 25 ℃,否则会使指示剂生成的红色减退

四、能力训练

(一)操作用物

酸式滴定管、碱式滴定管、锥形瓶、量筒等。

(二)注意事项

(1)滴定管和量瓶使用前需检漏。
(2)滴定前应排除滴定管管嘴气泡。

(三)操作内容

序号	操作步骤	操作要点
1	操作准备	清洗仪器
2	操作	(1)溶液配制。 (2)滴定操作。 (3)记录。 (4)计算含量 $$含量(W/W, \%) = \frac{T \times V \times F}{m_s} \times 100\%$$ 式中,V 为滴定液消耗的体积;T 为滴定度,即每 1 ml 滴定液相当于被测药物的质量;F 为滴定液浓度校正因子;m_s 为供试品的取样量
3	结果判定	与药品标准进行比较,判别是否符合规定

(四)学习结果评价

序号	考核内容	技 能 要 求	分值	得分
1	操作准备	正确清洗仪器	10	
2	操作	(1)正确配制溶液	10	
		(2)正确进行滴定操作	30	
		(3)正确记录	10	
		(4)正确计算含量	30	
3	结果判定	正确判定结果	10	
		合　　计	100	

五、课后作业

北豆根片的含量测定　北豆根片是以北豆根提取物为原料制成的片剂。北豆根为防己科植物蝙蝠葛 *Menispermum dauricum* DC. 的干燥根茎,含北豆根碱、蝙蝠葛碱、蝙蝠葛诺林碱等生物碱。《中国药典》规定用间接滴定法测定北豆根片的总生物碱(蝙蝠葛碱)含量。

1.检验依据

【处方】北豆根提取物 120 g(相当于总生物碱 30 g)。

【含量测定】总生物碱　取本品 20 片,除去包衣,精密称定,研细,精密称取适量(约相当于总生物碱 80 mg)置具塞锥形瓶中,加乙酸乙酯 25 ml,振摇 30 分钟,过滤,用乙酸乙酯 10 ml 分三次洗涤容器及滤渣,洗液与滤液合并,置水浴上蒸干,残渣加无水乙醇 10 ml 使溶解,精密加入硫酸滴定液(0.01 mol/L)25 ml 与甲基红指示剂 2 滴,用氢氧化钠滴定液(0.02 mol/L)滴定,即得。每 1 ml 硫酸滴定液(0.01 mol/L)相当于 6.248 mg 蝙蝠葛碱($C_{38}H_{44}N_2O_6$)。

本品含总生物碱以蝙蝠葛碱($C_{38}H_{44}N_2O_6$)计,应为标示量的 90.0%~110.0%。

【规格】①每片含总生物碱 15 mg;②每片含总生物碱 30 mg。

2.测定

(1)计算取样量:取本品 20 片(每片含总生物碱 30 mg),除去包衣,精密称定重量为 5.0010 g,算出平均重量后,计算取样范围。

(2)测定:把上述 20 片研细,精密称取 2 份(相当于总生物碱 80 mg),分别置具塞锥形瓶中,依法操作,记录数据,即得。

(3)计算:实验数据为氢氧化钠滴定液浓度 0.02008 mol/L,$W_{20}=5.0010$ g,$W_1=0.7036$ g,$W_2=0.7020$ g,$V_0=25.00$ ml,$V_1=12.12$ ml,$V_2=12.07$ ml。

核心能力六　能正确完成水溶性浸出物的测定

一、核心概念

浸出物测定法　用水、乙醇或其他适宜的溶剂,有针对性地对药材及其制剂中可溶性物质进行测定的方法。本法适用于有效成分尚不清楚或尚无确切定量分析方法和现有含量测定方法不能够完全反映其内在质量的中药材或制剂。

扫码看课件

二、学习目标

能正确进行水溶性浸出物的测定。

三、基本知识

《中国药典》收载了三种浸出物测定法:水溶性浸出物测定法、醇溶性浸出物测定法和挥发性醚浸出物测定法。

水溶性浸出物测定法包括冷浸法和热浸法。热浸法仅适用于不含或少含淀粉、黏液质等成分药物的测定。除另有规定外,测定用的供试品需粉碎,使能通过二号筛,并混合均匀。

《中国药典》中采用水溶性浸出物测定法测定的中药制剂有玉屏风袋泡茶、肾炎消肿片、暑症片等。

四、能力训练

(一)操作用物

分析天平(感量 0.1 mg)、药筛(二号筛)、锥形瓶(100~250 ml、250~300 ml)、移液管(20 ml、25 ml、50 ml、100 ml)、蒸发皿、回流装置、干燥器、水浴锅(可调温)等。

(二)注意事项

(1)仪器应干净、干燥。
(2)锥形瓶的容积应与加入水的体积相匹配。
(3)干燥时参考水分测定法中烘干法的有关内容。
(4)称定浸出物要迅速。

(三)操作内容

1. 冷浸法

序号	操作步骤	操作要点
1	操作准备	清洗仪器
2	操作	取供试品约 4 g,精密称定
		置 250~300 ml 的锥形瓶中,精密加水 100 ml,密塞,冷浸
		前 6 小时内时时振摇,再静置 18 小时
		用干燥滤器迅速过滤
		精密量取续滤液 20 ml,置已干燥至恒重的蒸发皿中
		在水浴上蒸干后,于 105 ℃干燥 3 小时
		置干燥器中冷却 30 分钟,迅速精密称定重量
3	计算	以干燥品计算供试品中水溶性浸出物的含量(%)。$$水溶性浸出物含量 = \frac{W}{W_S} \times 100\%$$ 式中,W 为水溶性浸出物重量,g;W_S 为供试品重量,g
4	结果判定	计算结果,按有效数字修约规则修约,使与标准中规定限度有效数位一致。其数值大于或等于限度时,判为符合规定

2. 热浸法

序号	操作步骤	操作要点
1	操作准备	清洗仪器
2	操作	取供试品 2～4 g，精密称定
		置 100～250 ml 的锥形瓶中，精密加水 50～100 ml，密塞，称定重量，静置 1 小时
		前 6 小时内时时振摇，再静置 18 小时
		连接回流冷凝管，加热至沸腾，并保持微沸 1 小时
		放冷后，取下锥形瓶，密塞，再称定重量
		用水补足减失的重量，摇匀
		用干燥滤器过滤
		精密量取续滤液 25 ml，置已干燥至恒重的蒸发皿中，在水浴上蒸干
		于 105 ℃ 干燥 3 小时，置干燥器中冷却 30 分钟，迅速精密称定重量
3	计算	以干燥品计算供试品中水溶性浸出物的含量(%)。$$\text{水溶性浸出物含量} = \frac{W}{W_s} \times 100\%$$ 式中，W 为水溶性浸出物重量，g；W_s 为供试品重量，g
4	结果判定	计算结果，按有效数字修约规则修约，使与标准中规定限度有效数位一致。其数值大于或等于限度时，判为符合规定

核心能力七　能正确完成醇溶性浸出物的测定

一、学习目标

能正确进行醇溶性浸出物的测定。

二、基本知识

照水溶性浸出物测定法，除另有规定外，以各品种项下规定浓度的乙醇代替水为溶剂(表 8-8)。

表 8-8　测定醇溶性浸出物的有关品种及其含量

品　名	溶　剂	方　法	含量(不得少于)
七厘散	乙醇	热浸法	60%
女珍颗粒	乙醇	热浸法	10.0%
无烟灸条	70%乙醇	冷浸法	2.0%
代温灸膏	无水乙醇	冷浸法	0.2 g/100 cm^2

续表

品 名	溶 剂	方 法	含量（不得少于）
妇科止带片	60%乙醇	热浸法	30%
刺五加片	甲醇	热浸法	80 毫克/片
复方益肝丸	70%乙醇	热浸法	0.38 g/g
复方消食茶	乙醇	热浸法	16.0%
复脉定胶囊	85%乙醇	热浸法	52.0%
消炎利胆片	无水乙醇	热浸法	36%
消络痛片	乙醇	热浸法	30 毫克/片
消络痛胶囊	乙醇	热浸法	60 毫克/粒
消眩止晕片	乙醇	热浸法	42 毫克/片
培元通脑胶囊	乙醇	热浸法	20%
痔宁片	无水乙醇	热浸法	45 毫克/片
猴耳环消炎片	乙醇	热浸法	50.0 毫克/片
猴耳环胶囊	乙醇	热浸法	50.0 毫克/粒，100 毫克/粒
感冒清热胶囊	乙醇	热浸法	11.0%
消瘀康片	正丁醇	冷浸法	6.0%
消瘀康胶囊	正丁醇	冷浸法	6.0%
儿康宁糖浆	正丁醇	—	3.0%
化积口服液	正丁醇	—	0.60%
安神宝颗粒	正丁醇	—	90 毫克/袋
复方阿胶浆	正丁醇	—	0.80%
治咳川贝枇杷露	正丁醇	—	60 mg/ml
感冒清热口服液	正丁醇	—	1.5%

三、能力训练

(一)操作用物

分液漏斗、分析天平(感量 0.1 mg)、药筛(二号筛)、锥形瓶(100～250 ml、250～300 ml)、移液管(20 ml、25 ml、50 ml、100 ml)、蒸发皿、回流装置、干燥器、水浴锅(可调温)等。

(二)注意事项

(1)回流提取须在水浴上加热。

(2)蒸发皿中蒸干醇提液,应在水浴上并在通风橱中进行。

(三)操作内容

1. 甲醇、乙醇浸出物测定法　照水溶性浸出物测定法,以各品种项下规定浓度的乙醇、甲醇代替水为溶剂测定。

(1)冷浸法。

序号	操作步骤	操 作 要 点
1	操作准备	清洗仪器
2	操作	取供试品约 4 g,精密称定
		置 250～300 ml 的锥形瓶中,精密加甲醇(或乙醇)100 ml,密塞,冷浸
		前 6 小时内时时振摇,再静置 18 小时
		用干燥滤器迅速过滤
		精密量取续滤液 20 ml,置已干燥至恒重的蒸发皿中
		在水浴上蒸干后,于 105 ℃ 干燥 3 小时
		置干燥器中冷却 30 分钟,迅速精密称定重量
3	计算	以干燥品计算供试品中醇溶性浸出物的含量(%)。$$醇溶性浸出物含量 = \frac{W}{V} \times 100\%$$ 式中,W 为醇溶性浸出物重量,g;V 为供试品体积,ml
4	结果判定	计算结果,按有效数字修约规则修约,使与标准中规定限度有效数位一致。其数值大于或等于限度时,判为符合规定

(2)热浸法。

序号	操作步骤	操 作 要 点
1	操作准备	清洗仪器

续表

序号	操作步骤	操作要点
2	操作	取供试品2~4 g,精密称定
		置100~250 ml的锥形瓶中,精密加甲醇(或乙醇)50~100 ml,密塞,称定重量,静置1小时
		前6小时内时时振摇,再静置18小时
		连接回流冷凝管,加热至沸腾,并保持微沸1小时
		放冷后,取下锥形瓶,密塞,再称定重量
		用水补足减失的重量,摇匀
		用干燥滤器过滤
		精密量取续滤液25 ml,置已干燥至恒重的蒸发皿中,在水浴上蒸干
		于105 ℃干燥3小时,置干燥器中冷却30分钟,迅速精密称定重量
3	计算	以干燥品计算供试品中醇溶性浸出物的含量(%)。 $$醇溶性浸出物含量 = \frac{W}{V} \times 100\%$$ 式中,W为醇溶性浸出物重量,g;V为供试品体积,ml
4	记录	记录精密加水体积,加热回流时间,精密量取续滤液体积,干燥温度、时间,蒸发皿恒重,供试品的重量(平行试验2份),干燥后及干燥至恒重的数据等
5	结果判定	计算结果,按有效数字修约规则修约,使与标准中规定限度有效数位一致。其数值大于或等于限度时,判为符合规定

2. 正丁醇浸出物测定法 正丁醇提取物的测定按各品种项下规定的方法进行。

(1)水溶液制剂:直接用水饱和的正丁醇提取数次,合并提取液后,置已干燥至恒重的蒸发皿中,蒸干,置105 ℃干燥3小时,移置干燥器中,冷却30分钟,迅速精密称定重量,计算供试品中正丁醇浸出物的含量(%)。

(2)固体制剂:可先加水溶解,移至分液漏斗中,用水饱和的正丁醇提取数次,合并提取液,照上述方法蒸干,干燥,称定浸出物重量,计算出正丁醇浸出物的含量(%)。

核心能力八　能正确完成挥发性醚浸出物的测定

一、学习目标

能正确进行挥发性醚浸出物的测定。

二、基本知识

挥发性醚浸出物测定系以乙醚为溶剂对制剂中挥发性醚溶性成分进行提取并测定(表8-9),专属性较强。供试品须过四号筛。

表 8-9　测定醚溶性浸出物的有关品种及其含量

品　名	溶　剂	含量(不得少于)
九味羌活丸	乙醚	0.30%
安中片	乙醚	0.35 毫克/片
男康片	乙醚	0.25%
龟龄集	乙醚	0.25%
沉香化气丸	乙醚	0.40%

三、能力训练

(一)操作用物

索氏提取器,药筛(四号筛),剪刀,分析天平(感量 0.1 mg),锥形瓶(100～250 ml、250～300 ml),移液管(20 ml、25 ml、50 ml、100 ml),蒸发皿,回流装置,干燥器,水浴锅(可调温)等。

(二)注意事项

(1)回流加热乙醚须在水浴上进行。
(2)蒸发皿中挥去乙醚须在室温下、通风橱中进行。
(3)加热挥去浸出物中挥发性成分时,应缓缓加热至 105 ℃。

(三)操作内容

序号	操作步骤	操作要点
1	操作准备	清洗仪器
2	操作	取供试品(过四号筛)2～5 g,精密称定
		置五氧化二磷干燥器中干燥 12 小时
		置索氏提取器中,加乙醚适量,除另有规定外,加热回流 8 小时
		取乙醚液,置干燥至恒重的蒸发皿中,放置,挥去乙醚
		残渣置五氧化二磷干燥器中,干燥 18 小时
		精密称定
		缓缓加热至 105 ℃,并于 105 ℃ 干燥至恒重
3	计算	其减失重量即为挥发性醚浸出物的重量 $$挥发性醚浸出物含量 = \frac{W}{W_s} \times 100\%$$ 式中,W 为挥发性醚浸出物重量,g;W_s 为供试品重量,g
4	结果判定	计算结果,按有效数字修约规则修约,使与标准中规定限度有效数位一致,其数值大于或等于限度时,判为符合规定

核心能力九　能正确完成中药制剂中挥发油的测定

一、核心概念

挥发油　又称芳香油或精油,是广泛存在于植物中的一类可随水蒸气蒸馏,但难溶于水的油状液体的总称。

扫码看课件

二、学习目标

能正确进行中药制剂中挥发油的测定。

三、基本知识

挥发油在常温下挥发,大部分具有香气,是中药及中药制剂中的一类重要有效成分,因此测定挥发油总含量对于控制药品质量具有重要意义。

挥发油测定的原理:首先利用挥发油的挥发性,用水蒸气蒸馏法将其提取完全;再利用其较强的亲脂性(与水不相溶)而分层,即可读取挥发油的体积,并计算其含量。

四、能力训练

(一)操作用物

挥发油测定仪器装置见图 8-6。A 为 1000 ml 的硬质圆底烧瓶(或 500 ml、2000 ml),上接挥发油测定器 B,B 的上端连接回流冷凝管 C。以上各部均用玻璃磨口连接。挥发油测定器 B 应具有 0.1 ml 的刻度。全部仪器应充分洗净,并检查结合部是否严密,以防挥发油逸出。装置中挥发油测定器的支管分岔处应与基准线平行。

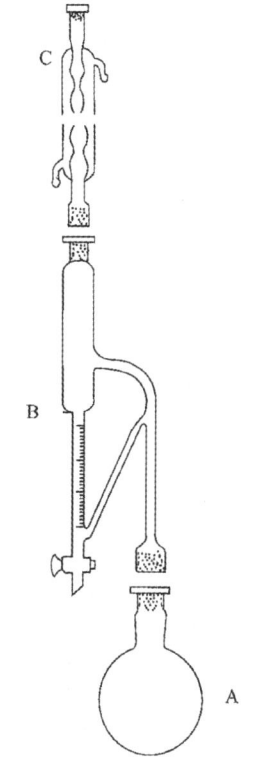

图 8-6　挥发油测定仪器装置

(二)操作内容

1. 甲法　本法适用于测定相对密度在 1.0 以下的挥发油。

序号	操作步骤	操作要点
1	操作准备	清洗仪器
2	操作	取供试品适量(相当于挥发油 0.5～1.0 ml),称定重量(准确至 0.01 g)
		置烧瓶中,加水 300～500 ml(或适量)与玻璃珠数粒,振摇混合
		连接挥发油测定器与回流冷凝管
		自回流冷凝管上端加水至充满挥发油测定器的刻度部分,并溢流入烧瓶时为止
		置电热套中或用其他适宜方法缓缓加热至沸,并保持微沸约 5 小时,至挥发油测定器中油量不再增加
		停止加热,放置片刻,开启挥发油测定器下端的活塞,将水缓缓放出,至油层上端到达刻度 0 线上面 5 mm 处为止
		放置 1 小时以上,再开启活塞,使油层下降至其上端恰与刻度 0 线平齐

续表

序号	操作步骤	操作要点
3	计算	读取挥发油量,并计算供试品中挥发油的含量(%)。 $$挥发油含量(V/W,\%) = \frac{V_{油}}{V_{样}} \times 100\%$$
4	结果判定	计算结果,按有效数字修约规则修约,使与标准中规定限度有效数位一致。其数值大于或等于限度时,判为符合规定

2. 乙法 本法适用于测定相对密度在1.0以上的挥发油。

序号	操作步骤	操作要点
1	操作准备	清洗仪器
2	操作	取水约300 ml与玻璃珠数粒,置烧瓶中,连接挥发油测定器
		挥发油自测定器上端加水至充满刻度部分,并溢流入烧瓶时为止,再用移液管加入二甲苯1 ml,然后连接回流冷凝管
		将烧瓶内容物加热至沸腾,并继续蒸馏,其速度以保持回流冷凝管的中部呈冷却状态为度
		30分钟后,停止加热,放置15分钟以上,读取二甲苯的容积
		取供试品适量(相当于挥发油0.5~1.0 ml),称定重量(准确至0.01 g)
		置烧瓶中,连接挥发油测定器与回流冷凝管
		置电热套中或用其他适宜方法缓缓加热至沸,并保持微沸约5小时,至挥发油测定器中油量不再增加
		停止加热,放置片刻,开启挥发油测定器下端的活塞,将水缓缓放出,至油层上端到达刻度0线上面5 mm处为止
		放置1小时以上,再开启活塞,使油层下降至其上端恰与刻度0线平齐
3	计算	自油层中减去二甲苯量,即为挥发油量,再计算供试品中挥发油的含量(%)。 $$挥发油含量(V/W,\%) = \frac{V_{油}}{V_{样}} \times 100\%$$
4	结果判定	计算结果,按有效数字修约规则修约,使与标准中规定限度有效数位一致。其数值大于或等于限度时,判为符合规定

(三)学习结果评价

序号	操作步骤	操作要点	分值	得分
1	操作准备	正确清洗仪器	10	
2	操作	(1)正确称量样品	10	
		(2)正确连接挥发油提取器	10	
		(3)正确在回流冷凝管加入水	10	
		(4)正确加热	10	
		(5)正确读数	20	
		(6)正确计算	20	
3	结果判定	正确判断结论	10	
		合 计	100	

核心能力十　能正确完成中药制剂中氮的测定

一、核心概念

氮测定法　依据含氮有机物经硫酸消化后,使有机氮转为硫酸铵,生成的硫酸铵被氢氧化钠分解释放出氨,氨随水蒸气被蒸馏入硼酸液中生成硼酸铵,用强酸滴定,然后依据强酸消耗量可计算出供试品的氮含量。

二、学习目标

能正确进行中药制剂中氮的测定。

三、基本知识

《中国药典》收载了三种氮测定法：第一法（常量法）、第二法（半微量法）、第三法（定氮仪法）。

四、能力训练

(一)操作用物

序号	方　　法	仪　　器
1	第一法（常量法）	凯氏烧瓶
2	第二法（半微量法）	蒸馏装置 A. 1000 ml 圆底烧瓶；B. 安全瓶；C. 连有氮气球的蒸馏器；D. 漏斗；E. 直形冷凝管；F. 100 ml 锥形瓶；G、H. 橡皮管夹
3	第三法（定氮仪法）	定氮仪

(二)操作内容

序号	方　法	操　作　内　容
1	第一法 （常量法）	取供试品适量（相当于含氮量 25～30 mg），精密称定，供试品如为固体或半固体，可用滤纸称取，并连同滤纸置干燥的 500 ml 凯氏烧瓶中；然后依次加入硫酸钾（或无水硫酸钠）10 g 和硫酸铜粉末 0.5 g，再沿瓶壁缓缓加硫酸 20 ml；在凯氏烧瓶口放一小漏斗并使凯氏烧瓶呈 45°斜置，用直火缓缓加热，使溶液的温度保持在沸点以下，等泡沸停止，强热至沸腾，俟溶液呈澄明的绿色后，除另有规定外，继续加热 30 分钟，放冷。沿瓶壁缓缓加水 250 ml，振摇使混合，放冷后，加 40%氢氧化钠溶液 75 ml，注意使其沿瓶壁流至瓶底，自成一液层；加锌粒数粒，用氮气球将凯氏烧瓶与冷凝管连接；另取 2%硼酸溶液 50 ml，置 500 ml 锥形瓶中，加甲基红-溴甲酚绿混合指示液 10 滴；将冷凝管的下端插入硼酸溶液的液面下，轻轻摆动凯氏烧瓶，使溶液混合均匀，加热蒸馏，至接收液的总体积约为 250 ml 时，将冷凝管尖端提出液面，使蒸气冲洗约 1 分钟，用水淋洗尖端后停止蒸馏；馏出液用硫酸滴定液（0.05 mol/L）滴定至溶液由蓝绿色变为灰紫色，并将滴定的结果用空白试验校正。每 1 ml 的硫酸滴定液（0.05 mol/L）相当于 1.401 mg 的氮
2	第二法 （半微量法）	连接蒸馏装置，A 瓶中加水适量与甲基红指示液数滴，加稀硫酸使呈酸性，加玻璃珠或沸石数粒，从 D 漏斗加水约 50 ml，关闭 G 夹，开放冷凝水，煮沸 A 瓶中的水，当蒸气从直形冷凝管尖端冷凝而出时，移去火源，关 H 夹，使 C 瓶中的水反抽到 B 瓶，开 G 夹，放出 B 瓶中的水，关 B 瓶及 G 夹，将直形冷凝管尖端插入约 50 ml 水中，使水自直形冷凝管尖端反抽至 C 瓶，再抽至 B 瓶，如上法放去。如此将仪器内部洗涤 2～3 次。 　　取供试品适量（相当于含氮量 1.0～2.0 mg），精密称定，置干燥的 30～50 ml 凯氏烧瓶中，加硫酸钾（或无水硫酸钠）0.3 g 与 30%硫酸铜溶液 5 滴，再沿瓶壁滴加硫酸 2.0 ml；在凯氏烧瓶口放一小漏斗，并使凯氏烧瓶呈 45°斜置，用小火缓缓加热使溶液保持在沸点以下，等泡沸停止，逐步加大火力，沸腾至溶液呈澄明的绿色后，除另有规定外，继续加热 10 分钟，放冷，加水 2 ml。 　　取 2%硼酸溶液 10 ml，置 100 ml 锥形瓶中，加甲基红-溴甲酚绿混合指示液 5 滴，将直形冷凝管尖端插入液面下。然后，将凯氏烧瓶中内容物经由 D 漏斗转入 C 瓶中，用少量水淋洗凯氏烧瓶及漏斗数次，再加入 40%氢氧化钠溶液 10 ml，用少量水再洗漏斗数次，关 G 夹，加热 A 瓶进行蒸气蒸馏，至硼酸液开始由酒红色变为蓝绿色时起，继续蒸馏约 10 分钟后，将直形冷凝管尖端提出液面，使蒸气继续冲洗约 1 分钟，用水淋洗尖端后停止蒸馏。 　　馏出液用硫酸滴定液（0.005 mol/L）滴定至溶液由蓝绿色变为灰紫色，并将滴定的结果用空白（空白和供试品所得馏出液的容积应基本相同，70～75 ml）试验校正。每 1 ml 的硫酸滴定液（0.005 mol/L）相当于 0.1401 mg 的氮

续表

序号	方法	操作内容
3	第三法 (定氮仪法)	本法适用于通过常量及半微量法测定含氮化合物中氮的含量。半自动定氮仪由消化仪和自动蒸馏仪组成;全自动定氮仪由消化仪、自动蒸馏仪和滴定仪组成。 根据供试品的含氮量参考常量法(第一法)或半微量法(第二法)称取样品置消化管中,依次加入适量硫酸钾、硫酸铜和硫酸,把消化管放入消化仪中,按照仪器说明书的方法开始消解[通常 150 ℃,5 分钟(去除水分);350 ℃,5 分钟(接近硫酸沸点);400 ℃,60~80 分钟]至溶液呈澄明的绿色,再继续消化 10 分钟,取出,冷却。 将配制好的碱液、吸收液和适宜的滴定液分别置自动蒸馏仪相应的瓶中,按照仪器说明书的要求将已冷却的消化管装入正确位置,关上安全门,连接水源,设定好加入试剂的量、时间、清洗条件及其他仪器参数等。如为全自动定氮仪,即开始自动蒸馏和滴定;如为半自动定氮仪,则取馏出液照第一法或第二法滴定,测定氮的含量

(三)学习结果评价

序号	考核内容	技能要求	分值	得分
1	操作准备	正确清洗仪器	10	
2	操作	(1)正确进行氮测定	60	
		(2)正确计算	20	
3	结果判定	正确判断结论	10	
		合 计	100	

工作任务九

检查报告

核心能力一　能正确书写检验原始记录

一、学习目标

能正确书写检验原始记录。

二、基本知识

检验记录是出具检验报告书的原始依据。为保证药品检验工作的科学性和规范性,检验原始记录必须用蓝黑墨水或碳素笔书写,做到记录原始、数据真实、字迹清晰、资料完整。

检验原始记录按页编号,按规定归档保存,内容不得私自泄露。

(1)基本要求:规定的记录纸、各类专用检测记录表格、铅笔(显微绘图用)。

(2)检测人员在检测前,应注意检品标签与所填检测卡的内容是否相符,并将样品的编号与品名记录于检测记录纸上。

(3)检测记录中,应先写明检测的依据。

(4)检测过程中,可按检测顺序依次记录各检测项目及其内容,应及时、完整地记录,严禁事后补记或转抄。如发现记录有误,可用单线划去并保持原有的字迹可辨,不得擦抹涂改;并应在修改处签名或盖章,以示负责。

(5)在整个检测工作完成之后,应将检测记录逐页按顺序编号,根据各项检测结果认真填写"检测卡",并对本检品做出明确的结论。

核心能力二　能正确书写检验报告书

一、学习目标

能正确书写检验报告书。

二、基本知识

药品检验报告书是对药品质量做出的技术鉴定,是具有法律效力的技术文件。要求做到:依据准确、数据无误,结论明确,文字简洁,书写清晰,格式规范;每一张药品检验报告书只针对一个批号。

成品检验报告书为一式三份,其中两份分别交至仓库和车间,剩余一份由质量管理部门存档;中间体为两份,一份交车间,另一份交质量管理部门存档;物料为两份,一份交仓库,另一份交质量管理部门存档。检验原始记录、检验报告书须按批号保存,药品有效期后一年或三年后方可销毁。

(1)报告书编号:为8位数字,前4位为年号,后4位为流水号,如19970009。

(2)检品名称:应按药品包装上的品名(中文名或外文名)填写。

(3)剂型:按检品的实际剂型填写。如片剂、胶囊剂、注射剂等。

(4)规格:按质量标准规定填写。没有规格的填"/"。

(5)包装:制剂包装应填药品的最小原包装的包装容器,如塑料瓶、铝塑板、纸盒等。

(6)批号:按药品包装实样上的批号填写。

(7)有效期:国内药品按药品包装所示填写有效期。

(8)报验数量:检品所代表该批报验药品的总量。

(9)检测目的:填写抽验、委托检测、复核检测、审核检测。

(10)检测项目:有全检、部分检测或单项检测。单项检测时应直接填写检测项目名称,如热原或无菌等。

(11)药品检验报告书的结论:内容应包括检验依据和检验结论。

全检合格,结论写"本品按××检验,结果符合规定"。

全检中只要有一项不符合规定,即判为不符合规定;结论写"本品按××检验,结果不符合规定"。

如非全项检测,合格的写"本品按××检验上述项目,结果符合规定";如有一项不合格时,则写"本品按××检验上述项目,结果不符合规定"。

附录 A 实验室常用检验报告

一、药品抽样记录及凭证

抽样单位：	检验单位：
抽样编号：	抽样日期：　　年　　月　　日
药品名称：	生产、配制单位或产地：
规格：	批号：
有效期：	批准文号：
抽样数量：	生产、配制或购进数量：
库存数量：	已销售或使用数量：
被抽样单位：	被抽样场所：
被抽样单位地址：	联系电话：
1.药品种类：　　　　　　　　　　　　注：是√　　否× 　进厂原料(包括化工原料、药用原料、辅料、包装材料等)□； 　中间体(半成品)□；制剂□；原料药□；药材(个子货、饮片)□	
2.外包装情况： 　(1)硬纸箱□；麻袋□；木箱□；纤维桶□；蛇皮袋□；铁桶□；铝听□；牛皮纸袋□；其他□ 　(2)药品名称、批号、生产厂家、批准文号、商标是否相符□ 　(3)包装无破损□；无水迹□；无霉变□；无虫蛀□；无污染□；其他□ 　(4)库存条件是否符合要求□	
3.抽样情况： 　(1)样品包装：玻璃瓶□；纸盒□；塑料袋□；铝塑□；其他□ 　(2)抽样数量： 　(3)抽样说明：	
备注：	
抽样单位经手人签名：　　　　　　　　　　　　　　　检验单位经手人签名： 被抽样单位经手人签名(盖章)：	

注：本凭证一式三联，第一联(黑)抽样单位留存，第二联(绿)送被抽样单位，第三联(红)随检品送检验单位。

二、药品复验申请表

受理编号：　　　　　　　　　检品编号：

申请复验单位	名称	（盖章）		
	地址			
	联系电话		邮编	
	传真		e-mail	
	经办人		申请复验日期	
申请复验样品名称		通用名称：		
		英文名称：		
		商品名称：		
批号/编号			规格	
剂型/型号			包装规格*	
检品数量*			有效期至*	
复验样品标示生产或配制单位				
原检验机构名称（供样单位）			原检验报告编号	
供样单位地址				
供样单位电话			供样单位邮编	
供样单位传真			供样单位 e-mail	
检验依据*				
申请复验项目及理由				
所附资料				
受理复验的药品检验机构名称				
受理复验申请经办人			受理复验申请日期	
受理复验单位意见				
收款单位**	全称			
	开户银行、账号			
	地址、邮编			
	联系人、电话			
备注：				

注："＊"，申请复验单位可不填写；"＊＊"，一般应由申请复验单位预付检验费。

三、药品检验原始记录

检品编号_____   检验依据_____
检品名称_____   检品数量_____
生产单位或产地_____   剩余数量_____
供样单位_____   有(失)效期_____
批号_____   收验日期_____
规格_____   报告日期_____
包装_____   仪器及型号_____
检验记录   _____年_____月_____日

检验者：   校对者：

共　　页　　第　　页

四、药品薄层色谱鉴别原始记录

检品名称：_____   检验编号：_____   检验日期：_____
批　　号：_____   规　　格：_____

【鉴别】

供试品溶液的制备：

对照品溶液的制备：

续表

对照品来源：

薄层色谱条件与结果：详见附图（　　　）

结论：　□符合规定　　　　□不符合规定

（标准规定：_____）

检验人：　　　　　　复核人：　　　　　　　　第　　页

五、药品薄层色谱条件与结果附图

图　　号：_____

检品名称：_____　　检验编号：_____　　检验日期：_____

天　　气：_____　　室　　温：_____　　湿　　度：_____

薄 层 板：_____　　展开温度：_____

展 开 剂：_____

显色剂及检视方法：_____

点样量(μl)：_____

点样顺序：　1　　　　　　2　　　　　　　　3

结论：

检验人：　　　　　　复核人：　　　　　　　　第　　页

六、单剂量分装的颗粒剂装量差异检查原始记录

检品名称：_____	检验编号：_____	检验日期：_____
批　　号：_____	规　　格：_____	

【装量差异】单剂量分装的颗粒剂，按《中国药典》一部（附录 IC）颗粒剂项下规定进行检查。

检查法：取供试品_____袋（瓶），分别称定每袋（瓶）内容物的重量。

天平：

规定：每袋（瓶）的重量与标示量相比较，超出限度的不得多于 2 袋（瓶），并不得有 1 袋（瓶）超出限度一倍。

标示装量：每袋（瓶）_____ g

限度为：

标 示 装 量	装量差异限度	标 示 装 量	装量差异限度
□1.0 g 或 1.0 g 以下	±10%	□1.5 g 以上至 6 g	±7%
□1.0 g 以上至 1.5 g	±8%	□6 g 以上	±5%

结论：　□符合规定　　　　□不符合规定

检验人：　　　　　　　　复核人：　　　　　　　　　　第　　　页

七、药品含量测定原始记录

检品名称：_____	检验编号：_____	检验日期：_____
批　　号：_____	规　　格：_____	

【含量测定】

供试品溶液的制备：

对照品溶液的制备：

续表

测定：

仪器：

结果：

结论：□符合规定　　　　　　□不符合规定

［标准规定：本品含_____，不得少于_____%］

检验人：　　　　　　　复核人：　　　　　　　　第　　页

八、药品吸光度检验原始记录

样品名称		规格	
来源		检验员	
样品批号		复核人	
检验依据		检验日期	
所用仪器		检验波长	

称配过程：

显示值：1.　　　　　　2.　　　　　　3.

计算

续表

结果

检验人：　　　　　　　　　复核人：　　　　　　　　　第　　页

九、药品高效液相色谱检验原始记录

样品名称		规格	
样品来源		检验员	
样品批号		复核人	
检验项目		检验日期	
检验依据		仪器型号	
色谱柱		柱温/℃	
检测波长/nm		流动相	
流速/(ml/min)		进样量/μl	
柱效（板数 n）		分离度（R）	
拖尾因子		重复性（相对标准偏差）	

分析方法：

称配过程：

续表

计算过程：

结果：

检验人：　　　　　　　　　复核人：　　　　　　　第　　页

十、药品气相色谱检验原始记录

样品名称		规格	
样品来源		检验员	
样品批号		复核人	
检验项目		检验日期	
检验依据		仪器型号	
色谱柱		柱压	
检测器		进样量	
载气流速		色谱柱温度/℃	
氢气流速		检测器/℃	
空气流速		进样器温度/℃	
柱效(板数 n)		分离度(R)	
拖尾因子		重复性(相对标准偏差)	
分析方法：			

续表

称配过程:
计算过程:
结果

检验人:　　　　　　　　　复核人:　　　　　　　　　第　页

十一、药品检验报告书

报告书编号:

检品名称			
批　　号		规　　格	
生产单位或产地		包　　装	
供样单位		有 效 期	
检验目的		检品数量	
检验项目		收检日期	年　月　日
检验依据		报告日期	年　月　日

检验项目	标准规定	检验结果
[性状]		

续表

［鉴别］

［检查］

［含量测定］

结论：

检验者：　　　　　　　　校对者：

附录B 实验室常用数据

一、药品中常见的残留溶剂及限度

溶剂名称	限度/(%)	溶剂名称	限度/(%)	溶剂名称	限度/(%)
第一类溶剂		N-甲基吡咯烷酮	0.053	正庚烷	0.5
（应该避免使用）		硝基甲烷	0.005	乙酸异丁酯	0.5
苯	0.0002	吡啶	0.02	乙酸异丙酯	0.5
四氯化碳	0.0004	环丁砜	0.016	乙酸甲酯	0.5
1,2-二氯乙烷	0.0005	四氢化萘	0.01	3-甲基-1-丁醇	0.5
1,1-二氯乙烯	0.0008	四氢呋喃	0.072	丁酮	0.5
1,1,1-三氯乙烷	0.15	甲苯	0.089	异丁醇	0.5
第二类溶剂		1,1,2-三氯乙烯	0.008	正戊烷	0.5
（应该限制使用）		二甲苯①	0.217	正戊醇	0.5
乙腈	0.041	异丙基苯	0.007	正丙醇	0.5
氯苯	0.036	甲基异丁基酮	0.45	异丙醇	0.5
三氯甲烷	0.006	第三类溶剂（药品GMP或其他质量要求限制使用）		乙酸丙酯	0.5
环己烷	0.388			三乙胺	0.5
1,2-二氯乙烯	0.187			第四类溶剂（尚无足够毒理学资料）②	
二氯甲烷	0.06	醋酸	0.5		
1,2-二甲氧基乙烷	0.01	丙酮	0.5	1,1-二乙氧基丙烷	
N,N-二甲基乙酰胺	0.109	甲氧基苯	0.5	1,1-二甲氧基甲烷	
N,N-二甲基甲酰胺	0.088	正丁醇	0.5	2,2-二甲氧基丙烷	
二氧六环	0.038	仲丁醇	0.5	异辛烷	
2-乙氧基乙醇	0.016	乙酸丁酯	0.5	异丙醚	
乙二醇	0.062	叔丁基甲基醚	0.5	甲基异丙基酮	
甲酰胺	0.022	二甲基亚砜	0.5	甲基四氢呋喃	
正己烷	0.029	乙醇	0.5	石油醚	
甲醇	0.3	乙酸乙酯	0.5	三氯醋酸	
2-甲氧基乙醇	0.005	乙醚	0.5	三氟醋酸	
甲基丁基酮	0.005	甲酸乙酯	0.5		
甲基环己烷	0.118	甲酸	0.5		

注：①通常含有60%间二甲苯、14%对二甲苯、9%邻二甲苯和17%乙苯。
②药品生产企业在使用时应提供该类溶剂在制剂中残留水平的合理性论证报告。

二、常见有机溶剂在等温法测定时相对于丁酮的保留值参考值

非极性色谱柱			极性色谱柱		
溶 剂 名 称	t_R/min	RART	溶 剂 名 称	t_R/min	RART
柱温 40 ℃			柱温 40 ℃		
甲醇	1.828	0.126	正戊烷	1.682	0.032
乙醇	2.090	0.268	正己烷	1.787	0.075
乙腈	2.179	0.315	乙醚	1.842	0.097
丙酮	2.276	0.368	异辛烷	1.926	0.131
异丙醇	2.356	0.411	异丙醚	1.943	0.138
正戊烷	2.487	0.481	叔丁基甲基醚	2.005	0.163
乙醚	2.489	0.482	正庚烷	2.021	0.169
甲酸乙酯	2.522	0.501	环己烷	2.159	0.225
二甲氧基甲烷	2.584	0.534	1,1-二氯乙烯	2.209	0.245
1,1-二氯乙烯	2.609	0.547	二甲氧基甲烷	2.243	0.259
乙酸甲酯	2.635	0.561	甲基环己烷	2.405	0.324
二氯甲烷	2.655	0.572	丙酮	2.876	0.515
硝基甲烷	2.807	0.654	甲酸乙酯	2.967	0.551
正丙醇	2.982	0.748	乙酸甲酯	3.000	0.564
1,2-二氯乙烯	3.109	0.817	1,2-二氯乙烯	3.347	0.705
叔丁基甲基醚	3.252	0.894	四氢呋喃	3.403	0.727
丁酮	3.449	1.000	甲基四氢呋喃	3.481	0.758
仲丁醇	3.666	1.117	四氯化碳	3.635	0.821
正己烷	3.898	1.242	1,1,1-三氯乙烷	3.653	0.828
异丙醚	3.908	1.247	乙酸乙酯	3.810	0.891
乙酸乙酯	3.913	1.250	乙酸异丙酯	3.980	0.960
三氯甲烷	3.954	1.272	甲醇	4.062	0.993
四氢呋喃	4.264	1.439	丁酮	4.079	1.000
异丁醇	4.264	1.440	1,2-二甲氧基乙烷	4.604	1.212
1,2-二氯乙烷	4.517	1.576	甲基异丙基酮	4.716	1.257
1,1,1-三氯乙烷	4.808	1.733	二氯甲烷	4.758	1.274
甲基异丙基酮	4.976	1.823	异丙醇	4.822	1.300
1,2-二甲氧基乙烷	4.985	1.828	乙醇	4.975	1.362
苯	5.281	1.988	苯	4.977	1.362
乙酸异丙酯	5.311	2.004	乙酸丙酯	6.020	1.784

续表

非极性色谱柱			极性色谱柱		
溶剂名称	t_R/min	RART	溶剂名称	t_R/min	RART
正丁醇	5.340	2.019	三氯乙烯	6.643	2.035
四氯化碳	5.470	2.089	甲基异丁基酮	7.202	2.261
环己烷	5.583	2.150	乙腈	7.368	2.328
甲基四氢呋喃	5.676	2.201	乙酸异丁酯	7.497	2.380
三氯乙烯	6.760	2.785	三氯甲烷	7.985	2.577
二氧六环	6.823	2.819	仲丁醇	8.390	2.740
异辛烷	6.957	2.891	甲苯	8.746	2.884
正庚烷	7.434	3.148	正丙醇	9.238	3.083
乙酸丙酯	7.478	3.172	二氧六环	10.335	3.526
甲基环己烷	8.628	3.792	1,2-二氯乙烷	10.827	3.724
甲基异丁基酮	8.738	3.851	乙酸丁酯	11.012	3.799
3-甲基-1-丁醇	8.870	3.922	甲基丁基酮	11.486	3.990
吡啶	9.283	4.145	甲烷	1.602	—
甲苯	11.180	5.168	柱温 80 ℃		
正戊醇	11.382	5.276	异丁醇	3.577	3.045
甲烷	1.594	—	正丁醇	4.460	4.334
柱温 80 ℃			硝基甲烷	4.885	4.948
乙酸异丁酯	3.611	2.099	异丙基苯	5.288	5.543
甲基丁基酮	3.859	2.345	吡啶	5.625	6.035
乙酸丁酯	4.299	2.778	3-甲基-1-丁醇	5.934	6.486
氯苯	5.253	3.726	氯苯	6.439	7.223
甲氧基苯	7.436	5.890	正戊醇	7.332	8.527
异丙基苯	8.148	6.589	丁酮	2.176	1.000
丁酮	2.502	1.000	甲烷	1.491	—
甲烷	1.493	—	柱温 120 ℃		
柱温 120 ℃			甲氧基苯	3.837	9.890
四氢化萘	8.067	29.609	四氢化萘	7.427	24.484
丁酮	1.630	1.000	丁酮	1.650	1.000
甲烷	1.405	—	甲烷	1.404	—

注：表中数据为非极性的 SPB-1 柱(30 m×0.32 mm,1.0 μm)和极性的 HP-INNOWAX 柱(30 m×0.32 mm,0.5 μm)测定的结果。

三、常见有机溶剂在程序升温法测定时相对于丁酮的保留值参考值

非极性色谱柱			极性色谱柱		
溶剂名称	t_R/min	RART	溶剂名称	t_R/min	RART
甲醇	1.846	0.127	正戊烷	1.691	0.033
乙醇	2.121	0.272	正己烷	1.807	0.076
乙腈	2.201	0.314	乙醚	1.856	0.094
丙酮	2.303	0.367	异辛烷	1.957	0.131
异丙醇	2.401	0.419	异丙醚	1.966	0.135
正戊烷	2.512	0.477	叔丁基甲基醚	2.053	0.167
乙醚	2.519	0.481	正庚烷	2.063	0.171
甲酸乙酯	2.544	0.494	环己烷	2.217	0.228
二甲氧基甲烷	2.611	0.529	1,1-二氯乙烯	2.267	0.246
1,1-二氯乙烯	2.623	0.535	二甲氧基甲烷	2.303	0.260
乙酸甲酯	2.665	0.558	甲基环己烷	2.488	0.328
二氯甲烷	2.674	0.562	丙酮	2.988	0.513
硝基甲烷	2.839	0.649	甲酸乙酯	3.094	0.552
正丙醇	3.051	0.760	乙酸甲酯	3.126	0.564
1,2-二氯乙烯	3.128	0.801	1,2-二氯乙烯	3.511	0.707
叔丁基甲基醚	3.302	0.892	四氢呋喃	3.561	0.725
丁酮	3.507	1.000	甲基四氢呋喃	3.653	0.759
仲丁醇	3.756	1.131	四氯化碳	3.821	0.822
正己烷	3.966	1.241	1,1,1-三氯乙烷	3.833	0.826
异丙醚	3.971	1.244	乙酸乙酯	4.017	0.894
乙酸乙酯	3.981	1.249	乙酸异丙酯	4.207	0.964
三氯甲烷	4.005	1.262	甲醇	4.295	0.997
四氢呋喃	4.387	1.462	丁酮	4.303	1.000
异丁醇	4.397	1.468	1,2-二甲氧基乙烷	4.875	1.212
1,2-二氯乙烷	4.6124	1.581	甲基异丙基酮	5.005	1.260
1,1,1-三氯乙烷	4.843	1.702	二氯甲烷	5.041	1.273
甲基异丙基酮	5.087	1.830	异丙醇	5.069	1.284
1,2-二甲氧基乙烷	5.099	1.837	乙醇	5.275	1.360
苯	5.380	1.984	苯	5.275	1.360
乙酸异丙酯	5.398	1.994	乙酸丙酯	6.437	1.790
正丁醇	5.402	1.996	三氯乙烯	7.108	2.039

续表

非极性色谱柱			极性色谱柱		
溶剂名称	t_R/min	RART	溶剂名称	t_R/min	RART
四氯化碳	5.501	2.048	甲基异丁基酮	7.735	2.271
环己烷	5.649	2.126	乙腈	7.892	2.329
甲基四氢呋喃	5.739	2.173	乙酸异丁酯	8.068	2.394
三氯乙烯	6.815	2.738	三氯甲烷	8.533	2.566
异辛烷	6.928	2.798	仲丁醇	8.848	2.683
二氧六环	6.928	2.798	甲苯	9.156	2.797
正庚烷	7.563	3.131	正丙醇	9.461	2.910
乙酸丙酯	7.583	3.142	二氧六环	10.183	3.177
甲基环己烷	8.581	3.666	1,2-二氯乙烷	10.446	3.274
甲基异丁基酮	8.830	3.797	乙酸丁酯	10.543	3.310
3-甲基-1-丁醇	8.968	3.870	甲基丁基酮	10.801	3.406
吡啶	9.178	3.980	异丁醇	11.606	3.704
甲苯	10.259	4.548	正丁醇	13.046	4.237
正戊醇	10.448	4.647	异丙基苯	13.258	4.315
乙酸异丁酯	10.638	4.747	硝基甲烷	13.396	4.367
甲基丁基酮	11.025	4.951	吡啶	13.949	4.571
乙酸丁酯	12.175	5.555	3-甲基-1-丁醇	14.519	4.782
氯苯	13.166	6.076	氯苯	14.562	4.798
甲氧基苯	15.270	7.181	正戊醇	15.516	5.151
异丙基苯	15.724	7.420	甲氧基苯	17.447	5.866
四氢化萘	22.409	10.933	四氢化萘	21.708	7.444
甲烷	1.604	—	甲烷	1.602	—

注：表中数据为非极性的 SPB-1 柱(30 m×0.32 mm,1.0 μm)和极性的 HP-INNOWAX 柱(30 m×0.32 mm,0.5 μm)测定的结果。

四、常用试液及其配制

乙醇制氢氧化钾试液　可取用乙醇制氢氧化钾滴定液(0.5 mol/L)。

乙醇制氨试液　取无水乙醇,加浓氨溶液使每 100 ml 中含 NH_3 9～11 g,即得。本液应置橡皮塞瓶中保存。

乙醇制硫酸试液　取硫酸 57 ml,加乙醇稀释至 1000 ml,即得。本液含 H_2SO_4 应为 9.5%～10.5%。

乙醇制溴化汞试液　取溴化汞 2.5 g,加乙醇 50 ml,微热使溶解,即得。本液应置带玻璃塞的瓶内,在暗处保存。

二乙基二硫代氨基甲酸银试液　取二乙基二硫代氨基甲酸银 0.25 g,加三氯甲烷适量与三乙胺 1.8 ml,加三氯甲烷至 100 ml,搅拌使溶解,放置过夜,用脱脂棉过滤,即得。本液应置棕色玻璃瓶中,密塞,置阴凉处保存。

二硝基苯试液 取间二硝基苯 2 g,加乙醇使溶解成 100 ml,即得。

二硝基苯甲酸试液 取 3,5-二硝基苯甲酸 1 g,加乙醇使溶解成 100 ml,即得。

二硝基苯肼乙醇试液 取 2,4-二硝基苯肼 1 g,加乙醇 1000 ml 使溶解,再缓缓加入盐酸 10 ml,摇匀,即得。

二硝基苯肼试液 取 2,4-二硝基苯肼 1.5 g,加硫酸溶液(1→2)20 ml,溶解后,加水使成 100 ml,过滤,即得。

三硝基苯酚试液 本液为三硝基苯酚的饱和水溶液。

三氯化铁试液 取三氯化铁 9 g,加水使溶解成 100 ml,即得。

三氯化铝试液 取三氯化铝 1 g,加乙醇使溶解成 100 ml,即得。

三氯化锑试液 本液为三氯化锑的饱和三氯甲烷溶液。

水合氯醛试液 取水合氯醛 50 g,加水 15 ml 与甘油 10 ml 使溶解,即得。

甘油乙醇试液 取甘油、稀乙醇各 1 份,混合,即得。

甘油醋酸试液 取甘油、50%醋酸溶液与水各 1 份,混合,即得。

甲醛试液 可取用"甲醛溶液"。

四苯硼钠试液 取四苯硼钠 0.1 g,加水使溶解成 100 ml,即得。

对二甲氨基苯甲醛试液 取对二甲氨基苯甲醛 0.125 g,加无氮硫酸 65 ml 与水 35 ml 的冷混合液溶解后,加三氯化铁试液 0.05 ml,摇匀,即得。本液配制后在 7 日内应用。

亚铁氰化钾试液 取亚铁氰化钾 1 g,加水 10 ml 使溶解,即得。本液应临用新制。

亚硝基铁氰化钠试液 取亚硝基铁氰化钠 1 g,加水使溶解成 20 ml,即得。本液应临用新制。

亚硝酸钠乙醇试液 取亚硝酸钠 5 g,加 60%乙醇使溶解成 1000 ml,即得。

亚硝酸钴钠试液 取亚硝酸钴钠 10 g,加水使溶解成 50 ml,过滤,即得。

过氧化氢试液 取浓过氧化氢溶液(30%),加水稀释成 3%的溶液临用时配制。

苏丹Ⅲ试液 取苏丹Ⅲ 0.01 g,加 90%乙醇 5 ml 溶解后,加甘油 5 ml,摇匀,即得。本液应置棕色的玻璃瓶内保存,在 2 个月内应用。

吲哚醌试液 取 α,β-吲哚醌 0.1 g,加丙酮 10 ml 溶解后,加冰醋酸 1 ml,摇匀,即得。

钌红试液 取 10%醋酸钠溶液 1~2 ml,加钌红适量使呈酒红色,即得。本液应临用新制。

间苯三酚试液 取间苯三酚 0.5 g,加乙醇使溶解成 25 ml,即得。本品应置玻璃塞瓶内,在暗处保存。

间苯三酚盐酸试液 取间苯三酚 0.1 g,加乙醇 1 ml,再加盐酸 9 ml,混匀。本液应临用时新制。

茚三酮试液 取茚三酮 2 g,加乙醇使溶解成 100 ml,即得。

钒酸铵试液 取钒酸铵 0.25 g,加水使溶解成 100 ml,即得。

变色酸试液 取变色酸钠 50 mg,加硫酸与水的冷混合液(9∶4)100 ml 使溶解,即得。本液应临用新制。

草酸铵试液 取草酸铵 3.5 g,加水使溶解成 100 ml,即得。

茴香醛试液 取茴香醛 0.5 ml,加醋酸 50 ml 使溶解,加硫酸 1 ml,摇匀,即得。本液应临用新制。

钨酸钠试液 取钨酸钠 25 g,加水 72 ml 溶解后,加磷酸 2 ml,摇匀,即得。

品红亚硫酸试液 取碱式品红 0.2 g,加热水 100 ml 溶解后,放冷,加亚硫酸钠溶液(1→10)20 ml、盐酸 2 ml,用水稀释至 200 ml,加活性炭 0.1 g,搅拌并迅速过滤,放置 1 小时以上,即得。本液应临用新制。

香草醛试液 取香草醛 0.1 g,加盐酸 10 ml 使溶解,即得。

香草醛硫酸试液 取香草醛 0.2 g,加硫酸 10 ml 使溶解,即得。

氢氧化钙试液 取氢氧化钙 3 g,置玻璃瓶中,加水 1000 ml,密塞。时时猛力振摇,放置 1 小时,即得。用时倾取上清液。

氢氧化钠试液 取氢氧化钠 4.3 g,加水溶解成 100 ml,即得。

氢氧化钡试液 取氢氧化钡,加新沸过的冷水使成饱和溶液,即得。本液应临用新制。

氢氧化钾试液 取氢氧化钾 6.5 g,加水使溶解成 100 ml,即得。

重铬酸钾试液 取重铬酸钾 7.5 g,加水使溶解成 100 ml,即得。

重氮对硝基苯胺试液 取对硝基苯胺 0.4 g,加稀盐酸 20 ml 与水 40 ml 使溶解,冷却至 15 ℃,缓缓加入 10% 亚硝酸钠溶液,至取溶液 1 滴能使碘化钾淀粉试纸变为蓝色,即得。本液应临用新制。

重氮苯磺酸试液 取对氨基苯磺酸 1.57 g,加水 80 ml 与稀盐酸 10 ml,在水浴上加热溶解后,放冷至 15 ℃,缓缓加入亚硝酸钠溶液(1→10)6.5 ml,随加随搅拌,再加水稀释至 100 ml,即得。本液应临用新制。

盐酸羟胺试液 取盐酸羟胺 3.5 g,加 60% 乙醇使溶解成 100 ml,即得。

钼硫酸试液 取钼酸铵 0.1 g,加硫酸 10 ml 使溶解,即得。

钼酸铵试液 取钼酸铵 10 g,加水使溶解成 100 ml,即得。

钼酸铵硫酸试液 取钼酸铵 2.5 g,加硫酸 15 ml,加水使溶解成 100 ml,即得。本液配制后 2 周内应用。

铁氰化钾试液 取铁氰化钾 1 g,加水 10 ml 使溶解,即得。本液应临用新制。

氨试液 取浓氨溶液 400 ml,加水使成 1000 ml,即得。

浓氨试液 可取用"浓氨溶液"。

氨制硝酸银试液 取硝酸银 1 g,加水 20 ml 溶解后,滴加氨试液,随加随搅拌,至初起的沉淀将近全溶,过滤,即得。本液应置棕色瓶内,在暗处保存。

氨制氯化铜试液 取氯化铜 22.5 g,加水 200 ml 溶解后,加浓氨试液 100 ml,摇匀,即得。

高锰酸钾试液 可取用高锰酸钾滴定液(0.02 mol/L)。

高氯酸试液 取 70% 高氯酸 13 ml,加水 500 ml,用 70% 高氯酸精确调节至 pH 0.5,即得。

高氯酸铁试液 取 70% 高氯酸 10 ml,缓缓分次加入铁粉 0.8 g,微热使溶解,放冷,加无水乙醇稀释至 100 ml,即得。用时取上液 20 ml,加 70% 高氯酸 6 ml,用无水乙醇稀释至 500 ml。

α-萘酚试液 取 15% 的 α-萘酚乙醇溶液 10.5 ml,缓缓加硫酸 6.5 ml,混匀后再加乙醇 40.5 ml 及水 4 ml,混匀,即得。

硅钨酸试液 取硅钨酸 10 g,加水使溶解成 100 ml,即得。

硝铬酸试液 ①取硝酸 10 ml,加入 100 ml 水中,混匀。②取三氧化铬 10 g,加水 100 ml 使溶解。用时将两液等量混合,即得。

硝酸汞试液 取黄氧化汞 40 g,加硝酸 32 ml 与水 15 ml 使溶解,即得。本液应置带玻璃塞的瓶中,在暗处保存。

硝酸银试液 可取用硝酸银滴定液(0.1 mol/L)。

硫化氢试液 本液为硫化氢的饱和水溶液。本液应置棕色瓶内,在暗处保存。本液如无明显的硫化氢臭,或与等容的三氯化铁试液混合时不能生成大量的硫沉淀,即不适用。

硫化钠试液 取硫化钠1 g,加水使溶解成10 ml,即得。本液应临用新制。

硫代乙酰胺试液 取硫代乙酰胺4 g,加水使溶解成100 ml,置冰箱中保存。临用前取1.0 ml,加入混合液(由1 mol/L氢氧化钠溶液15 ml、水5.0 ml及甘油20 ml组成)5.0 ml,置水浴上加热20秒,冷却,立即使用。

硫脲试液 取硫脲10 g,加水使溶解成100 ml,即得。

硫氰酸汞铵试液 取硫氰酸铵5 g与二氯化汞4.5 g,加水使溶解成100 ml,即得。

硫氰酸铵试液 取硫氰酸铵8 g,加水使溶解成100 ml,即得。

硫酸亚铁试液 取硫酸亚铁结晶8 g,加新沸过的冷水100 ml使溶解,即得。本液应临用新制。

硫酸汞试液 取黄氧化汞5 g,加水40 ml后,缓缓加硫酸20 ml,随加随搅拌,再加水40 ml,搅拌使溶解,即得。

硫酸铜试液 取硫酸铜12.5 g,加水使溶解成100 ml,即得。

硫酸镁试液 取未风化的硫酸镁结晶12 g,加水使溶解成100 ml,即得。

紫草试液 取紫草粗粉10 g,加90%乙醇100 ml,浸渍24小时后,过滤,滤液中加入等量的甘油,混合,放置2小时,过滤,即得。本液应置棕色玻璃瓶内,在2个月内应用。

氯试液 本液为氯的饱和水溶液。本液应临用新制。

氯化亚锡试液 取氯化亚锡1.5 g,加水10 ml与少量的盐酸使溶解,即得。本液应临用新制。

氯化金试液 取氯化金1 g,加水35 ml使溶解,即得。

氯化钙试液 取氯化钙7.5 g,加水使溶解成100 ml,即得。

氯化钠明胶试液 取明胶1 g与氯化钠10 g,加水100 ml,置不超过60 ℃的水浴上微热使溶解。本液应临用新制。

氯化钡试液 取氯化钡的细粉5 g,加水使溶解成100 ml,即得。

氯化铂试液 取氯铂酸2.6 g,加水使溶解成20 ml,即得。

氯化铵试液 取氯化铵10.5 g,加水使溶解成100 ml,即得。

氯化铵镁试液 取氯化镁5.5 g与氯化铵7 g,加水65 ml溶解后,加氨试液35 ml,置玻璃瓶中,放置数日后,过滤,即得。本液如显浑浊,应过滤后再用。

氯化锌碘试液 取氯化锌20 g,加水10 ml使溶解,加碘化钾2 g溶解后,再加碘使饱和,即得。本液应置棕色玻璃瓶中保存。

氯酸钾试液 本液为氯酸钾的饱和硝酸溶液。

稀乙醇 取乙醇529 ml,加水稀释至1000 ml,即得。本液在20 ℃时含C_2H_5OH应为49.5%～50.5%(ml/ml)。

稀甘油 取甘油33 ml,加水稀释使成100 ml,再加樟脑一小块或液化苯酚1滴,即得。

稀盐酸 取盐酸234 ml,加水稀释至1000 ml,即得。本液含HCl应为9.5%～10.5%。

稀硝酸 取硝酸105 ml,加水稀释至1000 ml,即得。本液含HNO_3应为9.5%～10.5%。

稀硫酸 取硫酸57 ml,加水稀释至1000 ml,即得。本液含H_2SO_4应为9.5%～10.5%。

稀醋酸 取冰醋酸60 ml,加水稀释至1000 ml,即得。

碘试液 可取用碘滴定液(0.05 mol/L)。

碘化汞钾试液 取二氯化汞1.36 g,加水60 ml使溶解,另取碘化钾5 g,加水10 ml使溶解,将两液混合,加水稀释至100 ml,即得。

碘化钾试液 取碘化钾16.5 g,加水使溶解成100 ml,即得。本液应临用新制。

碘化钾碘试液 取碘0.5 g与碘化钾1.5 g,加水25 ml使溶解,即得。

碘化铋钾试液 取碱式硝酸铋0.85 g,加冰醋酸10 ml与水40 ml溶解后,加碘化钾溶液(4→10)20 ml,摇匀,即得。

改良碘化铋钾试液 取碘化铋钾试液1 ml,加0.6 mol/L盐酸2 ml,加水至10 ml,即得。

稀碘化铋钾试液 取碱式硝酸铋0.85 g,加冰醋酸10 ml与水40 ml溶解后,即得。临用前取5 ml,加碘化钾溶液(4→10)5 ml,再加冰醋酸20 ml,用水稀释至100 ml,即得。

硼酸试液 本液为硼酸饱和的丙酮溶液。

溴试液 取溴2~3 ml,置用凡士林涂塞的玻璃瓶中,加水100 ml,振摇使成饱和的溶液,即得。本液应置暗处保存。

酸性氯化亚锡试液 取氯化亚锡20 g,加盐酸使溶解成50 ml,过滤,即得。本液配制后3个月内应用。

碱式醋酸铅试液 取一氧化铅14 g,加水10 ml,研磨成糊状,用水10 ml洗入玻璃瓶中,加含醋酸铅22 g的水溶液70 ml,用力振摇5分钟后,时时振摇,放置7天,过滤,加新沸过的冷水使成100 ml,即得。

碱性三硝基苯酚试液 取1%三硝基苯酚溶液20 ml,加5%氢氧化钠溶液10 ml,用水稀释至100 ml,即得。本液应临用新制。

碱性盐酸羟胺试液 ①取氢氧化钠12.5 g,加无水甲醇使溶解成100 ml。②取盐酸羟胺12.5 g,加无水甲醇100 ml,加热回流使溶解。用时将两液等量混合,过滤,即得。本液应临用新制,配制后4小时内应用。

碱性酒石酸铜试液 ①取硫酸铜结晶6.93 g,加水使溶解成100 ml。②取酒石酸钾钠结晶34.6 g与氢氧化钠10 g,加水使溶解成100 ml。用时将两液等量混合,即得。

碱性β-萘酚试液 取β-萘酚0.25 g,加氢氧化钠溶液(1→10)10 ml使溶解,即得。本液应临用新制。

碱性碘化汞钾试液 取碘化钾10 g,加水10 ml溶解后,缓缓加入二氯化汞的饱和水溶液,随加随搅拌至生成的红色沉淀不再溶解,加氢氧化钾30 g,溶解后,再加二氯化汞的饱和水溶液1 ml或1 ml以上,并用适量的水稀释使成200 ml。静置,使沉淀,即得。用时倾取上层的澄明液应用。

【检查】取本液2 ml,加入含氨0.05 mg的水50 ml中,应即时显黄棕色。

碳酸钠试液 取一水合碳酸钠12.5 g或无水碳酸钠10.5 g,加水使溶解成100 ml,即得。

碳酸氢钠试液 取碳酸氢钠5 g,加水使溶解成100 ml,即得。

碳酸铵试液 取碳酸铵20 g与氨试液20 ml,加水使溶解成100 ml,即得。

醋酸汞试液 取醋酸汞5 g,研细,加温热的冰醋酸使溶解成100 ml,即得。本液应置棕色玻璃瓶内,密闭保存。

醋酸铅试液 取醋酸铅10 g,加新沸过的冷水溶解后,滴加醋酸使溶液澄清,再加新沸过的冷水使成100 ml,即得。

醋酸氧铀锌试液 取醋酸氧铀10 g,加冰醋酸5 ml与水50 ml,微热使溶解,另取醋酸锌30

g,加冰醋酸 3 ml 与水 30 ml,微热使溶解,将两液混合,放冷,过滤,即得。

醋酸铵试液 取醋酸铵 10 g,加水使溶解成 100 ml,即得。

镧试液 取氧化镧(La_2O_3)5 g,用水润湿,缓慢加盐酸 25 ml 使溶解,并用水稀释成 100 ml,静置过夜,即得。

磷钨酸试液 取磷钨酸 1 g,加水使溶解成 100 ml,即得。

磷钼钨酸试液 取钨酸钠 100 g,钼酸钠 25 g,加水 700 ml 使溶解,加盐酸 100 ml、磷酸 50 ml,加热回流 10 小时,放冷,再加硫酸锂 150 g、水 50 ml 和溴 0.2 ml,煮沸除去残留的溴(约 15 分钟),冷却,加水稀释至 1000 ml,过滤,即得。本液不得显绿色(如放置后变为绿色,可加溴 0.2 ml,煮沸除去多余的溴即可)。

磷钼酸试液 取磷钼酸 5 g,加无水乙醇使溶解成 100 ml,即得。

磷酸氢二钠试液 取磷酸氢二钠结晶 12 g,加水使溶解成 100 ml,即得。

糠醛试液 取糠醛 1 ml,加水使溶解成 100 ml,即得。本液应临用新制。

鞣酸试液 取鞣酸 1 g,加乙醇 1 ml,加水溶解并稀释至 100 ml,即得。本液应临用新制。

五、常用缓冲液及其配制

枸橼酸-磷酸氢二钠缓冲液(pH 4.0) 甲液:取枸橼酸 21 g 或无水枸橼酸 19.2 g,加水使溶解成 1000 ml,置冰箱内保存。乙液:取磷酸氢二钠 71.63 g,加水使溶解成 1000 ml。取上述甲液 61.45 ml 与乙液 38.55 ml,混合,摇匀,即得。

枸橼酸-磷酸氢二钠缓冲液(pH 7.0) 甲液:取枸橼酸 21 g 或无水枸橼酸 19.2 g,加水使溶解成 1000 ml,置冰箱内保存。乙液:取磷酸氢二钠 71.63 g,加水使溶解成 1000 ml。取上述甲液 17.65 ml 与乙液 82.35 ml,混合,摇匀,即得。

氨-氯化铵缓冲液(pH 8.0) 取氯化铵 1.07 g,加水使溶解成 100 ml,再加稀氨溶液(1→30)调节 pH 值至 8.0,即得。

氨-氯化铵缓冲液(pH 10.0) 取氯化铵 5.4 g,加水 20 ml 溶解后,加浓氨溶液 35 ml,再加水稀释至 100 ml,即得。

醋酸盐缓冲液(pH 3.5) 取醋酸铵 25 g,加水 25 ml 溶解后,加 7 mol/L 盐酸 38 ml,用 2 mol/L 盐酸或 5 mol/L 氨溶液准确调节 pH 值 3.5(电位法指示),用水稀释至 100 ml,即得。

醋酸-醋酸钠缓冲液(pH 3.7) 取无水醋酸钠 20 g,加水 300 ml 溶解后,加溴酚蓝指示液 1 ml 及冰醋酸 60~80 ml,至溶液从蓝色转变为纯绿色,再加水稀释至 1000 ml,即得。

醋酸-醋酸钠缓冲液(pH 4.5) 取醋酸钠 18 g,加冰醋酸 9.8 ml,再加水稀释至 1000 ml,即得。

醋酸-醋酸钠缓冲液(pH 6.0) 取醋酸钠 54.6 g,加 1 mol/L 醋酸溶液 20 ml 溶解后,加水稀释至 500 ml,即得。

醋酸-醋酸铵缓冲液(pH 4.5) 取醋酸铵 7.7 g,加水 50 ml 溶解后,加冰醋酸 6 ml 与适量的水使成 100 ml,即得。

醋酸-醋酸铵缓冲液(pH 4.8) 取醋酸铵 77 g,加水约 200 ml 使溶解,加冰醋酸 57 ml,再加水至 1000 ml,即得。

醋酸-醋酸铵缓冲液(pH 6.0) 取醋酸铵 100 g,加水 300 ml 使溶解,加冰醋酸 7 ml,摇匀,即得。

磷酸盐缓冲液(pH 6.8) 取 0.2 mol/L 磷酸二氢钾溶液 250 ml,加 0.2 mol/L 氢氧化钠溶液 118 ml,用水稀释至 1000 ml,即得。

磷酸盐缓冲液(含胰酶)(pH 6.8) 取磷酸二氢钾 6.8 g,加水 500 ml 使溶解,用 0.1 mol/L 氢氧化钠溶液调节 pH 值至 6.8;另取胰酶 10 g,加水适量使溶解,将两液混合后,加水稀释至 1000 ml,即得。

磷酸盐缓冲液(pH 7.6) 取磷酸二氢钾 27.22 g,加水使溶解成 1000 ml,取 50 ml,加 0.2 mol/L 氢氧化钠溶液 42.4 ml,再加水稀释至 200 ml,即得。

六、常用试纸及其制备

二氯化汞试纸 取滤纸条浸入二氯化汞的饱和溶液中,1 小时后取出,在暗处 60 ℃ 干燥,即得。

三硝基苯酚试纸 取滤纸条浸入三硝基苯酚的饱和水溶液中,湿透后,取出,阴干,即得。临用时,浸入碳酸钠溶液(1→10)中,使均匀湿润。

红色石蕊试纸 取滤纸条浸入石蕊指示液中,加极少量的盐酸使呈红色,取出,干燥,即得。

【检查】

灵敏度 取 0.1 mol/L 氢氧化钠溶液 0.5 ml,置烧杯中,加新沸过的冷水 100 ml 混合后,投入 10~12 mm 宽的红色石蕊试纸 1 条,不断搅拌,30 秒内,试纸应变色。

姜黄试纸 取滤纸条浸入姜黄指示液中,湿透后,置玻璃板上,在 100 ℃ 干燥,即得。

硝酸汞试纸 取硝酸汞的饱和溶液 45 ml,加硝酸 1 ml,摇匀,将滤纸条浸入此溶液中,湿透后,取出晾干,即得。

蓝色石蕊试纸 取滤纸条浸入石蕊指示液中,湿透后,取出,干燥,即得。

【检查】

灵敏度 取 0.1 mol/L 盐酸 0.5 ml,置烧杯中,加新沸过的冷水 100 ml,混合后,投入 10~12 mm 宽的蓝色石蕊试纸一条,不断搅拌,45 秒内,试纸应变色。

碘化钾淀粉试纸 取滤纸条浸入含有碘化钾 0.5 g 的新制的淀粉指示液 100 ml 中,湿透后,取出,干燥,即得。

溴化汞试纸 取滤纸条浸入乙醇制溴化汞试液中,1 小时后取出,在暗处干燥,即得。

醋酸铅试纸 取滤纸条浸入醋酸铅试液中,湿透后,取出,在 100 ℃ 干燥,即得。

醋酸铜联苯胺试纸 取醋酸联苯胺的饱和溶液 9 ml,加水 7 ml 与 0.3% 醋酸铜溶液 16 ml,将滤纸条浸入此溶液中,湿透后,取出,晾干,即得。

七、常用指示液及其配制

二苯胺磺酸钠指示液 取二苯胺磺酸钠 0.2 g,加水 100 ml 使溶解,即得。

二苯偕肼指示液 取二苯偕肼 1 g,加乙醇 100 ml 使溶解,即得。

儿茶酚紫指示液 取儿茶酚紫 0.1 g,加水 100 ml 使溶解,即得。变色范围:pH 6.0~7.0~9.0(黄→紫→紫红)。

双硫腙指示液 取双硫腙 50 mg,加乙醇 100 ml 使溶解,即得。

石蕊指示液 取石蕊粉末 10 g,加乙醇 40 ml,回流煮沸 1 小时,静置,倾去上清液,再用同一方法处理 2 次,每次用乙醇 30 ml,残渣用水 10 ml 洗涤,倾去洗液,再加水 50 ml 煮沸,放冷,过滤,即得。变色范围:pH 4.5~8.0(红→蓝)。

甲酚红指示液 取甲酚红 0.1 g,加 0.05 mol/L 氢氧化钠溶液 5.3 ml 使溶解,再加水稀释至 100 ml,即得。变色范围:pH 7.2~8.8(黄→红)。

甲酚红-麝香草酚蓝混合指示液 取甲酚红指示液 1 份与 0.1% 麝香草酚蓝溶液 3 份,混合,即得。

甲基红指示液 取甲基红 0.1 g，加 0.05 mol/L 氢氧化钠溶液 7.4 ml 使溶解，再加水稀释至 200 ml，即得。变色范围：pH 4.2～6.3（红→黄）。

甲基红-亚甲蓝混合指示液 取 0.1％甲基红的乙醇溶液 20 ml，加 0.2％亚甲蓝溶液 8 ml，摇匀，即得。

甲基红-溴甲酚绿混合指示液 取 0.1％甲基红的乙醇溶液 20 ml，加 0.2％溴甲酚绿的乙醇溶液 30 ml，摇匀，即得。

甲基橙指示液 取甲基橙 0.1 g，加水 100 ml 使溶解，即得。变色范围：pH 3.2～4.4（红→黄）。

甲基橙-二甲苯蓝 FF 混合指示液 取甲基橙与二甲苯蓝 FF 各 0.1 g，加乙醇 100 ml 使溶解，即得。

邻二氮菲指示液 取硫酸亚铁 0.5 g，加水 100 ml 使溶解，加硫酸 2 滴与邻二氮菲 0.5 g，摇匀，即得。本液应临用新制。

茜素磺酸钠指示液 取茜素磺酸钠 0.1 g，加水 100 ml 使溶解，即得。变色范围：pH 3.7～5.2（黄→紫）。

荧光黄指示液 取荧光黄 0.1 g，加乙醇 100 ml 使溶解，即得。

钙黄绿素指示剂 取钙黄绿素 0.1 g，加氯化钾 10 g，研磨均匀，即得。

钙紫红素指示剂 取钙紫红素 0.1 g，加无水硫酸钠 10 g，研磨均匀，即得。

姜黄指示液 取姜黄粉末 20 g，用冷水浸渍 4 次，每次 100 ml，除去水溶性物质后，残渣在 100 ℃干燥，加乙醇 100 ml，浸渍数日，过滤，即得。

结晶紫指示液 取结晶紫 0.5 g，加冰醋酸 100 ml 使溶解，即得。

酚酞指示液 取酚酞 1 g，加乙醇 100 ml 使溶解，即得。变色范围：pH 8.3～10.0（无色→红）。

铬黑 T 指示剂 取铬黑 T 0.1 g，加氯化钠 10 g，研磨均匀，即得。

淀粉指示液 取可溶性淀粉 0.5 g，加水 5 ml 搅匀后，缓缓倾入 100 ml 沸水中，随加随搅拌，继续煮沸 2 分钟，放冷，倾取上清液，即得。本液应临用新制。

硫酸铁铵指示液 取硫酸铁铵 8 g，加水 100 ml 使溶解，即得。

溴酚蓝指示液 取溴酚蓝 0.1 g，加 0.05 mol/L 氢氧化钠溶液 3.0 ml 使溶解，再加水稀释至 200 ml，即得。变色范围：pH 2.8～4.6（黄→蓝绿）。

溴麝香草酚蓝指示液 取溴麝香草酚蓝 0.1 g，加 0.05 mol/L 氢氧化钠溶液 3.2 ml 使溶解，再加水稀释至 200 ml，即得。变色范围：pH 6.0～7.6（黄→蓝）。

麝香草酚酞指示液 取麝香草酚酞 0.1 g，加乙醇 100 ml 使溶解，即得。变色范围：pH 9.3～10.5（无色→蓝）。

麝香草酚蓝指示液 取麝香草酚蓝 0.1 g，加 0.05 mol/L 氢氧化钠溶液 4.3 ml 使溶解，再加水稀释至 200 ml，即得。变色范围：pH 1.2～2.8（红→黄）；pH 8.0～9.6（黄→紫蓝）。

八、常用滴定液及其配制

1. 氢氧化钠滴定液（1 mol/L、0.5 mol/L 或 0.1 mol/L）

$M(\text{NaOH}) = 40.00$　　　　　　　　　　　40.00 g→1000 ml
　　　　　　　　　　　　　　　　　　　　　　20.00 g→1000 ml
　　　　　　　　　　　　　　　　　　　　　　4.000 g→1000 ml

【配制】取氢氧化钠液适量，加水振摇使溶解成饱和溶液，冷却后，置聚乙烯塑料瓶中，静置数日，澄清后备用。

氢氧化钠滴定液(1 mol/L)：取澄清的氢氧化钠饱和溶液 56 ml，加新沸过的冷水使成 1000 ml，摇匀。

氢氧化钠滴定液(0.5 mol/L)：取澄清的氢氧化钠饱和溶液 28 ml，加新沸过的冷水使成 1000 ml，摇匀。

氢氧化钠滴定液(0.1 mol/L)：取澄清的氢氧化钠饱和溶液 5.6 ml，加新沸过的冷水使成 1000 ml，摇匀。

【标定】 氢氧化钠滴定液(1 mol/L)：取在 105 ℃ 干燥至恒重的基准邻苯二甲酸氢钾约 6 g，精密称定，加新沸过的冷水 50 ml，振摇，使其尽量溶解；加酚酞指示液 2 滴，用本液滴定；在接近终点时，应使邻苯二甲酸氢钾完全溶解，滴定至溶液显粉红色。每毫升氢氧化钠滴定液(1 mol/L)相当于 204.2 mg 的邻苯二甲酸氢钾。根据本液的消耗量与邻苯二甲酸氢钾的取用量，算出本液的浓度，即得。

氢氧化钠滴定液(0.5 mol/L)：取在 105 ℃ 干燥至恒重的基准邻苯二甲酸氢钾约 3 g，照上法标定。每毫升氢氧化钠滴定液(0.5 mol/L)相当于 102.1 mg 的邻苯二甲酸氢钾。

氢氧化钠滴定液(0.1 mol/L)：取在 105 ℃ 干燥至恒重的基准邻苯二甲酸氢钾约 0.6 g，照上法标定。每毫升氢氧化钠滴定液(0.1 mol/L)相当于 20.42 mg 的邻苯二甲酸氢钾。

如需用氢氧化钠滴定液(0.05 mol/L、0.02 mol/L 或 0.01 mol/L)，可取氢氧化钠滴定液(0.1 mol/L)加新沸过的冷水稀释制成。必要时，可用盐酸滴定液(0.05 mol/L、0.02 mol/L 或 0.01 mol/L)标定浓度。

【贮藏】置聚乙烯塑料瓶中，密封保存；塞中有 2 孔，孔内各插入玻璃管 1 支，1 支与钠石灰管相连，另 1 支供吸出本液使用。

2. 盐酸滴定液(1 mol/L、0.5 mol/L、0.2 mol/L 或 0.1 mol/L)

$M(HCl)=36.46$ 36.46 g→1000 ml；18.23 g→1000 ml

7.292 g→1000 ml；3.646 g→1000 ml

【配制】

盐酸滴定液(1 mol/L)：取盐酸 90 ml，加水适量使成 1000 ml，摇匀。

盐酸滴定液(0.5 mol/L、0.2 mol/L 或 0.1 mol/L)：照上法配制，但盐酸的取用量分别为 45 ml、18 ml 或 9.0 ml。

【标定】盐酸滴定液(1 mol/L)：取 270～300 ℃ 干燥至恒重的基准无水碳酸钠约 1.5 g，精密称定，加水 50 ml 使溶解，加甲基红-溴甲酚绿混合指示液 10 滴，用本液滴定至溶液由绿色变为紫红色，煮沸 2 分钟，冷却至室温，继续滴定至溶液由绿色变为暗紫色。每毫升盐酸滴定液(1 mol/L)相当于 53.00 mg 的无水碳酸钠。根据本液的消耗量与无水碳酸钠的取用量，算出本液的浓度，即得。

盐酸滴定液(0.5 mol/L)：照上法标定，但基准无水碳酸钠的取用量改为 0.8 g。每毫升盐酸滴定液(0.5 mol/L)相当于 26.50 mg 的无水碳酸钠。

盐酸滴定液(0.2 mol/L)：照上法标定，但基准无水碳酸钠的取用量改为 0.3 g。每毫升盐酸滴定液(0.2 mol/L)相当于 10.60 mg 的无水碳酸钠。

盐酸滴定液(0.1 mol/L)：照上法标定，但基准无水碳酸钠的取用量改为 0.15 g。每毫升盐酸滴定液(0.1 mol/L)相当于 5.30 mg 的无水碳酸钠。

如需用盐酸滴定液(0.05 mol/L、0.02 mol/L 或 0.01 mol/L)，可取盐酸滴定液(1 mol/L 或 0.1 mol/L)加水稀释制成。必要时，标定浓度。

3. 高锰酸钾滴定液(0.02 mol/L)

$M(KMnO_4)=158.03$ 3.161 g→1000 ml

【配制】取高锰酸钾 3.2 g,加水 1000 ml,煮沸 15 分钟,密塞,静置 2 日以上,用垂熔玻璃滤器过滤,摇匀。

【标定】取在 105 ℃ 干燥至恒重的基准草酸钠约 0.2 g,精密称定,加新沸过的冷水 250 ml 与硫酸 10 ml,搅拌使溶解,自滴定管中迅速加入本液约 25 ml(边加边振摇,以避免产生沉淀),待褪色后,加热至 65 ℃,继续滴定至溶液显微红色并保持 30 秒不褪色;当滴定终了时,溶液温度应不低于 55 ℃,每毫升高锰酸钾滴定液(0.02 mol/L)相当于 6.70 mg 的草酸钠,根据本液的消耗量与草酸钠的取用量,算出本液的浓度,即得。

如需用高锰酸钾滴定液(0.002 mol/L),可取高锰酸钾滴定液(0.02 mol/L)加水稀释,煮沸,放冷,必要时过滤,再标定其浓度。

【贮藏】置玻璃塞的棕色玻璃瓶中,密闭保存。

4. 硝酸银滴定液(0.1 mol/L)

$M(AgNO_3)=169.87$ 16.99 g→1000 ml

【配制】取硝酸银 17.5 g,加水适量使溶解成 1000 ml,摇匀。

【标定】取在 110 ℃ 干燥至恒重的基准氯化钠约 0.2 g,精密称定,加水 50 ml 使溶解,再加糊精溶液(1→50)5 ml、碳酸钙 0.1 g 与荧光黄指示液 8 滴,用本液滴定至浑浊液由黄绿色变为微红色。每毫升硝酸银滴定液(0.1 mol/L)相当于 5.844 mg 的氯化钠。根据本液的消耗量与氯化钠的取用量,算出本液的浓度,即得。

如需用硝酸银滴定液(0.01 mol/L),可取硝酸银滴定液(0.1 mol/L)在临用前加水稀释制成。

【贮藏】置玻璃塞的棕色玻璃瓶中,密闭保存。

5. 硫酸滴定液(0.5 mol/L、0.25 mol/L、0.1 mol/L 或 0.05 mol/L)

$M(H_2SO_4)=98.08$ 49.04 g→1000 ml;24.52 g→1000 ml
                  9.81 g→1000 ml;4.904 g→1000 ml

【配制】硫酸滴定液(0.5 mol/L):取硫酸 30 ml,缓缓注入适量水中,冷却至室温,加水稀释至 1000 ml,摇匀。

硫酸滴定液(0.25 mol/L、0.1 mol/L 或 0.05 mol/L)照上法配制,但硫酸的取用量分别为 15 ml、6.0 ml 及 3.0 ml。

【标定】照盐酸滴定液(1 mol/L、0.5 mol/L、0.2 mol/L 或 0.1 mol/L)项下的方法标定,即得。

如需用硫酸滴定液(0.01 mol/L),可取硫酸滴定液(0.5 mol/L、0.1 mol/L 或 0.05 mol/L)加水稀释制成。必要时,标定浓度。

6. 碘滴定液(0.05 mol/L)

$M(I_2)=253.81$ 12.69 g→1000 ml

【配制】取碘 13.0 g,加碘化钾 36 g 与水 50 ml 溶解后,加盐酸 3 滴与水适量使成 1000 ml,摇匀,用垂熔玻璃滤器过滤。

【标定】取在 105 ℃ 干燥至恒重的基准三氧化二砷约 0.15 g,精密称定,加氢氧化钠滴定液(1 mol/L)10 ml,微热使溶解,加水 20 ml 与甲基橙指示液 1 滴,加硫酸滴定液(0.5 mol/L)适量使黄色转变为粉红色,再加碳酸氢钠 2 g,水 50 ml 与淀粉指示液 2 ml,用本液滴定至溶液显浅蓝紫色。每 1 ml 碘滴定液(0.05 mol/L)相当于 4.946 mg 的三氧化二砷。根据本液的消耗量与三氧化二砷的取用量,计算本液的浓度,即得。

如需用碘滴定液(0.025 mol/L),可取碘滴定液(0.05 mol/L)加水稀释制成。

【贮藏】置玻璃塞的棕色玻璃瓶中,密闭,在凉处保存。

九、乙醇相对密度表

相对密度 (20 ℃/20 ℃)	浓度 /(%)(ml/ml)	相对密度 (20 ℃/20 ℃)	浓度 /(%)(ml/ml)	相对密度 (20 ℃/20 ℃)	浓度 /(%)(ml/ml)
0.9992	0.5	0.9780	17.5	0.9580	34.5
0.9985	1.0	0.9774	18.0	0.9573	35.0
0.9978	1.5	0.9769	18.5	0.9566	35.5
0.9970	2.0	0.9764	19.0	0.9558	36.0
0.9968	2.5	0.9758	19.5	0.9551	36.5
0.9956	3.0	0.9753	20.0	0.9544	37.0
0.9949	3.5	0.9748	20.5	0.9536	37.5
0.9942	4.0	0.9743	21.0	0.9529	38.0
0.9935	4.5	0.9737	21.5	0.9521	38.5
0.9928	5.0	0.9732	22.0	0.9513	39.0
0.9922	5.5	0.9726	22.5	0.9505	39.5
0.9915	6.0	0.9721	23.0	0.9497	40.0
0.9908	6.5	0.9715	23.5	0.9489	40.5
0.9902	7.0	0.9710	24.0	0.9481	41.0
0.9896	7.5	0.9704	24.5	0.9473	41.5
0.9889	8.0	0.9698	25.0	0.9465	42.0
0.9883	8.5	0.9693	25.5	0.9456	42.5
0.9877	9.0	0.9687	26.0	0.9447	43.0
0.9871	9.5	0.9681	26.5	0.9439	43.5
0.9865	10.0	0.9675	27.0	0.9430	44.0
0.9859	10.5	0.9670	27.5	0.9421	44.5
0.9853	11.0	0.9664	28.0	0.9412	45.0
0.9847	11.5	0.9658	28.5	0.9403	45.5
0.9841	12.0	0.9652	29.0	0.9394	46.0
0.9835	12.5	0.9646	29.5	0.9385	46.5
0.9830	13.0	0.9640	30.0	0.9376	47.0
0.9824	13.5	0.9633	30.5	0.9366	47.5
0.9818	14.0	0.9627	31.0	0.9357	48.0
0.9813	14.5	0.9621	31.5	0.9347	48.5
0.9807	15.0	0.9614	32.0	0.9338	49.0
0.9802	15.5	0.9608	32.5	0.9328	49.5
0.9796	16.0	0.9601	33.0	0.9318	50.0
0.9790	16.5	0.9594	33.5		
0.9785	17.0	0.9587	34.0		

附录 C 常用网站

国家药品监督管理局：https://www.nmpa.gov.cn/index.html
国家药品监督管理局药品审评中心：http://www.cde.org.cn
分析仪器网：http://www.54pc.com/
试验技术专业知识服务系统：http://www.analysis.org.cn
试剂仪器网：http://www.cnreagent.com/source/index.php
美国国家医学图书馆 https://www.nlm.nih.gov/
中医中药网 https://www.zhzyw.com/
智慧职教 https://www.icve.com.cn/
国家药品监督管理局：https://www.nmpa.gov.cn/index.html
国家药品监督管理局药品审评中心：http://www.cde.org.cn
分析仪器网：http://www.54pc.com/
试验技术专业知识服务系统：http://www.analysis.org.cn

参 考 文 献

[1] 国家药典委员会.中华人民共和国药典(2020年版)[S].北京:中国医药科技出版社,2020.

[2] 中国药品生物制品检定所.中国药品检验标准操作规范(2010年版)[M].北京:中国医药科技出版社,2010.

[3] 马丽虹,穆春旭.中药制剂检测技术[M].北京:中国医药科技出版社,2022.

[4] 卓菊,宋金玉.中药制剂检测技术[M].3版.北京:中国医药科技出版社,2021.

[5] 田友清,张钦德.中药制剂检测技术[M].3版.北京:人民卫生出版社,2018.

[6] 张钦德.中药制剂检测技术[M].2版.北京:人民卫生出版社,2013.